我与教育写作

WO YU JIAOYU XIEZUO

颜莹 主编

写在前面的话

转眼间,《教育写作:教师教育生活的专业表达》已经出版一年多了。一年多来,我深切感受到广大读者对此书的支持与喜爱。《中国教育报》《中国教师报》《人民教育》《中小学管理》《福建教育》等多家报刊刊发了书评。去年年底,此书还入选"中国教育报2020年度教师喜爱的100本书"。很多学校、幼儿园、名师工作室不仅订购了此书,还组织了形式多样的读书活动。当自己的文字得到大家的认可和喜爱,当自己的努力可以真切地助力教师的成长,这种"深度的存在感"带来的喜悦激励着我,也鞭策着我继续为教师成长而努力。

与这些肯定相比,我认为更重要的是,这本书引发了专家、媒体、校长、教师对"教育写作"的关注与再认,使大家形成了一种共识:教育写作是教师发展不可或缺的专业能力,教育写作能力并非纯属天赋不可学,只要掌握必备的知识,经过有效的练习,教师就可以逐步掌握这种专业技能,在书写自身教育生活的过程中与更好的自己相遇。

教育写作能力是新时代教师必备的专业素养之一。丰富而鲜活的教育教学实践,需要教师循着"实践—总结—再实践—再总结"的路径,通过教育写作加以总结和升华,从而将自身的教学实践经验转化为高质量的教学成果,为中国基础教育的发展做出自己的贡献。正如窦桂梅校长在本书中所写的:教师专业生涯的起步、发展、转折,与时代、社会的发展息息相关,用生动温暖的笔触将这些记录下来,能让人更全面、更立体地洞察教育整体的革新与进步。一个人的专业写作史不仅是他本人的教育史,更补充、丰富、完善着我们整个国家和民族的教育史。

事实上,教师的教育写作能力不仅仅体现在论文写作上,在上课议课、主题演讲、汇报发言、答辩交流、成果申报、微信推送等诸多场域,这种专业表达能力都起着重要的作用,也决定着教师的专业面貌和发展高度。

但教育写作能力的提升终究不是一件容易的事情。

——教育写作不是"头部运动",而是一种"全身运动",它对教师的感知力、洞察力、提炼概括能力、理论与实践的转化能力、语言表达能力都有较高的要求。

——教育写作能力的提升不是单靠学习写作技巧,还需要教师有丰富的教育教学经验,有扎实的理论功底,有专门的写作知识,知晓不同场域的表达规范和要求。

——教育写作能力的提升不是一蹴而就的,教师需要有持久的耐心,有静心思考的意志力,有"百折不挠"的毅力,要经历不断琢磨、不断练习、不断顿悟的漫长过程……

也正因为如此,这项专业能力的提升对大多数教师来说仍是一件难事。如果没有深层而持久的写作动力,去支撑教师经历"凤凰涅槃"般的写作提升过程,坚持走过这条看似"布满荆棘"的写作之路,很少有教师能坚持到最后。

《我与教育写作》这本书正是针对这样的教师写作需求与问题策划、组织编写的。本书邀约了28位优秀的教育人物,让他们讲述自己的教育写作故事。他们来自不同的城市、不同的学段、不同的学科；有着不同的年龄、不同的经历、不同的个性；有的是全国知名的教育专家，有的是让很多老师崇拜的特级教师，有的是颇有建树的科研和管理人员，还有的是来自一线的优秀教师。他们真诚地讲述自己的写作经历和成长经历，挖掘教育写作对自己专业成长的多重意义与价值，介绍自己在"写教育"过程中积累的教育写作经验，毫无保留地分享自己的写作心得和写作"密码"。从他们的讲述中，我们可以了解到更多优秀教师的教育写作心得，感受到他们的精神力量，也能从他们的教育写作经历中领悟到更多的写作之道、成长之道、成人之道。

这些与教育写作有关的故事，是那么生动有趣，又意蕴深远。它们如同一颗颗珍珠，熠熠闪光；又如一座座灯塔，照亮更多老师的心房，引领他们冲破写作时的痛苦和迷茫，产生写作与发展的强大动力，走上专业自觉的成长之路。

本书中的每位作者都是教育生态链上的一种典型，都有自己独到的写作经验，也都呈现出自身独特的成长样态。为此，我特别为每一篇文章撰写了"编者说"，这28篇"编者说"有述评，有"画重点"，有故事之外的故事，也有我作为第一读者的真实感悟，甚至也有我自己对写作与人生的认识与理解。希望通过这样的方式，更好地表达我对这些作者与作品的理解，从而引发共情、共振与共鸣。

当一个人内在的力量觉醒了，外在的一切都会成为力量之源。

让我们期待，每一位教师都能通过努力，顺畅地进行专业表达，实现自身质的飞跃和提升；期待每一个挥动笔尖的日子都能成为感性与理性相融的幸福生活；期待我们在共同努力的岁月中，体会到成长的意义与幸福。

颜 莹

2021年教师节

目 录

教育写作究竟为了什么

- 004 学校教育者的写作究竟是为了什么　　窦桂梅
- 016 校长写作的别样意义　　刘希娅
- 026 思想的长跑　　张菊荣
- 039 以教育写作推动区域教育的改革与创生　　沈正元
- 052 打开写作这扇窗　　刘　婷
- 063 教育写作的力量　　袁　柳
- 075 人在书写里重生　　曹　刚
- 084 教育写作,见证生命在场　　陈铁梅

我们的教育写作之路

- 096 教育写作,我的重要成长方式　　沈茂德
- 108 教育生命因写作而厚重　　唐晓勇
- 119 一线教师的研究之路　　拾景玉
- 130 我的写作窘旅　　宋　瑞
- 140 教育写作助我专业进步　　江玉安
- 151 教育写作:点燃成长的希望之光　　吴洪芳
- 159 以文字见证成长　　张　岚

168	感恩遇见　相伴幸福	杨　琳
178	开启"为写作"的教学人生	丁素芬

写出你自己

188	教育写作要有"自己的房间"	成尚荣
198	关于教育写作的你问我答	华应龙
207	写得像自己	薛法根
217	衔美而生,向美而作	王新刚
227	一个教书匠的写作回顾	郭初阳
239	"走心写作"是正道	王士军
247	攀上"核心"之峰 ——记我的第一篇核心期刊论文的诞生	张晓花
259	只要功夫深	陈惟萌
266	写作苦行旅,成长自然路	周惠英
279	教育写作,不全是理性	姜树华
289	叙·论·编·著:教师专业进阶的多样表达	唐　琴

教育写作究竟为了什么

> 每个教师专业生涯的起步、发展、转折,都与时代、社会的发展息息相关,用生动温暖的笔触将这些记录下来,才能让人更全面、更立体地洞察教育整体的革新与进步。一个人的专业写作史不仅是他本人的教育史,更补充、丰富、完善着整个国家和民族的教育史。

窦桂梅 清华大学附属小学党总支书记、校长,特级教师,北京市特级校长,教育学博士,正高级教师。教育部首届大中小学思政课一体化建设专家指导组副组长,教育部首届基础教育教学指导委员会委员。清华大学教育研究院基础教育研究所所长。先后获得"全国教书育人楷模""全国模范教师""全国师德先进个人"等荣誉称号。研究并实践的"小学语文主题教学实践研究"获首届基础教育国家级教学成果一等奖,"成志教育:小学立德树人的校本实践"获第二届基础教育国家级教学成果一等奖。已出版《小学语文主题教学研究》《听窦桂梅老师讲课》《窦桂梅与主题教学》等个人专著。

学校教育者的写作究竟是为了什么

窦桂梅

我十九岁那年成为小学教师,工作后的第一个十年左右成为特级教师,第二个十年左右成为教学副校长,第三个十年左右担任校长,甚至响应政府要求跨北京几个区域办学,工作压力可想而知。关于写作,三十余年一路走来,最初我可能只是尝试记录工作中的点滴体会;随后我开始习惯于梳理教学中的经验教训,并将之转化为总结性的文章;再到后来,我开始主动基于问题导向的教育探索发表深度思考的观点性文章……渐渐地,写作已成为我生命中不可或缺的一部分。尽管经常被各种繁杂琐事弄得疲惫不堪,可每当我安坐于灯前桌畔,落笔成文,抑或轻击键盘,若干小时倏忽而过,便总有一份无从解释的神奇力量,令我从容笃定。

那些过去的记录

1997 年,我作为吉林省的唯一代表参加了全国小学语文青年教师阅读大赛。面对赛后的优异成绩,我开始反思,语文教学不能仅仅以教师的设计为准,依据众人打磨出来的、可以照本宣科的"标本"式设计去教学,而是要由学科本位到学生本位,即通过儿童主动学习,走向语文立人的目标。于是我开始打破以形象与基本功为优势的自己,对不同文本、不同年级的课型进行深度探索。我从一年级带班到六年级，12册语文课本中的一些典型课文，我几乎都以公开课的方式呈现给同人，和大家一起研究、反思。应该说很努力地用六年时间，扎扎实实把小学六个年级的语文教材深耕了一遍，而后又带着经验与反思重新开始又一轮的六年。

由于我"不安分"的改革，有关我课堂教学的各种讨论一度曾如暴风骤雨般向我袭来。20世纪90年代，我执教《朋友》，呈现了一课带动三篇文章的国内最初的"群文阅读模型"，我创造性地带领学生比较《牛郎织女》《白蛇传》《孟姜女哭长城》《梁山伯与祝英台》四大民间爱情故事的结构和故事创作特点……在当时以"单篇讲读"为阅读教学定式的情况下，我的改革难免被质疑和讨论。我深知，自己的探索实践要被普遍认同，需要过程和时间。于是，我一方面继续探索，用一节节研究课证明，但也通过写作阐述自己的想法：这样的文本为什么要这样备课？儿童在课堂上为什么要"生成学习力"？这样就形成了"上课—写课—上课"的不断超越与回归。现在，那些公开课依然是师范院校老师和学生们研究的课例。

我经常读到网上各种公众号转发十几年前我写的文章。朋友转发给我，我读完后，还能感觉到当年的真诚。回望那时的自己，我用笔"寻找安慰"，静静"记下自己"；积累教学点滴，总结经验教训，反思教育得失；通过这样的自我审视，真正直面"我是谁"。语言文字是从心底开出来的心灵之花。每一次记录，都是一次心灵深处的挖掘。《皇帝的新装》《秋天的怀念》《晏子使楚》《我爸爸》《丑小鸭》等几十节发表在杂志上的课例，成为我审视自己的一面面明镜，让我不断窥见自己在教学领域上下求索、朝夕不倦过后的得失成败。

每一个领域、每一种力量都需要某种合理性来为自己论证，同样地，每一个人也需要自我验证、自我引导。我开始意识到，教师需要自觉营造课堂生活的价值和意义，而不是单纯等待任何权威的指令。

2003年，我曾写过近百篇课堂反思，名曰"课堂捉虫"，引起了较好的反响，继而出版了《课堂捉虫手记》。这些点滴思考的汇集，最终成就了我专属的课堂参考指引。尝到甜头后，我开始鼓励身边的其他教师一起来写，并告诉他们，这是我成长的方式之一，即让写作成为和心灵对话、和自己对话、和他人对话的方式。在对话中反思自己，在对话中寻找和缩小差距，这种落在笔头的成长方式，下的是行胜于言的苦功夫。语言有两套体系，一套是口头语言，这是人人都能驾驭的；另一套就是书面语言，是知识阶层的语言，是呈现思想的语言。正因为如此，我们强调老师要和学生一起从小做到"三个一"：一副好口才、一手好汉字、一篇好文章。其中两个都是落在笔头的。

有一次，我因为没有时间给老师们评课，就让他们执笔写各自的教后反思。意想不到的是，两位年轻教师的"反思"竟然引发了众人的"再反思"。谁说人不能正确认识自己？正像青年教师自己感受到的：写，让自己更切实明白了"曾经"是怎么回事。

课堂教学的内涵是丰富的，写作的形式和内容也可以是多种多样的，或深邃或悠远，或微小或宏大，或忧郁或明快，或赞誉或针砭，或抒情或豪迈……既可以用平实的语言去白描叙事，也可以用诗意的词句吟咏抒怀。持之以恒、不拘一格地写，会令那些"当时只道是寻常"的思想与细节，在头脑中一次次"昔日重现"；会让自己愈发保持对课堂的清醒，自觉地辨别批判的声音，从而以一名旁观者的身份，清澈明鉴，审慎看待自己的课堂。2001年，我在《人民教育》发表了文章《在语文课堂幸福成长》，用一个个案例讲述老师从一年级到六年级，放下架子，蹲下身子，让学生提出问题，和学生成为学习伙伴的感受。文章发表后，被大家誉为"令人耳目一新"。

一个个字、一段段话、一篇篇文章……都是用笔绽放开来的灵魂之花啊。我们轻掬花香、翻阅文字，不仅能嗅到千瓣万瓣的馨香，看到千朵万朵的美丽，更能体悟到自己字里行间映射出来的日渐敏锐的理性，是在细数我们宝贵的精神财富。

写，是我改变工作磁场、生命属性的过程之一。

记录里的理性省思

如果说"用笔记录、感性抒发"是教育写作的初级阶段，那么随着教育经验、教育角色的丰富，我逐渐进入"把自己作为方法"的理性省思，这是教育写作的高阶形式，也是我在教育教学实践过程中发现问题、解决问题的必由之路。

2001年，我在《天津师范大学学报（基础教育版）》发表了《为生命奠基：小学语文教改的三个超越》一文。我在文中提出：基于教材，超越教材；立足课堂，超越课堂；尊重教师，超越教师。这"三个超越"成了当时我对语文课堂教学观念更新的重要贡献，并持续影响着后来的语文教育改革。2004年5月，我发表了《"主题教学"的思考与实践》一文，对语文教育进行了更加深入的思考，且上升到了一定的理论高度。我在文章中提出：语文教学要从儿童学习的温度、梯度、广度出发，指向有深度的学习。这是继"三个超越"之后新的探索与超越。

就这样，我梳理、归纳教学思考，提炼教育思想，透视教育现象背后的本质，将教育"原因论""目的论"的考量纳入我的写作规划中，尝试从个人经验出发，抵达一个更宽阔的世界。我觉得，只有当教育生活成为教师自身思维省察的对象时，教育经验才可能真正产生，并且极具个性化又极富延展性。教师只有把自己作为样本，才能打通理论与实践的壁垒，真正赋予教育写作以意义。源于实践的写作犹如一口油井，能量积蓄到一定程度就会喷薄而出，那不是无病呻吟的咬文嚼字，而是一种不吐不快的欲望，一种希望分享的使命感，一种希望得到大家认可的激情，让更多的人感知睿智的力量。教师不能仅仅停留于讲台、止步于课堂，还应致力于将自己的思想分享出去。

调入清华附小后，我开启了把语文主题教学从经验上升到学理的研究历程。2010年，我成为东北师范大学教育学原理专业博士研究生。我努力学习怎样揭示语文教育的规律，怎样科学诠释语文教育存在的问题，怎样在教育理论与实践之间搭起一座沟通的桥梁……我逼迫自己从感性随笔提升到理性写作，通过自己的切身经验，为语文教育工作者提供理论和方法上的依据，进而成为沟通语文教育理论和教育实践的桥梁。

说实话，这个过程其实是特别痛苦和煎熬的。想要打通理论与实践的壁垒，将感性经验进行理论提升，需要解决写作痛点，不断进行深度研究与探索。有时候经验会成为可怕的陷阱，成为你前行道路上的羁绊。我从榜样人物身上获取力量，学习袁隆平90岁还在田间地头做水稻研究，老中医古稀之年还在为人们解除病痛，老院士耄耋之年还为国家贡献智慧的价值人生……再面对自己的工作，就有了无穷的动力。

我开始进行海量的阅读，读微信公众号的文章，读华为等企业管理的文章，在"得到"听"罗辑思维"的演讲，看最新最打动人心的短视频……一切的一切，只要能触发、启迪、熏染我的，能促使我始终保持敏锐的觉察力、训练提升我思维力的信息，都被我吸纳，为我所用。在遍览大量优质内容的前提下，再结合丰富的教育实践，我逐渐生长出属于自己的独特认知，形成自己独到的见解，从而由感性走向理性，实现理论与实践的转化与融通。

思想者是每一个时代最宝贵的财富。如何提出解决教育实际问题的真知灼见？除了脚踏实地地进行课堂实践外，更重要的是要有天下大同、公而忘私的心胸。当一个人放下名利，放下分别心思考和写作时，他的心胸是博大的，就能感知到外部世界和自己是息息相通、连为一体的。信息的通畅带来沟通的畅通，天地人的和谐统一，带来的是日月清明、天地和顺的境界，进入这样的情境中创作，会有思想的升华和灵感的出现，写出具有更广阔视野和更高境界的文章。

近年来，我承担了国家社科基金课题"小学立德树人成志育人模式实践研究"、教育部重点课题"基于学业改革的小学个性化诊断与反馈实践研究"、市级重点课题"指向学生认知改进的课堂教学工具开发与实施研究"，在更高层面、更广阔范畴的课题研究与探索中，不断聚焦具体切口，形成新的认知与成果。

与此同时，我坚守一线，认真梳理研究课和示范课，撰写了《听窦桂梅老师讲课》《听窦桂梅老师讲新课》《做一名有专业尊严的教师》《窦桂梅的阅读课堂》等著作。我从一个人出书，到带动学校其他教师陆续出书，实现了让集体写作的力量撬动学校教育的发展。同时，学校建立成志教育研究院等，形成基于实践的研究风格。我和团队先后在《教育研究》《中小学管理》《人民教育》等刊物发表文章，出版了《学校的样子》《为聪慧与高尚的人生奠基》《从成志学校到成志教育》《儿童站在学校正中央》等学校教育研究专著。

集体人格的素描

或许是童年给我打下了不走寻常路的精神底色，或许是长白山的韧劲赋予了我敢闯敢干、喜欢探险的豪放性格。我习惯于在各种要求和规定中寻找一种生命活力。领先思考是我的一个思维习惯。作为校长，我带领团队梳理百年前成志学校的历史，提炼成志教育经验。一群人，犹如一团火焰，从宏观分析到微观探索，从理论阐述到专题研究，从教育管理到课堂教学，附小教师团队以"研究的方式"工作。

教师们共研共修，在阅读写作中共同成长：一方面，教师们像蜜蜂采粉一样，博采众长，汲取教育思想、方法，并不断内化，让教育教学充满生机活力；另一方面，写作也帮助教师们建立起一个研究空间，促使他们超越烦琐事务，坚定教育信念，形成了彼此烛照、有共同价值追求的集体人格。我们在写作中不断思考：我们的语言是否因更加中肯而引发教学行为上的忠直？我们的心灵是否因书写而变得更加正直、勇敢和善良？我们的道德使命是否因不断累积而变得更加清晰而富有力量？……就这样，我从一个人、一个学科的实践研究走向带领一群人、多个学科开展研究，我的写作不再是"独角戏"，而是以"领唱者"的自觉，引发教育场域的团体"大合唱"。

做了这么多年校长，我越发觉得，撰写"角色"类文章，不应该只是个人的抒发，而需要容纳更多维的观点与思考。于是，在未发表的职务文章中，我总是力求融入更多的集体智慧。往往是我有感而发，写出"作文"，然后发进微信群，恳请相关老师作批注，大家集思广益、畅所欲言，不断修改完善。这篇"作文"经过大家的反复研读与论证，每句话、每个字的背后，无不凝聚着集体的智慧，闪耀着团队的光芒，最终以学校成志教育著作精品的姿态呈现于众人眼前。

我很虚心谨慎地对待自己的每一篇文章，经常不厌其烦地寻找"读者"，恳求建议，再不厌其烦地一改再改。一遍，两遍，三遍……我坚信"玉不琢，不成器"，尽管同事们可能觉得我过于追求完美，甚至怀疑我患有专跟自己较劲的"强迫症"，但在写作这条道路上，我始终愿意精益求精地走下去。有时明明文章已成，思绪却仍在脑海中波澜起伏，终究无法释怀。即使睡至半夜，也会突然惊醒，赶紧披衣起床，挑灯独坐，奋笔改稿。

渐渐地，我的同事们都在如此这般反复修订的过程中，各自的写作能力得到极大的提升和飞跃。更有甚者，逐渐变得独具慧眼、目光如炬，总能从无懈可击的稿件中再度获取突破点、提升点，从司空见惯的教学现象里捕捉全新的写作契机。于我而言，唯有反复推敲修改，直至尽善尽美的地步，方能"放过"已然无能为力的自己，这时才总算敢让自己沉浸于身心释然的一种满足，仿佛轻呷慢啜一盏峨眉山竹叶青的绿茶，终于气定神闲，通体爽悦。正可谓经历"为伊消得人憔悴"，蓦然回首，于"灯火阑珊处"方有邂逅得来的无尽欢喜。

也正是在这些年间，我的写作呈现出了更为广博的气象：《做一个精神上气象万千的教师》《成就一支有定力有方向感的教师队伍》等文章显示出我由教育现场走向管理前沿的思想轨迹，《让社会主义核心价值观成为学生成长的"芯片"》旗帜鲜明地阐释了成志教育的核心立场，《重建为师之道：教师集体人格的养成与塑造》反映出基于国家现代治理体系和治理能力改革的教师队伍改革……

2020 年，面对突如其来的新冠肺炎疫情，我带领清华附小整个团队，勇敢承担起疫情"大考"下中国教育现场直播课的公益重任。在这一关键事件中，清华附小身先士卒、率先垂范，团队中的每一位成员均在实战中收获了专业淬炼与价值塑造。我本人更是当机立断、奋笔疾书，将置身于诸多教育事件中"我"的心路历程，立体呈现于文字之中。

这一年间，我是不断写信获得同理共情，并记录所思所感的一名笔者。虽隔屏不相见，依旧见字如面。17 封信，写给学生，写给家长，写给班主任……我把自己的抗疫心得在《中小学管理》"中轴会讲"中留作"档案"，《世界另有计划，我们该怎么办？》《创造直播课上的进修学校》《如何与焦虑相处》……每月 1 篇，整整连载 12 个月。

我记录清华附小全学科的"国家电视直播课"，经历从寒冷寂寥的煎熬，到春暖花开的坚守，直至夏荷飘香的涅槃；记录作为校长的我，面对压力与考验、焦虑与困惑、骄傲与激动,如何居安思危,韬光养晦,修行自省,带领团队竭力躬身,毅然入局,然后坦然将自己深深扎进现实的土壤……

如今,我的手机无法离手,随时随地要回应各种信息;我的藏书也不少,各类阅读耗费了自己特别多的时间;一周的工作内容总是把时间塞得满满,写作的时间在哪里呢?只能周末挤、占、抢出一点时间落笔,一点点完稿。如何处理好精力与能力的关系?这对我来说真是一个课题。我不是全能的,也没有写作天赋,只是习惯用文字记录工作,记录那些教育实践中真正有意义、有价值的问题,让感性的自己变得理性,让理性的自己愈加深刻,从而通过探索与思考,改进教育教学实践,升华自己的教育生命。

回到开头那个问题,我为什么喜欢写?教育者的写作究竟有什么意义?

我以为,教育写作深深影响着教育界人士的职业认同、专业提升、生命感悟。为了提升自己的专业水平,教师必须自我内驱,养成善于观察、勤于思考、爱好写作的生活和工作习惯。如果能超越技术性写作的层面,摆脱功利性写作的心态,让自己丰富生动的教育生活从笔尖自然流淌,那么,每一位教师突破职业瓶颈,重新认定自我,不断实现思想与实践的创新与飞跃,体认到教师职业的自豪,也就不再只是一种空想。

我以为,教育写作是个体经验向教育生产力转化的过程,能最大限度地触动更多人的心灵。教师将零散的经验明晰化、系统化、结构化,将个体经验与实践智慧融合,转化为普遍知识,将个人故事化作春风雨露,能滋润更多心田。

从更深广的意义上来说,每个普通教师的教育写作都将丰富整个人类的教育史。教育史绝不仅仅是宏大叙事,不仅仅是枯燥的数字与冰冷的陈述。每个教师专业生涯的起步、发展、转折，都与时代、社会的发展息息相关，用生动温暖的笔触将这些记录下来，才能让人更全面、更立体地洞察教育整体的革新与进步。从这个意义上来说，一个人的专业写作史不仅是他本人的教育史，更补充、丰富、完善着整个国家和民族的教育史。我们的教育生活看似琐碎，但只要我们每个人勤于捡拾各自亲历的"碎片"，善于重温、观察，有效地进行反思、总结，继而从"碎片"中提取有价值的经验加以理解、吸收，形成文字加以聚合，便能让人窥见我们共同经历的教育生活之全景。

学校教育每天都需要与人打交道，教育管理工作更是常常让我殚精竭虑。当某些无法排遣的现实"焦虑"汹涌袭来，我会力图超越现实局限，进入"写作"世界，从而获得"觉醒和变迁"。从这个意义上说，我的教育写作不仅是对教育生活的"带出"，也是对教育生活的"嵌入"与"补全"。

我觉得，一个人做顺应自己心性的事，是快乐自足的。一个人的自我成长，最重要的目的，也是找到自己的天性。在研究中行走，将写作作为自己的生活方式，这是符合我心性的事情。因此，能够找到"教育写作"这种方式，并在这般教育生活中愉悦地生长，于我而言，幸甚至哉！

| 编者说 |

正如窦校长自己所言："语言是开出来的看得见的心灵之花。每一次记录，都会挖掘自己的心灵，并把它彰显出来。"或许，这篇流淌自她心底的文章可以让我们走近真正的她。

这篇叙事是感性的——我们可以看到在巨大的光环、成就背后，她亦要面对让人疲惫不堪的繁杂琐事，别人的质疑和讨论，困难重重的挑战、任务，无法排遣的现实"焦虑"……只有安坐于灯前桌畔，落笔成文，抑或轻击键盘的那段时光，令她从容笃定。她用笔"寻找安慰"，静静"记下自己"，反思教育得失，真正直面"我是谁"……

这篇叙事亦充满了理性的张力——围绕"学校教育者的写作究竟是为了什么"这样一个关于教育写作的根本问题，她用自己的人生经历和思考做出了完满的回答：

教育写作是与心灵对话、与自己对话、与他人对话的方式，这种落在笔头的成长方式需要下的是行胜于言的苦功夫；

教育写作可以成为我们审视自己的一面明镜，从中不断窥见自己在教学领域上下求索、朝夕不倦过后的得失成败，是教师改变工作磁场、生命属性的过程之一；

教育写作可以帮助教师融通阅读与丰富的教育实践，逐渐生长出属于自己的独特认知和见解，从而打通理论和实践的壁垒，实现理论与实践的转化与融通，将个体经验转化为教育生产力；

教育写作可以让自己"审视曾经"，让感性的自己变得理性，让理性的自己愈加深刻，从而通过探索与思考，改进教育教学实践，升华自己的教育生命；

教育写作可以帮助教师团队建立起一个研究空间，促使他们超越烦琐事务，坚定教育信念，形成彼此烛照、有共同价值追求的集体人格；

教育写作可以提升教师的职业认同、专业水平、生命感悟，助力教师超越现实局限，重新定位自我，不断实现思想与实践的创新与飞跃，体认到教师职业的自豪；

教育写作不仅是对教育生活的"带出"，也是对教育生活的"嵌入"与"补全"。每位教师的教育写作史不仅是他本人的教育史，更补充、丰富、完善着整个民族、国家的教育史。

> 写作是一股推动校长沉心静气地坚守和凝炼办学思想的独特而宁静的力量。修炼教育写作内功,是校长开阔教育视野、提升办学格局的充分必要条件,是校长愈加明晰与践行学校价值追求的重要途径。

刘希娅 重庆谢家湾学校校长、谢家湾小学教育集团校长,中共党员,正高级教师,特级教师,享受国务院政府特殊津贴专家,入选国家"百千万人才工程"、"重庆市高层次人才特殊支持计划",先后被评为全国教育系统先进工作者、国家有突出贡献中青年专家,曾获全国五一劳动奖章、第二届明远教育奖。

校长写作的别样意义

刘希娅

2021年春夏交替的谷雨时节,正值第26个世界读书日即将到来时,我的个人著述《刘希娅与小梅花课程》由北师大出版社出版。回忆那持续近三个月撰写与修订的时光,每天上万字的表达输出、书稿撰写让居家隔离的特殊日子变得充实而有意义,也让我常常在定格、重现、复刻个人与学校成长的一幕幕画面时心绪激荡、眼含热泪。

2018年7月19日下午,我参加教育部"关于2018年师范专业认证第二期专家培训"活动后赶到机场,强烈的表达冲动促使我走进咖啡厅坐下来就写。40分钟以后,当我登机时,一篇2000多字的《师范类专业认证:重塑师范教育培养体系》已经完成,并在我的个人微信公众号"希娅分享"中发出了。

2019年上班第一天,在听完刘婧老师的语文课后,在全校语文老师面前,我马上在另一个班上了一节相同内容的课。中午下课以后,当全校语文老师还在热烈讨论我们在这节课里所呈现的方法和效果时,我回到办公室很快写完了《我和刘婧老师同课异构》这篇文章,为老师们深入讨论增加了一份基于策略和原理的文字素材……

就这样,在一次次非写不可的表达冲动的驱动下,在无数回见缝插针利用零散时间的叙述中,我的个人公众号"希娅分享"已走过5个春夏秋冬。我早已习惯于用文字记录日常工作与生活,在分享中珍藏美好与感动,不知不觉已经创作了近70万字,出版了两本个人专著。

许多人问我：你这么忙，哪有时间写作？我总是由衷地说，写作最需要的不是时间，是感觉。写作让我的身心都沉静下来，让我深度思考并获得灵感，让我对生活、对教育始终保持清醒与激情。我喜欢这样的生活方式，也深刻体会到作为一名校长坚持写作的别样意义。

在持续书写中更加理性地凝炼办学思想

校长是学校的灵魂。在这个碎片化阅读、快餐式浏览盛行的信息时代，写作是一股推动校长沉心静气地坚守和凝炼办学思想的独特而宁静的力量。许多校长感觉许多事说起来容易，做起来也不难，而一旦要写出来，就面临许多难题：学校可写的信息、素材、情景众多，如何选择？自己呈现的立场、角度、内容、逻辑、思维、情感，是否经得住各方检验？对此我认为，修炼教育写作内功，是校长开阔教育视野、提升办学格局的充分必要条件，是校长愈加明晰与践行学校价值追求的重要途径。写作的过程，正是校长不断检视、反思、改进办学理念和实践的过程。

2014年，我提出"六年影响一生"办学主张，引发了大家的关注和讨论。大家认为教育只能是正面的，因此"影响"这个中性词需要改成"成就""造就"等。还有中学同行说道："你们小学六年就影响一生了，那我们中学干什么呀？"在当时追求办学特色化的教育发展大潮流里，在全国范围内涌现的"成功教育""艺体教育""书法教育"等鲜明的特色办学追求中，我总是被追问："六年影响一生"到底是什么教育？有什么办学特色？在质疑和非议中，我始终坚持"六年影响一生"所倡导的"忠诚于党的教育方针，落实立德树人根本任务，追求素质教育"，始终带着全校老师坚持回归儿童立场，用这种对老师们、孩子们、家长们而言更为简洁、通俗的表达，唤起大家的共鸣、敬畏感和使命感，让大家去体会"六年"与"一生"的内在联系，理解孩子们"每一天"与"一生发展"之间不可逆的逻辑关系，时刻去反思、调整和优化自己的思维方式和行为方式。

在这样的坚守与实践中，"六年影响一生"的内涵愈渐清晰、丰满和立体。2009 年，我撰写的《六年影响一生——重庆市谢家湾小学办学理念解读》在《人民教育》发表，文中传递了"六年影响一生"不仅仅是基于人发展的连续性，从纵向上强调"六年"与"一生"之间的时间联系，更是基于教育目的性、阶段性、系统性的基本要义，从横向上把握孩子们在六年中受教育观念、教育方法、教育技术、教育内容的系统影响与其一生发展的内在联系。后来，"六年影响一生"的办学理念越来越受到认同，大家也越来越理解实现这一理念需要思想的引领、坚定的方向以及摒除急功近利的勇气和耐心，更需要我们一切从儿童的立场、体验、收获出发去衡量和反思我们的教育。

巴金曾言："只有写，你才会写。"打开十几年来自己近 500 份专题报告的 PPT，翻阅一篇篇亲手撰写的文章，我看到自己以《小梅花整合课程将改革进行到底》引领老师们义无反顾地投身课改；以《"红梅花儿开，朵朵放光彩"素质教育模式》升华了我们的办学思想；让老师们明确了：教育，就是让每个孩子成长为自己最好的样子……这些写作过程，使我在记录中凝炼核心观点，在反思中深化办学思想，进而促进自身对教育实践的理性认识与持续优化。

在这条书写办学实践、凝炼办学思想的发展之路上，我越来越深刻地理解了台湾作家罗兰所说的话："写作是一条认识自己、认识真理的路。"在这条无限接近真理的探索道路上，希望通过写作，我能带领更多人以更广阔的视野，看见教育的现在与未来。

在朴实述说中增强凝聚人心的力量

就写作风格而言,从中学时代开始,我就一发不可收地迷上了三毛式的语言风格。三毛的文字都来自真实的生活,她以质朴清新的文字,表达出自己生动而不凡的经历、刻骨铭心的情感,其文字中蕴含的鲜活丰富的人、人性、人文、人生以及鲜明的价值取向,总是直抵本质、触动人心、引人共鸣。

我喜欢用这样的文字和孩子们、老师们、家长们"随便聊聊"——在我的公众号上,我用"随便聊聊"的方式和心态写下了《成熟的人才会有真正的童心》《我用尽了全力,过着平凡的一生》《2021 新年愿望有的已经实现了,有的还需努力》……孩子们喜欢在我的公众号下与我说、同我聊。他们会说:"好久没看到你了,希娅""我想邀请你到 5 年级 X 班来,我有一件事要告诉你"……《谢谢你们,让我如此幸福》《你们没那么小,我们也不会老,岁月刚刚好》《我最幸福的样子都是和你在一起的时光里》……这些文章都述说着我与孩子们在一起的温情时光。

2016 年,"希娅分享"公众号推送了第一篇文章《2016 教师节记忆:为了你的款款而来》,分享谢家湾小学浪漫而别致的教师节。从此,"谢家湾小学教师节怎么过?"总是让大家充满好奇与期待——2017 年,《2017 教师节:我的职业理解·派》;2018 年,《让教师享有尊崇感是最好的教师节礼物》;2019 年,《"教育强国与我的教育人生"谢家湾小学庆祝第 35 个教师节活动》;2020 年,《心中如有价值感,每天都是教师节》。每年教师节,我都坚持撰写专题文章,表达对老师们的祝福,更引导老师们理解并担当教育者的使命,形成更稳定的价值感。在这个过程中,老师们更加理解、珍视,也尽力追寻教师这份与国家命运同频共振的职业的价值感,产生了对职业的尊崇感。

2020年1月，新冠肺炎疫情将人们隔离在家，我通过"希娅分享"发布多篇文章，在深切关注疫情发展的同时，引导大家不要慌乱，科学应对。1月22日，发布《健康，才是给亲朋最好的新年礼物》，呼吁大家科学防范新冠病毒；1月27日，发布《延长假期：告诉孩子们这样的春节怎么过》，倡导家长们在这个特殊的假期，帮助孩子们理解生活习惯与生命质量的关系，形成从个体到团队、国家的系统思维，探讨将来打算做一个怎样的人；阅读量达4.2万，被《光明日报》等媒体转载。当"停课不停学"引发社会热议，我又带领老师们坚持从转变学习方式出发，研发适合孩子居家学习的课程内容与方式，促进学生自主学习、规律生活；并通过公众号发布《如果还有一个月才开学，小学国家课程如何实施?》，从教学内容、教与学的方式及家校协作方面给出了建议。

就这样，通过写作，我凝聚起了更多抚慰人心的力量，并坚定而清晰地传递给6000余名孩子和数以万计的家长、同人，彼此守护度过了这段不平凡的时光。

在精准言说中共同塑造学校治理秩序

学校治理秩序的塑造，是从理念到机制到策略的完整路径，包含所有人共同的思想准则与行动准则。校长是塑造学校治理秩序的核心主体，校长的办学思想、教育主张、路径选择等在学校治理秩序塑造过程中发挥着引领、导向作用。

随着学校办学规模的扩展，作为校长的我，想每天和所有师生见面沟通已成一种"奢侈"，不同校区的师生聚在一起开会的机会也非常有限。于是，那些教育教学的瞬间、那些触动心灵的思考、那些关乎成长的选择，就被我写成文章，及时转发给教师、家长和各界朋友。我常常在公众号上与大家分享当下的教育热点和大家最关心的话题：《奔走在补课路上的孩子们，是否在真实地学习和成长？》《像治理生态环境一样破解教育生态难题》《华为芯片转正思考：教育该为孩子准备什么样的人生"备胎"？》《电影〈少年的你〉正在上映，陈念三问令人深思！》……

通过写作，我不仅旗帜鲜明地表达与传递我的观点、主张，也和不同年龄、地域、专业领域的读者对话，在争辩中消除分歧，在理性探讨中形成共识。

2021年2月19日，我在经原作者授权后，转载《一位数学老师的真心话：孩子到底要不要学奥数？》。此文一经推送，24小时内就有万余网友阅读，并在后台踊跃留言，我也一一真诚回应。讨论的重点不在孩子学习奥数的感受，而是聚焦于为什么要无奈地学奥数；就学习奥数的动机、效果到升学利益关联等关键问题，大家说出了肺腑之言。于是，我将部分互动内容分享出来，一篇《刘希娅回应网友：孩子到底要不要学奥数？》应运而生，在教育"内卷"背景下，引发更多同行、家长理性思考。

于是，人们在文字里读懂了我想传递的教育追求和实践策略——"教育是一次次琐碎的选择""纠错是学校和家庭教育中须共同面对的难题""非正式学习区活动对孩子发展的作用""拥抱比打骂更有教育的力量""让师生矛盾化解成为彼此成长的课程"等。在阅读分享和留言互动中，我尽量采用对话、细节刻画、场景再现等表现方式，清晰、准确、精当地表达自己的所见所想和对策建议，留下思考的空间和余地，让人们在轻松自然的阅读中，不知不觉产生共鸣、唤起思考、彼此靠近与滋养。

校长写作在一定程度上表达、诠释、调整着学校的办学方向和品位，充当了学校管理从制度管理走向文化引领的有益补充和润滑剂，也成为"互联网＋"时代背景下一种新的学校治理方式。

在多元分享中持续完善个体生命意义

教育是两个世界的相遇，我们要先打理好自己，再走向孩子们。想要培养热爱生活、敢于创新、阳光积极的孩子，教师首先应该活成这种样态。

我高度赞同歌德所说的"取材不在远，只消在充实的人生之中"。春天里，我写《最美四月天，晚春悄悄话》《花儿忙着请小朋友看风景，春天是个多彩的季节》；秋天里，我写《致新教师：你的生命状态就是你的课程资源》；春节，我写《大年初一：听妈妈唠叨》《年味儿还浓，玫瑰呓语……》；妇女节，我写《三八节，为女性的价值力量点赞！》；中秋节，我写《举杯邀明月，中秋节快乐！》《当中秋与国庆撞了个满怀……》……

因为外出学习、培训，我常常在假期里奔赴祖国各地，在旅程中，我边行走边写作，分享、珍藏每次旅程中的意外与惊喜。《滇池，那一杯绿色的咖啡》为你介绍滇池千姿百态的绿；《每个人心中都有一个不同的桂林山水记忆》表达自己感受到的桂林独具一格、动人心魄的美；《赣江边，雨声为教育伴奏》记录了我与志同道合的同人开怀畅谈、夜话教育的美好时光……

走过四季，行千万里，我不断激励自己延展教育生活的广度、高度和深度，期待通过轻松自如的分享，以简约呈现深刻，以看似随意定格生命永恒，也唤醒越来越多的同伴们以各种方式和渠道，写自己、写班级、写学科、写孩子……借助文字，与世界进行心灵的对话。在写作中，我们会不断遇见人生观、价值观同频的人，结识许多优秀、异质的有趣灵魂。文字的分享与互动，不仅仅是一种沟通，也是一种新形态的相约相处，更是在不断丰富自己的生命意义。

人生是一场不可逆的短暂历程，能率真、自然地生活，并通过写作，表达自己生活的历程和朴素而美妙的感觉，是一件十分惬意的事情。不为功利而写，不为迎合而写，为自己的内心触动、瞬间冲动、专业体悟而写，也是一种有质感的教育生活的体现。

人在幸福最浓烈时的表现方式就是与人分享。冈察洛夫说："我只能写我体验过的东西，我思考过和感觉过的东西，我爱过的东西，我清楚地看见过和知道的东西，总而言之，我写我自己的生活和与之长在一起的东西。"能这样写作，我很感恩，很享受。

写作，赋予了我的教育生活别样的意义。

编者说

很多人说，校长那么忙，哪有时间写作？也许，没有"非写不可的表达冲动的驱动"，不"见缝插针利用零散时间"，校长真的没有时间写作。

但是对希娅校长来说，写作最需要的不是时间，是感觉。

这份感觉来自她认识到写作可以让校长在反思中深化办学思想、改进实践；来自她体会到"文字凝聚人心"的力量可以有多强；来自她感受到通过写作与他人对话，消除分歧、形成共识的喜悦；来自她体会到通过写作表达自己生活历程的惬意……每一次写作，对于她来说，就是一次心灵体验。当希娅校长感恩和享受自由而畅达的写作生活时，我们也有幸能通过她的文字了解一位优秀校长的教育思考与实践。

2013年2月26日，教育部颁布实施了《义务教育学校校长专业标准》，首次系统建构了中国义务教育学校校长的6项专业职责。作为学校的规划者、教学的领导者，校长要说清办学思想、描述教育愿景；作为学校文化的营造者、管理的实施者，校长要梳理办学思路、改进教育实践；作为教育专业的示范者、学校发展的协调者，校长肩负着传播办学经验、打造教育品牌的重任。这一切职业要求，都需要校长以专业的方式阐述思想、反映事实、传播经验。

与教师写作不同，校长写作兼具"个人写作"和"组织写作"的属性。校长写作一方面可以看作校长以个人身份所作的表达，即"个人写作"；另一方面，也可以看作校长以职位标识的身份所作的表达，即"组织写作"，可以代表组织意志。

校长写作的双重属性决定了校长写作表达的观点具有更多的社会意义。表面上看，校长对教育问题的看法、立场和主张代表的是个人观点，但读者会同时认定，这些观点会运用到校长的公共管理事务中去。

因此，校长写作不仅仅是分享自己的观点，还会起到宣传和说服的作用。聪明的校长会充分利用校长写作的特殊性，来表达自我的教育思想，潜移默化地说服家长、教师等相关人员接受、认同自己的教育主张，促使各方力量达成"共同愿景"，让写作成为文化引领的方式，达到调整办学方向、提升办学品位、传播办学思想的多重目的。正如希娅校长所说，用"文字凝聚人心"的力量是强大的，校长写作不仅作用巨大，而且无可替代。

真心期待更多校长都能体悟到教育写作对校长的别样意义，因为除了时间、感觉外，我们还有责任和使命。

> 无论是何种形式的教育写作，它们已然构建起了我的精神世界，这个精神世界，除了自洽，也在不断地满足他人的精神需求。教育写作为我构筑起的，不是一个文字的乌托邦，而是一个丰富的精神世界。

张菊荣 江苏省吴江实验小学教育集团总校长，苏州市特级校长，吴江区教育名家，华东师范大学教研员研修中心特聘讲座教授，人大复印报刊资料《中小学学校管理》编委，获第五届明远教育奖。

思想的长跑

张菊荣

如果对"教育写作"这个词,作一种尽可能宽泛的理解,那么,可以说,教师的一生,几乎就是教育写作的一生——只是,更多的教师没有把这些写作汇聚起来,装订成书的样子。教师以其几十年的教育写作,构筑起了自己的"教育史",成就了自己的"教育史记"。

在开始思考写作此文的时候,我从书橱里找出这些年自己曾经写出来、打印、装订的名为《思想的长跑》的日记,厚厚20余本。如此浩瀚的文字,我自己都震撼了,随手翻阅那些粗糙但充满着生命与思想原始力量的文字,往事一件件被勾起来,我似乎看到了自己今天所思所为的源头。

我被自己感动了,那么多年的文字记录,那些并不为了发表而只是为了"记录"而做的"记录",想不到在时光中变得如此鲜亮。

或许,写作首先是一种记录,记录本身就是一种意义。

写作是一种生活,是生命在歌唱

写作一定是一种投入的思考——没有写作的思考只能说是"想想",很难说是深刻的思考。如果我们把生命视作一种叙事,那么无疑,写作是对自身生命叙事的一种推敲。写作始终伴随着我的职业生涯,从一开始的无意为之,到后来日益演化成为我不可或缺的生活方式。

1986年,我从新苏师范学校毕业,来到一所偏僻的农村小学,两个老师,带两个班级,四个年级,我带的是二、四年级复式班。学校在美丽的元荡湖边,没有围墙。春天到来的时候,湖边开满野蔷薇,喷香喷香。——隔着时光,一切都是这样美好。这里的两年时光,奠定了我教育生命中的浪漫主义情怀。这时,我的"教育写作"已经伴随着"文学写作"悄然开始了——除了写诗歌,与朋友油印诗刊《苦杏子》《夜里十点钟》之外,我居然还做了一本油印的教育"杂志",名为《青春教苑》。这本"杂志"现在已经找不到了,但用文字来思考教育的习惯,或许就是从那时开始的。这些文字一定幼稚极了,但却让我孤独的村小生活拥有了青春的芳华。

两年之后,我来到了镇上的中心小学,在这里慢慢成长:教研组组长—中层干部—副校长,磕磕碰碰而又顺风顺水。淡淡的生活,伴着淡淡的写作,我出版了两部散文集,同时,也以一种非专业的方式进行着零星的专业写作。当时我们学校是远近小有些名气的"师陶学陶"学校,我慢慢地接触到了外面的世界,撰写了一些自以为是的"陶研论文",以及关于学科教学、学校管理经验的论文,偶在《吴江教育》《吴江教研》上发表,便觉得自己很是了得。

教书、读书、写书,自我感觉良好的时候,我甚至会狂妄地觉得自己是这个小镇上的一员隐士——无论生活是怎样地平淡,写作总是会让人的灵魂飞翔,在心灵隐秘处总坚定地认为自己的精神世界十分高贵。这种不谙世事的"狂妄"念想成了日后我的精神气质之一。至今我仍不喜欢太过功利,我追求精神的内洽丰富而不过度追求有"成果"的表达,或许就与这样的一段生活相关。

2002年,我走出小镇,来到了吴江教育局教科室工作。其时,胡继渊主任刚刚退居二线,我有幸与他同室办公,在他身上学得太多做人述文之道。记得我当时把自己写的一篇文章拿给他，向他请教，他看了之后说"写得很好"，然后让我把几个小标题之间的关系阐述明白，大概从这个时候开始，我才关注论文的结构，才摸到一点论文写作的门道。

现在回想起来，从学校到教科室之初，我是并不适应的。我清楚地记得那年的教师节，在清静的办公室，我突然非常失落：我的身边没有了可爱的学生，我还算是个老师吗？那一年暑假，我结识了时任苏州市副市长的朱永新老师。在他的带领下，我开始在当时新生的"教育在线"论坛开辟"我的教育日知录"，积极发言，思如潮涌。这或许是我在用写作寻找自己的存在，这种"寻找"甚至引起了朱老师夸张地惊呼"苏州教育真是藏龙卧虎"。我后来的几段"疯狂写作"的经历，应该就起源于当时朱永新老师倡导的"记录自己的教育生活"。

2006年9月1日，是我"教育写作史"上的重要日子——那天，我写下了我生命中的一篇重要文章：

想做一次思想的长跑（代开博序言）

犹豫、观望、徘徊、怀疑，也许是好久了。总是有种种的理由，总是有种种的原因，一次次退缩了，一次次退却了。

然而，不肯甘心，不肯甘心让日子就这样糊里糊涂地消失，不留下一点痕迹。是啊，哪怕只是为了留下一点痕迹，也该为自己的所思所想、所作所为记下只言片语。也不知是谁说的：当日子消失，我们还有记忆；当记忆消失，我们还有日记。用在这里，那就是：当记忆消失，我们还有博客！——随着年龄的增长，我越来越不相信"记忆"。我们的生命里，尽管有着许多不会忘记的记忆,但更多的思想与故事,在人生的长河中很快消失了。不要说它们没有意义所以会消失,不要说它们没有价值所以会被遗忘,而是,在它们闪现的一瞬间,我们没有发觉,没有捕捉,没有用一颗虔诚的心善待!

我想做一次思想的长跑,不求伟大,只求坚持!

我知道坚持的背后是信念,所以不能坚持,是因为我们的信念还不够坚定;我知道坚持也意味着艰难,所以不能坚持,是因为我们的意志还不够坚强;我也知道坚持意味着放弃,所以不能坚持,是因为我们不能放弃!

这就是长跑,这就是思想的长跑,不求速度,只求坚持。唯有坚持,才有欢喜;唯有坚持,才会让我们的信念更坚定,才会让我们的意志更坚强,才会让我们走向智慧与深刻!

就这样,我在"教育在线"正式开博,博客名为"菊荣行思录",开始了思想的长跑。这次"长跑",历经10年之久。这篇《想做一次思想的长跑》,是对自己的庄严承诺。现在想来,这篇没有正式发表过的文章,恰是我生命中的一个重要作品,从那天开始,我几乎连续不断地写了近10年的日记。我相信,那时候朱永新老师开的"成功保险公司",我其实就是一个投保人。直至今天,仍然有朋友记得"菊荣行思录",从"教育在线"到新浪博客,想到自己也有一路追随的"粉丝"。这种知遇感,让人心里暖暖的。

"长跑"开始不久,我就遇上了"课堂观察"。时任教育局副局长的沈正元倡导区域探索研究"课堂观察",我成为这个研究方法的痴迷者。所谓痴迷者,即沉入其中,忘乎一切。"思想的长跑"与"课堂观察"相遇。偶然乎?必然欤?2008年8月,我离开教科室的时候,专门把博客上记录的"课堂观察"篇抽取出来,打印了厚厚的两大本

《在这个迷人的世界里》,足足有 30 万字。那些文字记载的,是每一次观察主题的推敲,每一份观察量表的设计,每一次课堂细节的捕捉,每一次分析方法的讨论,每一次关于质疑与困惑的思辨……记录着这样的生活:白天,在学校,在课堂,与校长们、老师们探讨课堂改进之路;晚上,记录、梳理、思考。

这样的研究让那些日子在平凡之中显现出一些不平庸的气象来。其间,我也发表了不少关于课堂观察研究的论文,其中,发表在《中国教育学刊》的长文《课堂观察的基本理念和初步实践》算是这个阶段的代表作。我特别感谢这段时光,这段时光为我后来说的"不做,我们一行字也写不出来"的写作信念埋下了伏笔,也形成了我的一种"生命格式"——不断在实践探索与理性思考中来回。

我曾经为某杂志写过一篇卷首语,叫《不让平凡的日子沦于平庸》。芸芸众生如我者,日子总是平凡的,哪有这么多波澜起伏?但是,写作,可以让平凡的日子不平庸,让我们安静的岁月不那么安逸,它是人抗拒平庸的一种重要方式,让我们的生命更有意义。如果教师的世界是黯淡的,影响的将是教室里的孩子;如果校长的心灵是无精打采的,影响的将是整个学校的精神。人生的每个日子都是重要的,日子的重要性是我们赋予的!

我所理解与践行的"教育写作",不仅仅是指为了成果总结而做的提炼与表达,还是"生命的歌唱",而这种"生命的歌唱",不仅仅是莺歌燕舞,更有山重水复时的寻寻觅觅。或许,只有经过山重水复中的艰难寻觅,才可能让写作散发出珍珠般的璀璨光芒。

写作是一种敲打,是精神在成长

人其实是一种健忘的动物,特别需要文字的记录。当我翻开一些

"历史"的时候，会特别感谢写作，是文字帮我走出迷茫，是写作帮我走出困境，树立信念。在一些特殊的时间段里，我会特别地依赖写作，我抓住文字，就像抓住了救命稻草。我经常这样想：如果没有写作，如果没有在寂静的夜晚与文字的倾心交谈，当我遇见这些挫折与困难的时候，是不是会失去飞翔的勇气？是不是会连向往远方的念头都没有？

翻开2008年8月的日记，我发现我写过一个系列的"新任之前"。当时我从区教育局教科室调任一所薄弱的城区小学，担任党支部书记兼副校长。我一时没有回过神来，只觉得自己像一头困兽一般。在8月前后的日记中，我写下了9篇"新任之前"：《会有一个新挑战吗？》《需要一颗宁静的心》《路在何方》《积极面对》《珍惜时机》《尘埃落定》《世界上最难的事恐怕是"沉下心来"》《"坚持"的意义》……没有曲折构不成故事，没有痛苦构不成思想，曲折与痛苦中诞生的思想才可能成为一个人的信念。通过这些文字，我抚平了自己丰富与纠结的心路，在很多人的帮助与支持下，我很快走了出来。

当自己走出来了，世界也就打开了。我与校长一起，深度思考学校发展的关键问题。我从太多普通老师的身上，看到了巨大的能量，我坚信在每个人内心深处，都有成长的欲望。在这里，我组建了令人羡慕的"教育沙龙"；发起了"细水长流读专著"活动，和老师们用细读、共读的方式，与苏霍姆林斯基进行穿越时空的对话；在这里，我们深度开展课堂观察与教学研究，启动了"教师发展年"，让"发展"成为教师教育生活的关键词。

不到一年，我就离开了这所学校。这一年的时光，我撰写了《教师发展年工作的初步构想》《关于学校发展若干问题的思考》《关于学校发展五大主题的思考》等系列文章，发表了《发展是"发展中学校"的唯一出路》《试论学校发展的"十大关系"》等论文。教育写作引领着我跳出小我，在学校的现场思考学校的发展，进入了对学校发展进行整体思考的新阶段。这段原本有些"失意"的教育生涯，恰恰成了我后来校长职业生涯的重要"见习期"。

我越来越明晰地确定：于我而言，教育写作不仅仅是一种学术表达方式，也不仅仅是一种思考方式，更是一种重要的精神活动方式。

写作是一种奔跑，是视界在丰富

2009年6月，我调任汾湖实小校长。2002年离开乡村，时隔7年，又重返乡村，其间的犹豫与纠结自是不少。当时的我，不仅写了"新任之前"系列日记5篇，更写下了"建校前思"系列日记17篇——《历史需要记述》《班子必须有共同面对困难的准备》《必须把教师引入大海》《总得建立法治的通道》《争取做无可替代的事情》……41岁的我，通过教育写作，让自己沉浸在对新建学校的思考之中。

建校伊始，我就尝试以文字的力量引导所有的老师参与到创业的过程中来。于是，我发起了一个看似"疯狂"的倡议：到学期结束，每人写一本"书"！这就是后来被称为"土书著述"的行动。全校36位老师全部参与了这个事情，且后来一直持续着。每年放暑假前，学校都会举行"土书发行仪式"，成尚荣、崔允漷、沙培宁、丁昌桂、张晓东、蔡守龙、周春良、沈正元等专家、领导都见证过老师们的这个"高光时刻"。8年间，学校老师们写出了444本"个人土书"。很多人问我：老师们怎样这么能写，他们究竟写了些什么？这实在是三言两语难以说明的。记得当初，我跟老师们这样遥望未来：当这所学校百年校庆的时候，人们会寻找学校文化的源头，会在学校档案室里惊奇地发现这些"土书"，会看到这所学校的创始者们创造的如此丰富的精神财富……我们当时是这样总结"土书精神"的：积极的人生态度，深厚的教育情怀，强烈的成长意愿，坚持不懈的品质。

这8年，也是汾湖实小学术成果喷涌的8年，除了那些原始的记录，我们也在不断地打磨学术观点。我们和华东师范大学课程与教学研究所崔允漷教授专家团队一起开展了分布式课程领导、教学评一致性、基于学习视角的评价信息、课堂观察等研究；2017年，出版《教了不等于学会了——学校如何发展课程》一书，获得苏州市教育教学成果特等奖、江苏省教学成果一等奖、江苏省教育科研成果三等奖。对于一所年轻的学校来说，这是莫大的鼓舞，也是额外的奖赏。

8年间，每遇问题，我必以文字叩问。比如，2010年绩效考核结束，新生的汾湖实小面临着严峻考验，我连续撰写"探索汾小问题解决方式"系列文章——《重要的沟通》《这支队伍能走远吗》《艰难的文化建设》《核心价值观：团队建设的第一主题》等，最后形成论文《沟通与改进：学校内部矛盾处理的方式选择》，成了学校解决问题的重要指南。

后来，关于学校文化建设、课程领导、目标评课法、评价任务等学术话题，我都是先作系列思考，再形成完整论文。我总以为，一篇论文，如果不是从实践的土壤里生长出来的，那它即使发表，也一定会被束之高阁，毫无意义。教育论文必须能更好地推进自己的实践。2017年，在我离开汾湖实小的时候，我的"个人土书"已经积累了10余册，而我个人发表的文字超过了30万——我把它们收录在两册《我在汾小8学年》里，留作纪念。教育写作为我构筑起的，不是一个文字的乌托邦，而是一个丰富的精神世界，它让我相信，世界是因为思考而丰富的。

写作是一种坚持，是思想在奔跑

2017年6月12日，我来到吴江实验小学。从一所新建学校，一所单体学校，一所顺风顺水的学校，来到一所百年名校，一所航母型学校，一所面临巨大发展困境的学校，我所面临的挑战远远超出我的想象。当无数个"怎么办"纠缠大脑的时候，教育写作仍然是我的重要依托。我睡不着，爬起来写日记，逼着自己去思考。文字就像梳子一样，安抚着我杂乱的思绪。我反复地告诉伙伴们，我并不是握着满把的好办法来到实验小学的，我只相信"共同的创造"，我们要共同面对一切，然后，共同创生。

放假了，我的工作深度展开了。我与校区的校长们一起，深度调研、对话、思考。经过一个漫长而紧张的暑假，在痛苦的思索中，我们终于找到了学校发展的愿景：把学校建设成为智力生活和精神世界不断丰富之地。8月26日，我召开了全体教师会议，对全体教师说："'把学校建设成为智力生活和精神世界不断丰富之地'是一篇大文章，需要大家一起用行动来写就，这是实小发展的新篇章！"我讲困难与挑战、基础与机遇、方向与愿景、使命与任务，以及新形势下实小的新形象……我看到了很多人眼里的光。这一阶段，我不断地写关于"智力生活和精神世界不断丰富"的主题文章，2019年1月发表在《江苏教育研究》的《学校：智力生活和精神世界不断丰富之地》，引起了很多同行的共鸣。

在这样的愿景下，总校长必须成为"智力生活和精神世界不断丰富"的领头雁，庞大的教育集团亟须一批"智力生活和精神世界不断丰富"的先锋，如何让我们的行政团队首先"丰富"起来，以一部分的"富起来"带动"共同富裕"？

2018年7月28日，在吴江实验小学教育集团的"行政学院"，我又一次下了决心，发出了一篇名为《从今天起，邀请你做我的读者》的小文章，由此开始了不间断的"每天一篇千字文"，记录集团的日常行走、一个集团总校长的日常思考，涉及集团发展的几乎全部话题。这样连续不断的记录占用了我不少的时间与精力，特别忙碌的时候，或者精神与身体状态不佳的时候，也想过放弃，但我还是坚持下来了。

这种公开的写作，我一口气坚持了550多天。我以为，它带来的效应是全方位的，是看不见的——这种看不见的力量，真是无比强大。我试图以这样的一种方式来倡导一种思考之风，显示精神的力量，展示一个人、一个团队智力生活和精神世界不断丰富的过程。表面上看这只是总校长的"个人手记"，实际上却是另一种方式的"集体创作"，构建的是一个团队的精神世界。

2021年1月，我在学校每旬一刊的《积极生长者》上，开辟了一个"校长专栏"，这个专栏，写给老师，写给孩子，写给家长，写给社会……我相信，持续不断、真诚不欺的教育写作，一定会在我新一轮的教育探寻中发挥其无用之用。

在写作本文的过程中，我一直在思考这样的问题：我的写作究竟与别人有什么不同？很多人写作是为了发表、得奖、出版，我固然也发表过，也得过奖，也出版过，但我的那些更为浩瀚的文字，只是存在我自己装订的"土书"中，存在我的电脑中，或者散见于网络论坛、博客、微信群、朋友圈，那我究竟是为什么而写呢？看着堆积起来的《思想的长跑》装订本，我坚信，记录本身就是一种意义，就是个人教育史记的基石。

证严法师有一句名言，叫作"对的事，做就对了"；我想借用法师的话来说，"别犹豫，写就对了"。阳光明媚，写作就是春的欢歌；愁绪绕心，写作就是心的救赎。我个人多次遇到心绪困境，都是借由写作而走出。因此，于我而言，写作是一种深度的思考、一种生命的吟唱、一种痛苦中的超越，是超越平庸、丰富精神世界的最佳途径。

我常常会想起《孟子》开篇中孟子见梁惠王时说的四个字"何必曰利"。"何必曰利"，不是不要"利"，而是不能"唯利"。事事求"用"，往往难以获得"用"。我的写作是无用之用，或者恰好是一种大用。梁文道先生在《悦己》中说道："读一些无用的书，做一些无用的事，花一些无用的时间，都是为了在一切已知之外，保留一个超越自己的机会，人生中一些很了不起的变化，就是来自这种时刻。"

对于我来说，我已经很清晰地感受到，如果没有写过那些"没用"的文字，就不可能有那些"有用"的文章；如果没有经历过那些"没用"的阅读，就不可能产生那些"有用"的思考。无论是何种形式的教育写作，它们已然构建起了我的精神世界，这个精神世界，除了自洽，也在不断地满足他人的精神需求。

因此，在未来的日子里，我仍将执笔前行，继续思想的长跑，写完属于我的教育史记。

编者说

在一次活动中，偶遇《中小学管理》杂志的前主编沙培宁女士，聊到张菊荣校长，她说：像他这样会写的校长在全国都是非常稀少的。

这样的"稀缺人才"是怎么炼成的呢？好在，这篇属于张校长自己的"教育史记"可以让我们找到答案。

这篇"教育史记"是张校长酝酿了很久，写了整整两天完成的。用他自己的话来说，写得"不能自拔，筋疲力尽"，让他感觉"用尽了全力"。我想，除了因为长时间久坐造成的身体的劳累外，更多的是因为在回顾、整理自己整个写作人生、教育人生的过程中，身心高度沉浸其中、心潮澎湃，是由于思想和情感的深度交织和剧烈起伏。

我们似乎可以看到这样的一个场景：在安静的桌前，坐着一个清瘦的身影，他的身边散落着几十本厚厚的《思想的长跑》装订本。他时而翻看着这些本子，时而回到桌前奋笔疾书，时而又沉浸在时光和思想交织的过往中不能自拔……

张校长的故事和文字给我一种强烈的"教育行者"的感觉。与其他人相比，他的写作很多是"无用"（未发表、未获奖）的。更多的时候，写作是他整理思绪、抚平心境、找寻自我甚至激励自我的一种方式。写作，于他而言，是给思想一个跑道，让它们倾泻而出。甚至有时，他写作不是为了表达自己已有的思想，而是通过写作去寻找思想的灵光与力量。通过写作，他疗愈了自己、找到了自己，也证明了自己。这也许正是荣格所说的自我拯救的自性化状态：外在性消失了，人回到了内在深处的自我，最终去实现丰富—强大—完整的人格。

写作是一种自我修炼，是一种自我发现，也是一种自我解放和升华。

教育写作与教育管理在本质上是一致的，聚焦主题，调研、学习、研究、反思是两者共同的行为方式。教育管理工作为教育写作提供了丰富的感性材料，教育写作既能总结教育管理实践，更能指导教育管理实践的创新。

沈正元 苏州市吴江区教育学会会长，苏州市教育科研学术带头人，苏州市名教师，江苏省教育科研先进个人，江苏省"333高层次人才培养工程"中青年科学技术带头人。在《教育研究》《人民教育》《中国教育学刊》等刊物发表多篇论文，出版专著《文章内容的理解》《生命视野的语文教学》《第一线的教育研究》《学校文化生长的密码》，与张菊荣共同主编"观课议课问题诊断与解决"丛书（共17册）等。

以教育写作推动区域教育的改革与创生

沈正元

我的教育写作起步于20世纪80年代。我学历不高，是80年代初的中师毕业生；我不是那么专业，除教语文外，还教过历史、地理、政治等。但是，我蛮努力，就在那个乡村联办中学，我开始了教育写作，从写"豆腐块"和点滴教学心得开始，30多年的坚持，我居然把教育写作培养成了自己唯一的爱好。

2010年，我在《江苏教育》上发表了《我的科研十年》一文，回顾我的教育科研和教育写作经历，我用"忐忑的学习者、幕后的参与者、编外研究者、做嫁衣裳者"概括我的多重角色。2011年，《江苏教育研究》杂志社的颜莹主任对我进行了专访，后来她把专访的题目定为"研究，我的行走方式"，我认为较为恰当地概括了我"普通的语文教师—专职科研人员—教育管理者"的人生旅程。

我认为，教育写作是教育工作者对教育行为的深度审视，是对教育经验的理性反思，是对教改前沿信息的有效植入……在审视、反思、植入的过程中，教育工作者甄别教育现象，发现教育问题，探寻解决策略，形成新的教育观念与行为，进而生长出新的教育智慧。叶澜教授曾经说过："一个教师写一辈子教案不一定成为名师，而如果一个教师写三年的反思却往往能成为名师。"许多名师的成长已经证明了这一点，但是，我想说，教育写作不仅是一线教师成长的助推剂，更是教育管理者的"法宝"。

我曾经在教育局教科室工作8年，2000年走上学校管理岗位，2003年又走上教育行政管理岗位。不管工作岗位如何变化，我始终坚持笔耕不辍。教育写作让我获得了研究和管理的"灵丹妙计"，让我体会到，教育写作可以有效推动区域教育管理的研究、实践与创新。

共振：教育写作推动区域管理理念的进阶

"扁舟系岸不忍去，秋风斜日鲈鱼乡。"苏州吴江地处苏州最南端，东与上海青浦相邻，南与浙江嘉兴相伴，西则是烟波浩瀚的太湖，海派文化、浙派文化在这里融汇交织，为当地的教育发展积淀了丰厚的人文底蕴。在主动融入长三角教育的同时，吴江教育人一直在找寻属于自己的发展之路。

2003年，《人民教育》刊发了通讯《走遍吴江看特色》，全面报道了吴江特色学校建设的经验。2004年3月，《人民教育》杂志社在吴江举办了为期3天的全国首届创建特色学校论坛，来自17个省、自治区、直辖市的近400名代表云集吴江；2004年5月，《江苏教育》杂志社在吴江举办了为期2天的"特色学校与学校特色"研讨会，并于2004年第7期刊发特别策划"特色兴校"文章一组。2010年11月，中国教育报刊社在吴江举办"首届全国基础教育论坛暨全国基础教育协作体交流会"，将论坛的主题确定为"区域教育发展与特色学校建设"。至此，特色学校建设成为吴江教育的一道亮丽的风景，成为吴江教育的一张名片。

作为一名教育管理人员，我有幸见证、参与了吴江特色学校建设的全过程。在这个过程中，我研究特色学校建设，结合吴江的实际进行实践和反思，并聚焦这个专题进行写作，可以说，我教育写作水平的提升与吴江的特色学校建设是同步共振的。

1993年,《中国基础教育改革和发展纲要》(以下简称《纲要》)颁布,《纲要》指出:"中小学要由'应试教育'转向全面提高国民素质的轨道,面向全体学生,全面提高学生的思想道德、文化科学、劳动技能和身体心理素质,促进学生生动活泼地发展。办出各自的特色。"其时,作为江苏省实施素质教育实验区的吴江正处在迷茫与探索之中,这一文件为吴江教育的发展提供了方向性的指引。

那段时间,作为一名管理人员,我时常与校长们讨论学校该如何推进素质教育、办出特色等问题,对特色学校建设渐渐有了想法。1995年,我撰写了第一篇关于特色学校建设的论文《浅论特色学校的特征与建设》,刊登在当年的《中学教育》第11期。在文中,我就特色学校的特征、特色学校建设的条件、特色项目的选定等作了阐释。我认为:特色,通常指一事物区别于他事物的特别显著的特点和风格。特色学校是指学校在长期的教育实践中,发挥优势,深化改革,逐步形成的独特的、优质的、稳定的内容与风格。我指出:创建特色学校,必须具备一定的条件——首先,必须具备人、财、物、常规管理等共性条件,使学校达到一定的办学水平;其次,必须创造与特色相适应的个性条件,如要有一位有个性、有远见的校长,要有一定数量的、在某些方面有独特优势的教师,要有创建特色学校的环境和氛围。

现在看来,当时我对特色学校的认识还是肤浅的,仅仅将"特色"理解为特色活动与项目。

2000年,我调任吴江高级中学副校长,分管学校的教育科研和特色建设。我结合学校实际情况,从实践层面深度思考特色学校建设。我认为:特色学校是长期沉淀的结果,建设特色学校是一个持续不断的努力过程,更是一个综合各种因素的整体推进的过程,需要进行精心地策划。于是,借助教育策划,以系统思维去规划、打造特色学校成了我管理的基本策略。2003年,我撰写并发表了第二篇关于特色学校建设的论文《运用策划理论　创建特色学校》，提出策划建设特色学校要远瞩和现实相结合、以先进的理念作支撑、找寻最佳的切入点、塑造学校良好的公众形象。这一阶段，我还在《江苏教育》等刊物发表了《教育策划，打造品牌学校的法宝》等文章。

2003年，基础教育课程改革的号角吹响了，我调任吴江教育局副局长，分管基础教育、教研教科等工作。上任后，我思考的第一个问题是如何在素质教育的大背景下，推动区域教育的改革和整体优化发展。其时，王剑荣局长以敏锐的眼光作出判断，吴江教育要以课程改革为契机，深化特色学校建设。于是，作为分管的行政管理者，我花了大量的时间走访学校，访谈校长和教师，也参阅了大量有关特色学校建设的文献，进一步研究特色学校建设的理论问题和实践策略。其间，我撰写了第三篇关于特色学校建设的文章《试论特色学校的内涵、特征、因素以及创建策略》，发表在《江苏教育研究》。这篇万余字的稿子不仅呈现了我对特色学校建设的系统分析和认识，还成为我决策区域特色学校建设推进策略的主要依据。这篇文章是伴随着我对特色学校建设认识的进一步深入完成的，我在文章中提出，特色学校建设要"走向常态，走向文化，走向课程，走向校本"。于是，吴江的特色学校建设开始从特色项目走向特色课程和特色文化。

2011年2月18日，我撰写的第四篇有关特色学校建设的文章《文化至上是特色发展的"根"》发表在《中国教育报》上，我在文中指出：学校特色与学校文化是交织在一起，相辅相成的。学校要从文化的视角定位学校特色，变关注学校为关注学生，要建设体现特色的校园文化。随着这篇文章的发表，吴江特色学校建设转型的序幕拉开了。

2011至2014年，我牵头实施了吴江中小学特色学校转型工程，采用"特色建设单"的办法带动学校转型，也让转型有形化、简洁化。

在这一过程中，各中小学不仅进一步明确了特色方向，而且转变了办学理念，让特色成了校训、校风、学校核心价值的凝结点。这个转型其实是痛苦的，为了引导学校不走入误区，我还撰写了《特色不是什么》，发表在2011年5月30日的《江苏教育报》上。在文中我提出特色建设的五个不等式：特色≠与众不同、特色≠特长、特色≠特色活动、特色≠特长教师、特色≠一成不变。

这五篇关于特色学校建设的文章，既是我对特色学校建设认知提升的真实写照，也是吴江特色学校建设不断前进的历程展现。

研究：站在巨人的肩膀上科学决策

我一直以为，教育写作其实就是一种主题研究，其研究过程是：发现问题—文献搜集、阅读和分析—确定研究主题—展开行动研究—分析、确定写作视角—论文写作。在这一过程中，文献的搜集、阅读和分析是十分重要的环节。

文献研究法也称情报研究、资料研究或文献调查，主要指搜集、鉴别、整理文献，并通过对文献的研究形成对事实的科学认识的方法。文献研究法是一种古老而又富有生命力的科学研究方法，省时、高效，是研究的一种捷径。在教育写作中，研究文献是关键一步。"天下文章一大抄"，这个"抄"其实是借鉴他人的文章，并从中受到启发。

世界著名未来学专家约翰·奈斯比特就是经过12年不间断地监读6000种美国地方报纸，逐渐找到了美国结构变革的十个新方向，写成了《大趋势》一书。这本书在世界销售了1400多万册，后经《金融时报》证实，其中的预言几乎都得到了验证。可以说，《大趋势》就是文献研究的成功案例。

在特色学校建设决策的过程中，我始终把文献研究贯穿全程。

记得1995年写第一篇关于特色学校建设的文章的时候，恰逢《中国教育学刊》与天津教科院联合组织有关研讨文章，我把该刊上发表的相关文章全部看了个遍。当年的相关研究专著鲜见，我偶获徐仲安先生的《上海市中小学特色教育（中学部分）》一书，视如至宝。2005年，我撰写《试论特色学校的内涵、特征、因素以及创建策略》一文时，更是查阅了不下100篇文献。我通过知网等平台，把特色学校、学校文化、学校特色文化等方面的文献都进行了搜索阅读，正是在大量阅读文献的基础上，我形成了特色建设的文化视角，并写成了论文《文化至上是特色发展的"根"》。

在文献的搜集和使用上，我努力做到"四个结合"。

一是理论与实践相结合。20世纪，国内对于特色学校建设的内涵、特征等基本理论问题还没有权威性的论断，但作为行政管理者，必须对这些问题有比较清晰、科学的认知。因此，我在文献研究的时候注意搜集比较权威的文章，同时，又注意搜集实践的范例作为参考，使自己能从理论与实践的双重视角去认识、分析特色学校建设的基本问题。

二是聚焦与弥散相结合。文献搜索需要集中主题，这样搜索到的文献才会集中而有深度。1995年前后，我以"学校特色建设"为关键词搜索文献；2005年前后，我以"特色学校建设"为关键词搜索文献；2011年前后，我主要以"特色学校文化"为关键词搜索文献。考虑到特色学校建设、区域教育的改革与发展有其特定的背景，因此，我还特别注意搜索两个方面的文献：一是各级教育主管部门的相关文件；二是与主题相关的更上位的背景类文献，譬如我搜索了"素质教育""学校发展""内涵发展"等文献，这些文献帮助我将特色学校建设的价值意义、目标、所应该采取的措施以及评价等问题放在教育改革与发展的大背景下去思考。这样写出的文章站位高，制订的文件格局大。

三是纵横结合。就是从时间跨度上，尽可能搜索到早期文献，并将各阶段文献进行对照比较。关于特色学校建设的文献，我搜集了从20世纪90年代至21世纪的相关文献，从纵向角度去阅读、分析这些文献，帮助我厘清了特色学校建设相关理论问题的发展脉络，使我避免了在区域特色学校建设的策略制订上走"弯路"。

四是内外结合。教育体系内的文献固然要学习、参考，研究写作还必须拓宽视野，要搜集其他领域的相关文献。比如，从外显的角度去分析，特色学校的表现形式是多种多样的。我参考了相关文献，借鉴了贝塔朗菲一般系统论的观点，提出：学校特色的结构是"3E"结构，即由理念要素、行为要素、视觉要素互联互动构建而成的。我还搜索了文化与商业方面的文献。譬如：中国女孩、美国女孩和日本女孩在海边玩耍，突然一阵风吹来，中国女孩双手拉住裙子，美国女孩双手按住帽子，日本女孩一手按住帽子，一手拉住裙子。这是民族文化在人的个体行为上的表现。这些文献，对我"构建特色学校需要从文化入手"观点的形成产生了重要作用。

参考文献，整理文献，关键是为我所用。阅读文献，我坚持四条原则：坚持客观、若即若离、以我为主、敢于创新。

提炼：在总结中预构未来

作为教育管理者，我一方面要通过写作，借助文献，对决策的科学性进行论证；另一方面也通过写作反思实践，对经验进行提炼，总结过去，预构未来。

在区域特色学校建设上，我撰写了不少文章，这些文章主要分成三类：一是经验总结，二是通讯报道，三是相关会议、研讨活动的报告。

在经验的提炼上，我注意源于实践，高于实践，做到"三思考"：一是对"旧现象"进行"新思考"，二是对"热话题"进行"冷思考"，三是对"浅问题"进行"深思考"。

教育管理的经验总结，需要找到理论的支撑。理论不仅能提高我们对经验事实的认识能力、鉴别能力，使我们对总结对象作出科学概括与界定，而且能使我们学会从不同角度，以不同视角、方法来观察、分析和概括问题，从理性的高度审视事物现象、洞察事物本质。而这也正是教育管理所需要的。譬如在《基于"学校文化提升"的苏南初中发展整体推进研究——以苏州市吴江区为例》一文中，我提出初中学校的特色文化建设，在价值取向上，首先要着眼人的发展，其次要顺应学生的天性，就是以人的发展理论为依据的，这也是吴江特色学校建设的理论基础，据于此，特色学校建设就会减少偏差。

教育管理中的经验总结，不仅仅是为了总结过往，更为重要的是，要让经验成为可借鉴、可复制的范式，因此，需要揭示其内在机制。一般而言，提炼要采取"归类—提炼"的办法，从大量的经验事实材料和感性认识中，概括经验的本质，形成主题。这样，不仅使经验总结有了中心，而且也赋予经验事实以科学、理性的灵魂。在主题的统率下，把经验形成过程中涉及的各种要素按照其序列层次、内部联系，以特定的形式（文字或图表）反映出来，形成教育经验的理论模式。譬如，关于吴江特色学校建设的内在机制，我就进行了"一三四四"的提炼：一个视角——文化，三个意志——国家意志、学校意志与学生意志的有机整合，四个走向——走向常态、走向课程、走向文化、走向校本，四条策略——预构于策划、整合于课程、体现于文化、提升于科研。

正是由于我注重对吴江特色学校建设的经验进行提炼、概括，吴江的特色学校建设才引起诸多媒体的关注,《成才导报》在《吴江教育:作为时代样本的价值与意义》中把吴江的特色学校建设作为了一个样本予以肯定,吴江也因此成为全国区域整体推进特色学校建设的典型。

弥散:推动区域教育的整体发展

区域教育的改革与发展是一项系统工程,涉及教育的各个方面。作为教育行政管理者,需要系统思维,全局把控。特色学校建设是我写作的一个焦点,也是区域教育发展的突破口,但仅仅将特色学校建设的研究、写作作为全部的话,就会有失偏颇。所以,我的教育写作聚焦于特色建设,又不局限于此,而是涉及区域基础教育的各个方面。

随着课程改革的不断深入,科学地整合课程、构建有序而又高效的课程体系成为中小学内涵建设的一种趋势。吴江教育局把校本课程作为特色建设最重要的载体和区域课程建设的突破口,承担了江苏省重点课题"基于整合理念的校本课程开发与实施的研究",突出"基于整合理念,走向课程文化"的课程建设思路。在研究中,我先后撰写了《整合:综合实践活动实施与校本课程建设的有效策略》《基点 交点 重点——基于整合理念的校本课程的开发与实施》《整合:小学课程建设与实施的应然与必然》《为每一个孩子发展助力:课程转型的区域推进》等文章。

课堂教学是难啃的骨头。从务实的角度出发,我于2005年提出"有效教学""有效课堂"的探索主题,要求教师确立正确的教学观、学生观,着眼于"三追求"(效果、效率、效益)、"四关注"(学生、发展、过程、研究)。我先后撰写了《有效:教学改革永恒的诉求》《朴素:课堂教学的返璞归真》《让课堂充满张力》《用学校教育哲学点亮课堂教学改革的灯》等文章，表达了我对区域课堂教学改革的认识，形成了区域课堂教学改革的思路。后来，吴江教育局相继出台了《关于实施有效教学，深入推进课程改革的意见》《关于进一步加强中小学学科教研组建设的意见》《关于实施精致化管理，全面提高教学质量的意见》等文件，有效推动了吴江课堂教学的改革。

关于教育科研，我提出中小学教育科研要校本化、平民化，为此，我撰写了《校本化：教育科研的回归与返璞》《平民化：中小学教育科研的必然追求》《"自己"，中小学教师教育科研的关键词》等文章。我还提出科研与教研要融合，为此撰写了《接地气与提品质：科研与教研的融合》《区域中小学科研和教研融合新常态的探索》等文章，提炼了吴江教科研"以人为本，关注学生，亲近教师，走进课堂，成长师生"的基本范式。

在教科研的融合中，吴江教科研形成了微研究、精研究的特色，最突出的是全区对课堂观察的研究。我就课堂观察撰写了10多篇文章，如《课堂观察，教学研究方式的一场革命》《人本，课堂观察的必然视角》《让课堂观察成为教师的教研生活》等，还组织教科研人员编撰了课堂观察丛书"观课议课问题诊断与解决"，2010年由东北大学出版社出版。

在走向现代化的今天，教育行政文化需要的不是人治而是法治，不是专制而是民主，不是强制而是服务。因此，教育行政的管理模式需要转型，不该管的放权，管不好的调整，该管好的强化。于是，我撰写了《教育行政要"无为而治"》《教育行政，有所为有所不为》等文章，并在教育管理上实施"底线管理，高位引领"，在无为中追求有为，通过给予学校更多的自主权获得教育的良性发展。

近20年的教育行政管理实践，使我对教育写作之于教育管理的关系、价值意义有了更深刻的认识：教育写作与教育管理在本质上是一致的，聚焦主题，调研、学习、研究、反思是两者共同的行为方式；教育管理工作为教育写作提供了丰富的感性材料，是教育写作"源于实践，高于实践"的基础。教育写作是整理思想的过程，需要植入先进的教育理念，具有思维系统化、理念前瞻性、表述凝练化等特点，既能总结教育管理实践，更能指导教育管理实践的创新。

| 编者说 |

中国历来有"学而优则仕"的传统，这种做法的好处是让专业的人去管理专业的事，但弊端是很多原本专业的人从事管理之后，就不学、少学、甚至转学（学习、研究本专业以外的内容），其自身的专业水平往往就停滞不前。很多时候，甚至慢慢脱离或难以胜任实际需要和工作要求。

正元局长的履历是丰富的，教师—科研人员—副校长—副局长，这样丰富的阅历为他开展管理工作奠定了良好的基础。而喜欢、习惯并且善于在决策前开展文献研究，寻找理论支撑，提高自身对经验事实的认识能力、鉴别能力、洞察能力，从而作出科学判断和决策，这对于行政管理人员来说，是难能可贵的一种专业自觉。正是有了这样一份专业自觉，他的教育管理工作才留下了很多可圈可点的成绩。

在社会转型走向现代化的今天，教育行政的管理模式需要进一步向现代化的方向转型，实现教育管理的科学化、民主化、法治化。科学管理要求管理者基于证据和数据，避免"拍脑袋"和"情绪化"，对社会、教育、人的发展有正确的认识；民主管理要求管理者尊重民情民意、汲取民智，因此，参考、学习文献也是另一种倾听和学习；法治管理反对人治，要求管理工作在科学、民主的基础上为基层提供管理服务。

因此,今天的管理者不仅要具有从不同角度,以不同观点、方法来观察、分析和解决问题的能力,还要形成高度的理性自觉和专业自觉,从而在先进理念的指引下,不断突破自身经验的束缚,提升自己的专业认知水平,锻造和转变自身的思维方式,循着调研学习—研究研判—反思总结—科学决策的新路径,指导教育工作,实现教育管理的创新。

这样一种转型和路径,是正元局长用亲身经历体悟和揭示的,也是教育写作带给行政管理者的另一种启示。

> 通过写作这扇窗，我采撷着教育生活中的寻常细节和思考。那些读过的、写过的文字，整合、凝结了我教育生活的闪光碎片，成为我生命的温暖观照和精神补给。

刘婷 徐州市青年路小学教育集团总校长、书记，高级教师，江苏省特级教师，全国巾帼建功标兵，全国优秀教育工作者，江苏省"333高层次人才培养工程"培养对象，江苏省首批教育家型校长培养对象，徐州市劳动模范，南京师范大学硕士生导师，江苏师范大学兼职教授。主持"'小能豆'学生自主发展评价系统的建构与实践"等10多项省级项目、课题研究。在《人民教育》《江苏教育研究》等发表论文40余篇。

打开写作这扇窗

刘 婷

犹记得师范读书时的一个午后,我在图书馆看了钱锺书的《窗》,其中的一些句子至今记忆犹新:

> 春天是该镶嵌在窗子里看的,好比画配了框子……窗子打通了大自然和人的隔膜,把风和太阳逗引进来,使屋子里也关着一部分春天,让我们安坐了享受……从此我们在屋子里就能和自然接触,不必去找光明,换空气,光明和空气会来找到我们……窗可以算房屋的眼睛。

读到此文,环顾图书馆上方明亮的玻璃,竟有了"读书真是美妙"的感受。这样的感受让我在此后从教的三十多年里,一直坚持读书。说不清从何时起,穿越时空的文字打开了我教育生活的另一扇窗,教育写作成了我教育生活的一部分。那些读过的、写过的文字,整合、凝聚了我教育生活的闪光碎片,成为我生命的温暖观照和精神补给。

写作是打开生活的一扇窗

我读书写作的兴趣跟父亲有很大的关系。童年记忆中,父亲是个勤劳的人,经常亲力亲为帮母亲打理家务,而且样样做得好。劳作之余，父亲总是陪伴在我们身边，和我们一起破竹扎花灯、编网捉小鱼、制作房屋模型……就连在河边随便走走，他都能随手剥个柳笛给我们吹，我常常惊奇于他的大脑和双手，常常感恩家的温暖。父亲无论多忙，都坚持每天陪我们听评书，查作业。

父亲查作业的方式很特殊。因为忙于生活，他总是停不下手来查看。当我们拿着作业本交给他检查时，他常会说"你们自己说说好了"。听我们汇报作业和学习，我们说的，父亲都信，都会鼓励。如果自己最满意的作业获得了姐妹们的啧啧夸赞，他会提出"拿过来，我也看看"，那是我最开心的时刻。他用一双大手捧着作业本凝神地看，认真地、逐字逐句地看完，然后抬头看向你，眼神里满满的欣赏，仿佛你是块宝。这时候的父亲会不吝夸赞的语言，表达他的喜出望外和十二分的满意；偶尔也会提一些要求，诸如"写字就要这么端端正正地写！要写，就写得干干净净、整整齐齐，多好！""标点符号要点得清清楚楚，让自己清楚，还要让听的人、看的人清楚，不然就一团糟喽"。夸足了，他还总是叮嘱一句"孩子，咱就这样好好学"。

除了听作业汇报，父亲也喜欢听我们大声朗读课文、作文选，尤其喜欢听我们读自己的作文。为了读自己写的作文给父亲听，我学会观察生活中新奇的植物、可爱的小动物、班级的趣事、学校的活动、家里的劳动，甚至乘凉的人们、天边的彩霞。即使老师不布置作文，我也会动笔写上几段，只是为了读给父亲听。父亲的陪伴令我写起作文开心得很。

读书与写作像是一对孪生兄弟，为了写清楚、写明白、写得引人入胜，我也爱上了读书。父母很支持我们读书。虽然小时候家里生活条件一般，但母亲总是能从不多的生活费中挤出买书订报的钱。不仅给我们买书，家里还陆续添了收音机和录音机。我们姐妹几个写完作业，一家人定时围着收音机听评书，评书时间过后，便是自由阅读时间。那时候有声有色的读书真有点奢侈呢，我听书、读书、作文的习惯就是在那时养成的。

在那个物质贫瘠的年代，读书作文打开了我生活的一扇窗，稚嫩的字里行间所记录的生活，竟然有如冰雪融化后的春天，明媚充盈了我的生命。父母为我生活打开的这扇窗，正如钱锺书所说，"打通了大自然和人的隔膜，把风和太阳逗引进来"。我在独立生活以后也时常打开这扇窗，看向明亮的远方。

做了教师以后，家庭教育一直是我教育视野中的重要部分。除了自己坚持读写，我还搭建开放分享式的图书角、读书社、读书沙龙、图书漂流等平台，联结更多家庭共读共生活。后来做了校长，继续推行图书馆、读书长廊、校园小角落书吧、教师书吧、文心书友会等大大小小、线上线下的读书空间建设；主编了《读书》《写字》《七彩阅读》等读本；主持"小学生课外阅读指导策略研究""多元智能视野下儿童幸福课堂研究"等10多项课题研究；推行"父亲在场""亲子共读"等共育行动，引领"新时代先生"好教师团队建设。这些教育实践，都真切融入了自己儿时成长的体悟。

写作是心意懂得的一种惬意对话

在师范读书时，我特别喜欢下课后跑去学校图书馆，小说、报纸、杂志都看，往往看到天黑。读到喜欢的文章、段落会如饥似渴地抄下来。摘抄多了，兴趣就更浓了，还会再找一些相关的文章读，或者再找相关的杂志和书延伸看。这样的摘抄有散点的，有系列的；有懵懂的，有彻悟的；有白描的，有思辨的；三年师范，边读、边抄、边记，竟圈圈画画了满满十几本。做读书摘抄时，我也记下了自己的感悟心得，现在看来，这也许算是比较原始的文献综述吧。少年的我是很珍惜这些手抄本的，在段落空白处，还专门用炭黑钢笔画上插画，我沉醉其中，用这种方式与文字进行审美对话。

刚参加工作时，为了站稳课堂，我专门买了教学实录方面的书，还搜集了一些优秀课例，剪贴成册，坚持批注学习，做成了课例集锦。这样的学习方式让我开始关注课堂中师生精彩的教学对话，体会教学的艺术；关注根据教学目标精确定位教学的重难点，懂得"牵一发动全身"；关注巧妙而提纲挈领的板书设计，培养教学的系统思维和结构思维；关注在教学内容和教学过程中融合的方法范例，借鉴习得；关注以学定教，探索小组合作学习的组织策略；等等。只要产生共鸣、触动想法，就作批注，写札记。想法多了，激发了同课异构的热情，那就备好课，讲一节教研组公开课，邀约同组的老师听听，没有赛课的压力，评议真诚自在，各抒己见。

这样收获的教学感悟是非常深切的，教学札记也就有感而发，自然形成了。我的教学札记会记录日常教育教学中的琐碎，只要是有触动我的人和事，或者是些许想法，就及时捕捉，随时记录，有的也就一两句话。札记中这些琐碎零散的句子，是写给自己的，有豁然开朗般的收获，有感动的警醒……随着思考的深入，思想像拔节生长的竹节，悄然延伸成亭亭玉立的翠竹，零碎感性的经验感悟逐渐成为系统的理性思考，我的一些教育教学论文就这样写成了。教学札记让我从教师对"教"的内省转向对学生"学"的关注，从教学表象、实践经验走向理性思考。那些活泼泼的教学片段和瞬间的思想灵光，如同点点星光，悄然点亮了我内心那盏热爱教育的心灯。

工作一段时间后，我参加了全市中小学教科室主任培训，徐州市教科所前所长郑飞先生组织了这次为期半年的培训，他推荐的系列经典书目对我影响很大，我的教育阅读开始有选择、有规划。翻阅一本本好书，就如同与智者交谈。朱永新先生说，"一个人的精神发育史就是他的阅读史"。我深以为然。在坚持阅读的静默中，一本本书传递的是向前、向善、向上的力量。我与经典对话，有感而发，就写写注疏。这样的对话，形式特别，蕴含一份懂得的惬意，可以独享，亦可分享。随着阅读中产生的共情、共鸣，随着心间思绪的轻轻流淌，我享受在静默中用文字与经典进行的对话，那一行行隽秀的小字，是思想的碰撞，是精神的观照，促发了我对古今中外的生命源泉与力量的领略与懂得，对人间事态和社会发展领悟的自在与愉悦。

校园生活每天都有许多故事，如同星光，如同浪花，汇聚成教育生活星辰大海的气象。写成长故事，也是与生命的美好对话。什么时候会有这种对话呢？可能是一节课，也可能是校园生活的一个片段触动了你：课堂上，精彩的教学对话，分享中的思维火花，教学存疑的遗憾，问题解决后的会心微笑；生活中，闲暇时光的教育生活漫谈，静默书香里的生命领悟，运动中的自在活力，遭遇困顿的迷思彷徨……当我们以生命的热忱，倾心于教育生活中的人、事、物、境中，一种穿透生命的专业领悟和对话感，会情不自禁地涌动心田，具结喉咙。用文字记录下来，在眷顾扶持中，在成长分享中，感悟生命成长的活力，这是对生命最美好的观照，是一种完整而幸福的教育生活。优秀的教师要养成观察、思考、写作的专业习惯，捕捉、写好、讲好成长的故事。

我写教育故事，就如同摄影师用长短镜头，拉近特写，透过发乎心的文字，我清晰地看到了一个个鲜活的生命样态，也对他人的经历有了设身处地的自觉体验。在观察与思考中，专业经验和专业理论悄然嵌入故事的细节中，引发我主动去探析教育教学的细节，探寻自我专业成长的路径，对教育的职业体认也如同春风化雨，润物无声般融入了我的教育生活中。当一个人内在的力量觉醒了，外在的一切力量都是精神动力。这份热爱会自觉地在教育细节中体现出来，让每一个行走在校园的日子成为感性与理性相融的幸福生活。

摘抄综述、写教学札记、读书注疏、记录教育故事……这些用生命吐纳的文字，是我与教育生活的自觉对话。教育写作带给我的，是一种理解人性、洞见社会的懂得，是一种有品质的教育生活态度、一种温和而坚定的行走方式，向内叩问自己对教育的热爱与思考，向外找寻一份心意相通的惬意懂得。

写作是一种自觉理性的思维运动

因工作需要，我在工作二十年后，从语文教学转行科学教学，后来成长为江苏省小学科学特级教师。回望语文学科和科学学科的两段教学历程，先前的二十年，躬身实践，通过教育写作拾级而上，实现了感性经验的积累与理性思考的迁移，形成了良好的教科研思维优势。转行科学教学后，我在新的领域论证自己，以一种研究的写作样态，自觉地进行理性的思考，全方位地为自己的专业发展塑形。

有研究者指出，教师的专业成长需要经历学科知识课程化、课程知识教学化以及教学知识学科化的过程。我在科学学科上的成长也经历了这样的过程。

学科转换初期，我认真学习课程标准，结合自身的思考与反思，对其进行解构、诠释、解读，制作了课程纲要解构图示。学习课标之余，我还请专家推荐科学教学的专著，围绕"科学究竟是什么"集中阅读，撰写文献综述。为更好地领会学科教学的宗旨和要求，我透彻钻研教材，梳理了小学科学教材所包含的学科概念和实验设计，绘制了小学科学每一个核心概念的概念解构图。我运用结构性思维，通过横向、纵深两个层面的研究架构，厘清了学科知识概念的层次，概念与概念之间的层级关系，将大概念和主要概念借助整体化工具，比如知识树、概念图、思维导图等，经过分化、重组、整合，形成整体、立体、开放的科学知识结构。我还批注了百余篇国内外科学课例，探索通过"双主探究教学模式"进行科学教学方法体系的学习迁移。专业知识是砖，科学思维是梁，这些专业知识的架构，不仅促进了我学科专业知识的整体建构，还促进了我教学思维的结构化、系统化。

置身丰富的实践，通过长期记录积累，我获得了大量的感性认知，所能感知、觉察的内容有了深度、广度的扩展和高度的提升，能透过科学现象、科学问题、科学概念，聚焦其背后的科学方法、科学思维与科学探究过程，透过小学科学知识、方法技能探究科学学科教学的本质。对深有感触的课例，我写了复盘解构的思考；为改进实验教学效果，我写了自制教具的心得；为发展科学思维，实现科学教学内容的结构化、实验材料的结构化、主题式探究过程的结构化，我总结了指向问题解决的小学科学结构性思维教学策略。一页页有感而发的注疏，一张张核心概念解构图，一篇篇学习心得，都是自觉理性的彰显，取得了实实在在的收获，为我展开了科学教学新领域的专业生活。我先后执教了《光和影》《沉与浮》《溶解》《时间在流逝》《神奇的纸》等研究课例，在省区市评优课和基本功大赛中多次获奖。

成为特级教师后，我提出"生活科学，5E 课堂做中学"的教学主张，并组建了名师工作室。从"四个一，五个 E，六个注重"三个层面，引领区域学科教学实践研究。我的目标一是进行"人"与平台、课程、活动的系统联结，培育一支面向未来的、协同创新的科学教师队伍。二是探析小学科学 5E 课堂模式。三是总结"六注重"（注重创设发展探究的课程环境；注重儿童科学前概念探查；注重引导儿童经历"发现日志"的创作体验；注重工具撬动思维，培养学生科学的思维方式；注重开发校园"快乐科学"竞技活动；注重学校科技教育环境建设，分享生动鲜活、妙趣横生的研究内容）的科学课程改革路径。这个阶段，我以设计思维和成长思维进行教育写作，写了一系列科技教育发展方案、调研报告、特色活动设想，甚至有空间建设文稿等，虽然大多没有发表，但在"做·创"中写下的文字，延伸了我的学科观，让我重新思考小学科学课程学科育人的价值与路径。

专业精进的优秀教师，能专注教育教学实践，又能从繁杂的教学工作中抽身，追问实践，基于本质与规律作实践研究。在市教研员左兆军老师帮助下，我参与了韦钰博士主持的"做中学"项目研究以及郁波博士主持的"前概念的探查"研究，并主持了"基于多元智能理论探究学生学习风格的案例研究""科学课程中设计与实施'做中学'的实践研究""儿童视野下的幸福课堂研究"等课题。

然而，理性明晰地表达并不容易，如果对表象不求甚解，往往言不由衷。突破感性上升为理性，不仅要以毅力支持，还须尝试运用思维工具研究写作，寻找撬动理性边界的支点。例如，我借鉴美国琼·梅克教授创建的"问题连续体"，以"问题定义"为中心，研究结构化的问题链，用文字寻找把知识转化为素养的桥梁。文中所表达的问题意识、方法路径、数据分析及研究结论，都体现了我从感性的教学实践中抽象出理性认识的思维历练。我写出来的文字渐渐有了一种真诚而笃定的力量，这种自觉理性的思维运动，真是一种享受。

研究与写作的理性提升，为我赢得了更多机遇。加入江苏省科学学科教研员卢新祁老师的核心团队后，通过备课式写作，我以独特的教育教学思想和见解，成为省级培训者，短短的时间，我赢得了更多一线同行的尊重。再后来，主持"信息技术支撑下的小学科学5E课堂教学实践研究""'小能豆'学生自主发展评价系统的建构与实践"等课题项目的研究，再次深化了我对科学教学的理解。

内含以章美，笃实生辉光。理念深化后，我逐步完成了《指向问题解决的小学科学结构性思维教学策略》《指向问题解决的科学教学"5E"模式探析》《基于设计思维的科学实验探索》《小学科学学科育人价值的追求与实践路径》《学科育人背景下小学科学课程发展图景设计》等系列论文，诠释培育理性精神，发展科学态度、科学思维和科学世界观，构建了小学科学课程的学科育人价值体系的系统思考。

新领域的研究与写作，让我在前人研究的高度上，扩展了学科视野，有了"一跃十阶"的领悟：我的学科教学要超越"学科知识价值"走向"学科育人价值"；教学过程要注重"人"与"知"的交互，积极建立符号知识、学科学习与学生成长的整体联系；教学要从单一的学科知识学习，走向综合的科学素养培育，以积极推动小学科学教学改革……

写作是对生命的温暖观照

三十年的一线工作，无论做教师，还是做校长，在各种教育理念思潮的洗礼中，在琐碎纷杂的事务中，我常常思绪飞扬，读本好书有领悟我会写，回味课堂生成的精彩我会写，喜悦儿童成长的瞬间我会写，梳理被困惑缠绕的思绪我会写，艰苦奋战完成建校后的释怀我会写，甚至被繁杂事务牵绊的焦虑我也会写……随着工作岗位的变化，我先后担任了副校长、校长等职务，先后引领两个教育集团的十所学校艰苦奋斗。我一直秉承"校长不一定是教育家，但是要以教育家的精神办学"的信念，为赋予儿童自主发展的生命意义和价值，为推动区域基础教育优质均衡发展，笔耕不辍，用"心"抒写所触摸、所感悟的教育痛点与发展希望。

雅斯贝斯说，教育是顿悟的艺术。我说，教育写作亦是如此。通过写作这扇窗，我采撷着教育生活中的寻常细节和思考，无论是白描叙写还是抒怀咏志，我的身心都变得更加沉静从容，呼吸也自由舒畅起来……我清晰地感受到文字带来的思考的张力，体会到自身每一步真切的变化与提升，逐渐产生了"我是谁""为了谁""如何做"的自我觉悟。

教育写作为我拨开了迷思的云雾，让我的思想慢慢站立起来，长成一棵蓬勃的大树，教育的幸福之"道"也就越来越清晰、明亮……

| 编者说 |

窗是风景，透过窗可以看到更美、更辽阔的风景。

刘婷校长的故事让我们和她一起重温了一位优秀教育工作者的成长之路。在她的生命中，教育写作从未缺席。

列夫·托尔斯泰说，幸福的家庭总是相似的，而不幸的家庭各有各的不幸。优秀教师的成长之路也总是有很多相似之处。

从小有良好的学习习惯和积极向上的人生态度；

爱阅读，在大量的阅读中积淀了良好的人文素养；

投入钻研课堂教学，精彩课堂的背后是日复一日的专业研读和思考；

通过课题研究，深度锻造自身的理性思维，突破感性上升为理性；

还有，就是在成长的每一个阶段，都少不了教育写作的身影：读本好书有领悟会写，回味课堂生成的精彩会写，喜悦儿童成长的瞬间会写，梳理被困惑缠绕的思绪会写，艰苦奋战完成建校后的释怀会写，甚至被繁杂事务牵绊的焦虑也会写……

教师写作都是如此发生的。不管是因为喜欢写作而写作，还是在被动中开始写作，能坚持写下去的教师，一定是从中体会到：随着写作的深入，自己的思考在不断深入，思想像拔节生长的竹节，悄然延伸成了亭亭玉立的翠竹。零碎感性的教学表象、实践感悟，经过这样的淬炼，逐渐成为系统的理性思考，而最终自己在思考、研究与写作中积淀的对教育的执着与追求，悄然点亮了教师内心深处那盏热爱教育的心灯。

此时，写作像呼吸一样自然，成了教师教育生活的需要和生命自觉。

此时，你一定会透过教育写作这扇窗，看到更美的风景。

> 教育写作应该是有生命有体验的写作，有智慧有发现的写作，有感情有温度的写作，有目标有坚持的写作，有自我有灵魂的写作……

袁柳 徐州市兴东实验学校语文教师，先后荣获徐州市"学习型教师"、徐州市"责任教育"先进个人、鼓楼区优秀班主任、鼓楼区优秀少先队辅导员、鼓楼区优秀教育工作者等荣誉称号。

教育写作的力量

袁 柳

从2005年初登讲台至今，一晃十五载，时光转瞬即逝。回首来时路，那些陪伴我一路走来的散落在笔尖的光阴里，有寂静，亦有欢喜。教育写作已然成为我教育生活中不可或缺的一部分，它在我的专业成长历程中起到了至关重要的作用，让我变成了更好的自己。

教育日志——有生命有体验的写作

初为人师，我的心里忐忑不安，生怕自己不会教，教不好。为了让我更好地熟悉、适应教育教学生活，学校里年长的老师建议我可以尝试记录教育生活中的小事，因此我的教育写作是从记录教育生活的流水账开始的。

当时我所教的是一群二年级的学生，他们的天真热情时时感染着我，让我觉得自己仿佛也年轻了许多。

学生小马也是这群孩子里的一员，他上课总是不爱听讲，爱出洋相，作业也不能按时完成。于是，我的教育备忘里开始频频出现他的名字："2005年9月12日，小马在数学课上不遵守课堂纪律，影响其他同学听讲，对其进行批评教育。""2005年9月16日，小马与其他同学发生争执，撕坏了同学的语文书，对其进行批评教育。""2005年9月19日，找小马的妈妈到校，询问小马没有完成作业的原因，了解他在学习上有何困难，在家中表现如何。"……如此这般，一两个月下来，我的教育备忘里记满了他大大小小的"光辉事迹"。我也开始反思：为什么我对小马的批评教育屡不见效，是我批评的方法不对，还是我选择的时机不好？小马的屡教不改俨然已经成为我的一块"心病"。可是我也不能对他放任自流，于是就有了一种恨铁不成钢的感觉。随着我在班上对他批评教育次数的渐多，我发觉班上其他的孩子也开始渐渐疏远他，课间，他更多的是一个人坐在自己的位置上，傻傻发呆。他成绩不好，无法从学习中获得快乐，他没有了朋友，学校对他来说也没有了乐趣所在。这种压抑，这种孤独，对一个孩子来说是相当沉重的心理负担。可我的本意却并非如此，我本是想去帮助他，又何曾想过会伤害了他呢？由此我又陷入了进退两难的境地，不知该如何是好……

　　事情出现转机是在之后的一个清晨。我骑车一进校门就看到孩子们在奋力清扫落叶，秋日风大，满地黄叶也是必然。我像往常一样将车子停好，正准备进教室让孩子们早读，一只小手从身后轻轻地碰了一下我的手臂，我停下了脚步，回头一看是小马，他另一只手拿着扫把，小心翼翼向我靠近一步，轻声问我："老师，风为什么一直刮个不停，难道它没有听到梧桐叶在哭泣吗？"看着他有些懵懂的双眼，我的心不禁一怔，不知该如何回答他。风依旧呼啸着，不时将孩子们已清扫成一堆的落叶吹开，又不时把叶子吹落满地……我想这世间万物本是无情的，给予它们感情的应该是人吧。我亦想不到他竟是这样一个心思纯然的男孩子。赤子之心是多么难能可贵，可我对他都做了些什么呢？我顿觉羞愧难当。自此之后，我转变了对小马的态度，不再在班里当众点名批评他。他犯了错误，我还是会私下找他谈心，交换意见，让他说说老师的批评与事实是否相符，说说挨了批评之后的想法，并和他一起找出存在的缺点、错误，分析这些缺点、错误的性质以及这些缺点、错误可能会导致怎样的后果，和他一起寻求改正的办法、途径。在与他进行个别谈话时，我的态度也变得诚恳起来，不再只是一味地训斥，我告诉自己要以理服人，要让他从心里觉察到我确实是在关心他，在为他着想。语文课上写话时，他写的那些独特有灵气的句子，我当众念给大家听并对他提出表扬，虽然他的基础不太好，很多字都不会写，只能用拼音代替。一次，两次，三次……渐渐地，他对写作产生了兴趣，书写也工整了很多，也愿意当众读自己的作品了。我鼓励他坚持下去，还送给他一本《新华字典》，告诉他不会写的字可以自己查字典，遇到学习上的困难也可以向老师和同学请教。可惜的是，后来我只教完他半个学期，他便转学回老家了。临走时，他送给我一张自己制作的小书签。我不知道我之前对小马造成的影响是否已尽数弥补，只有愧疚罢了，只有遗憾罢了。

自此之后，我才真切地认识到一个老师对学生的影响究竟可以有多大。再处理班上学生的事情时，我不再武断，变得慎重了许多。同时，我也认识到，要想把教育教学工作做好，仅仅凭借着记录那些流水账是远远不够的，教师对自己的那些教育经历进行深入的反思，在反思中不断改进自己的教育行为，才能和学生一起成长起来。

我曾读过这样一句话："有的人为思想而写作，有的人为写作而思想。前者是极少数，后者则多不胜数。"我希望自己不再是后面的大多数，而是能成为前面的极少数。

观察记录——有智慧有发现的写作

2012年，我所在的学校开始推行"多元发展，创新生长教育"的办学理念，倡导将多元智能教育理论融入课堂。为此我积极参加学校"多元智能理论与实践研究"课题组的理论学习，认真倾听徐州市教科所领导和专家的专题指导讲座，与专家进行面对面的交流，每周带领学生上好一节多元智能特色活动课，认真做好学生观察记录。

课题组要求我们以"学生个案跟踪"为内容进行写作，从多元智能的理论出发，对学生的行为进行观察、分析和评价，帮助学生找出他的优势智能，扬长避短，激发学生潜在的智能。就在这时，学生小章走进了我的视线。我通过对她的观察，发现她是一个"问题多多"的孩子：做事大大咧咧，说话一惊一乍，对待学习马虎懒散，作业拖拉，字迹更是潦草不堪。面对这样的学生，是继续像以往那样简单地批评教育一番了事，还是找家长"告状"？这些教育方法对她又能起到多少教育效果呢？我不由得开始重新审视自己的工作方式。

在我对她的观察记录中，我惊奇地发现在进行指印画多元智能特色活动时，小章的接受能力其实并不差，看完我的示范后，她总能很快掌握按压指印的技巧，所印的指印每一个都能做到指纹清晰，色彩均匀，而且她的构图也十分创新大胆。于是，我把她的作品向全班同学展示，并热情地表扬了她。活动之后，我和小章进行了一次推心置腹的交谈，肯定她的长处，让她重树信心，她连连点头，表示绝不辜负老师的期望。

在以后的日子里，我对小章给予了更多的关注。我再次诧异地发现，她其实并不是个令人生厌的孩子。她热情，远远看到你，就会甜甜地微笑，向你致意问好；课间，地上的纸片无人问津，她不时地弯下腰，伸出手去捡；大扫除时，脏活、累活她总主动去干……我把她的这些优点都逐条写在了观察记录里，同时记录的还有她身上发生的点点向好的转变。

之后，我把这些观察记录进行了梳理和分析，通过这些记录，我真正了解了学生的内心需要和个别差异，它们使我重新审视自己的工作方式，让我在教育教学过程中，更为智慧地了解每一个学生，发现每一个学生的闪光点。在这些观察记录的基础上，我撰写了论文《多元智能——给我一双认识学生的慧眼》，获"全国教育管理理论与实践创新论坛"大赛一等奖，并在《知行论坛》杂志2012年第1期上发表。这是我发表的第一篇文章，虽然级别不高，但对于我而言却是意义非凡，因为这是一篇充满了智慧发现的文章。

师生笔谈——有感情有温度的写作

巴金先生曾说："我之所以写作，不是我有才华，而是我有感情。"我想，自己之所以能在教育写作的道路上坚持到现在，主要还是源于我对教育事业的热情，对学生的热爱。

2013年，班上转来了一个贵州来的学生小唐。他说着一口不太标准的普通话，一头短发略微有些发黄，双眼无神，脸上布满了星星点点的小雀斑。在我看向他时，他的眼睛里闪过一丝慌乱，而且自始至终他都不敢抬头和我对视，总是在躲避我的目光。我有些诧异，为什么从这个本应是天真活泼的孩子眼里，竟看不到一丝生气？是什么样的遭遇让他变成了现在这样？

后来我才得知，原来小唐的父母在他很小的时候就离婚了，他的爸爸常年在贵州打工，工作繁忙，无暇顾及他。缺乏父母的关爱使他的学习习惯和生活习惯都比较差，上课不能专心听讲，作业也不能按时完成，在原来的学校还有过逃学经历，转学到徐州来也是迫于无奈。在得知小唐的过往后，我对他在这么小的年纪就要承受这么多而感到心疼，也希望能够尽自己最大的努力去帮助他。于是，我开始利用课间时间与他在办公室进行贴心谈话，一次，两次，三次……随着我与他谈话次数的增多，谈话时间的变长，小唐慢慢地开始向我敞开心扉，告诉了我他出现这些状况的真正原因：长期缺乏关爱让他认为自己无论是好是坏都没有人会去在意,所以他觉得做什么都无所谓。为此,我与他远在外地的爸爸进行了多次电话沟通,希望他无论工作多忙都要抽出时间来给孩子多打电话,多与孩子交流,关心孩子的日常学习和生活状况……

为了让他能更快、更好地适应新的学习生活,我还送给他一本笔记本当作我们之间的交流本,他在学习上有什么疑惑、在生活上有什么困难、心里有什么想倾诉的话都可以写在这个本子上,然后放到我办公桌的抽屉里,我看到并回复后再把本子交还给他。直到现在我还记得他在交流本上对我写下的第一句话:"老师,谢谢你给我爸爸打电话,你和我原来的老师不一样。"

就这样,我和小唐进行着纸上交流,他会在交流本上问我该怎么样去掉口音、把普通话说好,会问我要不要在意别人的看法,也会问我该如何与他人相处……我都一一认真回答,这样的纸上谈心让我们之间的距离变得更短了,他也在一天天地发生变化,他看我的目光里不再有躲闪,笑容开始出现在他的脸上,他开始能够严格要求自己,学习的主动性也有所提高,与同学之间的相处也愈发融洽,后来还被同学们推选为体育委员。

特级教师朱良才在《教育·三十七度二》一书中说道:"教育的态度是一个灵魂对另一个灵魂的态度。"这种一对一的写作对话带给了小唐关爱和鼓励,让他那布满阴霾的心田再燃起勇气,升起希望,这样一个转学来的"问题孩子"在短短一个学期里有了巨大的改变,他重新认识到学习的重要,融入新的班集体。

"感人心者,莫先乎情",这种特殊的教育写作方式,让我明白了教育写作应是有感情、有温度的写作,当教师把写作和育人真正联系起来,带着情感去写作,让自己的文字有温度,这样的写作才更有价值和意义。

课题研究——有目标有坚持的写作

2008年9月,工作满三年的我申请了徐州市教育科学规划个人课题"让农村孩子爱上读书——农村小学生课外阅读中不良行为及矫正",同年12月被徐州市教科所批准立项。我申报课题的目的其实很明确,三年的教育反思记录已经让我养成了教育写作的习惯,但是写作的水平却一直得不到明显的提升。而课题研究需要更为多样的教育写作方式,对文章的质量要求也更高:开题时要写立项申请书,立项后要写开题报告,每月要上传读书心得、课堂教学案例分析或教育随笔、研究论文等,研究一年期内最后一个月要完成结题报告。这对于只有三年教龄的我来说,虽是一个巨大的挑战,却也是能在短期内迅速提升自己教育写作水平的有效途径。

有压力才会有动力,我想试一试。

带着这样的目标,在接下来的一年里,我才真正明白了什么叫作"写然后知困,学然后知不足"。原来要写并不意味着会写,原来教育写作除了需要具备选题立意、布局谋篇、修辞表达等这些常规写作知识技能外,还需要掌握专门的教育写作知识。因为没有学习过相关的教育写作课程,我对教育写作方面的专业知识严重匮乏,对各类教育写作文体的含义、功能、特点等知之甚少,以至于在写作时没有明确的文体意识,无法分清相近、相关文体的联系与不同,常常写得驴唇不对马嘴,写了改,改了写,写了再改,改了再写……我意识到这样下去终归不是办法。董仲舒在《春秋繁录》中有言:"君子不隐其短,不知则问,不能则学。"我开始向学校里那些经验丰富的教师请教,也先后研读了《回归生命化的教育写作》《教育研究文稿的写作》《小学教育案例及其写作》《教育教学论文写作》《教育科研论文写作导引》等教育写作专业书籍。

我开始尝试着照葫芦画瓢，按照自己学到的教育写作的具体要求一点点地去修改、完善自己的文章。白昼时一窗天光洒满桌面，入夜时一盏灯光陪伴写作，是我那时写作的真实写照。也曾几度想要放弃，想着何苦要为难自己，但又思及大家对我无私的指导、帮助、关怀和鼓励，思及我的初衷、我的目标，终是心有不甘而不能平，我对自己说唯有坚持，唯有继续。"积一勺以成江河，累微尘以崇峻极。"在那短短的一年里，我就这样持之以恒地走在教育写作的路上，使自己的专业写作水平得到了快速提升，我的个人课题也在2009年12月顺利结题。

教育论文——有自我有灵魂的写作

《追风筝的人》一书的作者卡勒德·胡赛尼说："我向来只为一个读者写作，就是我自己。"周国平在《各自的朝圣路》中说："写作从来就不是为了影响世界，而只是为了安顿自己。"可见，写作要先取悦自己，而后才能取悦他人。教育写作亦然，不能"为赋新词强说愁"，更不能单单只是为了写作而写作。

2017年年底，我有幸参加徐州市鼓楼区校干教师赴崇川区跟岗学习活动，到南通市崇川区进行了为期一个月的跟岗学习。跟岗学习的三所学校都是当地颇负盛名的名校。每一天的跟岗学习生活都是忙碌而又充实的，白天听课、听讲座、观摩各校的备课教研活动，晚上梳理完听课记录后再撰写学习心得，还要写交流汇报稿。当时，情境教育已成为南通各科教学普遍使用的教学方法。基于对情境教育的浓厚兴趣，我把第一篇学习心得的主题聚焦在情境教育上，发表了"利用情景教学，能寓理于情，寓教于乐，润物无声，不仅能使学生产生浓厚的学习兴趣，而且使学生同时获得了情景感受，加深了对问题的理解，化难为易，在审美愉悦中主动愉快地学习知识，让课堂从枯燥中走出来"这样的论述。可刚一写完就被同行的几位老师指出了我的严重不足，原来我连最基本的"情景"和"情境"的区别都没有弄清楚，闹了大笑话。再一想，我只是听了几节情境教育的课，相关的理论书籍都没有看过，只是为了写情境教育而写情境教育，又能写出什么有思考、有深度的文章呢？

我惭愧万分，下定决心要在跟岗学习期间，写出一篇像样的关于情境教育的心得体会。于是在接下来的日子里，我每听完一节情境教育课，就会向执教的老师请教：情境教育在不同学科当中是如何体现的？不同学段在创设情境时又有什么异同？我将自己心中的疑惑与观察到的问题和上课的老师进行交流，也和一起听课的老师进行探讨，在对话交流中产生了不少思维的火花。通师二附的施建平老师向我们推荐了《情境教育精要》《激情萌发智慧——李吉林情境教育论文选》《潺潺清泉：李吉林教育随笔》这三本情境教育书籍。认真拜读之后，我对情境教育有了更深入的认识。我还参加了中国情境教育儿童学习范式国际研讨会，在会上仔细聆听了李吉林老师《中国情境教育儿童学习范式的构建》的主题报告。让我感动的是李老师虽已年逾古稀，但始终对儿童、对教育葆有一颗赤子之心。

会后，我们有幸与李老师进行了短暂的交流，在谈及教育写作时，李老师说："没有文章思想就行不远，倘若教师只能上课是成不了教育家的，就是100节课、1000节课也不行。一定要有理论的建构，要有著述，形成自己独特的东西……"听了李老师的话，我恍然大悟，才意识到写作不是人云亦云，而是要"想人之未想，发人之未发"，教育写作应该是一种有自我、有灵魂的表达。"人所易言，我寡言之；人所难言，我易言之"，写出自己的真知灼见方为正道。于是我将文章的关注点放在情境教育和小学语文核心素养这两大关键概念，阐述如何采用情境教学有效提高学生的语文核心素养,即树立语文核心素养为先的理念,以情境教学模式作为突破口,结合小学生的思维特点和学习特点,尽可能通过创设大单元情境课程来构建高效课堂。这篇文章可谓是厚积薄发,最后受到了大家的一致好评。

王国维先生在《人间词话》里说:"古今之成大事业、大学问者,必经过三种之境界。'昨夜西风凋碧树,独上高楼,望尽天涯路',此第一境也。'衣带渐宽终不悔,为伊消得人憔悴',此第二境也。'众里寻他千百度,蓦然回首,那人却在,灯火阑珊处',此第三境也。"我想,我的教育写作之路也经历了类似这样的三种境界,从一开始对教育写作的迷茫不知,到接下来有了目标执着追求,再到最后历经磨砺终有所获。

朱永新教授曾经说过:"专业阅读是站在大师的肩膀上前行,专业写作则是站在自己的肩膀上攀升。"一路走来,正是因为有了教育写作为伴,我每一个平凡的日子里都充满了美好和幸福,学生和我都能够有所成长,都变成了更好的自己,我想这应该就是教育写作的力量所在。

编者说

教师的教育生活是丰富的,教师的写作方式也应当是多元的。不同形式的教育写作都可以赋予教师力量,并在其教育生活中发挥巨大的作用。

新手教师写教育日志,可以通过日常记录留存教育生活中的疑惑、感动、惊喜、沮丧……逐步建立自己的写作素材库。但仅仅凭借流水账般的记录,教师就很难迈上新的专业台阶。只有对自己的教育经历进行深入的反思,在反思中不断改进自己的教育行为,才能让自己在写作中真正成长起来。

写观察日记，可以帮助教师在繁杂的事务中养成留心观察和发现问题的习惯，这种习惯可以帮助教师练就透视教育现象、发现教育规律的本领，逐渐形成自己的教育智慧。在观察中，教师更了解学生，也更了解自己，更加能够体察教育的本质和真谛。

给学生写信、和家长交谈，也是另一种形式的教育写作。"感人心者，莫先乎情。"笔谈这种特殊的教育写作方式，让教师把写作和育人真正联系起来，发挥了润泽心灵、沟通灵魂的巨大作用。这启发我们要带着情感去写作，让自己的文字有温度，这样的写作才更有价值和意义。

"写然后知困，学然后知不足。"借助课题研究开始写作，你会体会到：要写并不意味着会写，会写不代表着能写好。课题研究过程中涉及的写作文体，如立项申请书、开题报告、结题报告等，需要教师具备把握全局的视野、架构框架的能力、文献分析的能力、精准表达的能力，这些写作文体的要求更高，但也会促进教师走向更理性、更规范的写作境界。

教育论文的写作，要求教师写出自己通过实践得出的真知灼见，要让思想升华、让智慧闪光，更是教师走向专业的必由之路。

正如李吉林老师所说，"没有文章思想就行不远，倘若教师只能上课是成不了教育家的，就是100节课、1000节课也不行。一定要有理论的建构，要有著述，形成自己独特的东西……"

袁老师在她的教育生活中尝试了这么多种教育写作方式，发现了不同教育写作方式的价值与特点，真正体会到了教育写作的力量。

或许，她的领悟和发现会带给你更多启示。

> 写作就是一种耕耘与探索，是从无到有的创造性过程。自觉而真实地书写，是时间累叠里的艰辛，是外在世界与精神生命碰撞后的心灵深处的回响，是明知前路漫漫，荆棘丛生，知其不可为而为之的勇气与渴望……

曹刚 南京师范大学附属中学树人学校语文教师，南京市五一创新能手，荣获南京市优质课评比一等奖、第七届全国初中语文教师教学基本功大赛一等奖。

人在书写里重生

曹　刚

大学时，我看见过一场狮子座流星雨。

大约是深夜一点过后，我立在宿舍阳台等候，漫天的流星从眼前的黑幕上滑落，一颗又一颗，一阵又一阵，四十多分钟，璀璨而炫目，把我整个生命都照亮了。

就在那一刻，我领会了：瞬间即是永恒。

这也是那天早上我写过的一首诗里的结句。

诗是心里生出的光明，在刹那间闪亮，也像流星，恒久而深远。

我现在也写诗，那份青春的热力，仍旧时常喷薄在胸腔，从心腹油然而起，运转周身，凝成思想与精神。

职业的确认与初始的小结

也许，我是天生要做老师的人。

很偶然地，我被师范中文系录取，学习汉语言文学，也就自然要成为一名语文教师。幸运的是，大学阶段的教学法学习和教育理论书籍的广泛阅读，让我在当时就已然确认教育是我终身的志业。诚如苏霍姆林斯基所言，"我把心献给了孩子们"，我知道我愿意为这件事交献自身。因为我渴望人与人之间的联结与影响，我确定生命是以自身的独立和与他人的交互而迈向自由的。

大学时，我就读到了佐藤学的《静悄悄的革命》和陶志琼老师翻译的《透视课堂》，于是，在班级建立学习共同体成为我教学之初的理想。这里的"班级"，甚至不单单指学校的教学组织，而是由学生、教师、家长在同一愿景下通过学生与学生、学生与教师、学生与家长、家长与教师、家长与家长共同构建的，能够支持彼此生命成长与多元发展的开放创造性团队。所以，2004年进入学校工作，我就认为教室是班主任在校园里的一个家，因为有这个家，我得以在校园的世界里栖居。2006年，南京市第一期个人课题申报工作启动，我以"构建'自动 自发 自觉'的班集体的个案研究"为课题，实践并整理了过程性做法，从我们需要什么样的管理者，如何建立学习共同体，"自动 自发 自觉"的班集体的样态等方面阐释了具体的行动与思考。

结题报告的写作，是轻松而自然的。因为内容就是平时工作的小结与提炼：充分了解、研究学生；发展学生的"觉察"与"自觉"；教师自身的人格魅力与民主精神；抓好一个学年的早期、协商班规、明确班级愿景、形成班级文化；建立有序的班集体，唤起同学的"良心"，随时、随地、随人的对话，实行班务承包责任制；在此基础上，广泛开展班级活动，尤其是家校和社会生活相一致的综合实践活动。那份源自心灵深处的对学生、对班级、对教育的爱与热忱，加之现代管理学理念的运用，让班集体建设成为一件美好的事。我就这样真心地做，自然地写。此时的写，和生活一样，就是一份过程的记录。一万五千字的结题报告，从架构脉络到观点案例，实在没有花哨的技巧，那些流淌出来的文字，好像原本就在那里一般，是在我自己耕耘的土地上长出来的。我的许多类似的写作，包括教学反思的撰写，完全不是为了发表，仅仅就是记下。记下来了，梳理加提炼，就成了文章。

2005年前后，我先后读到了王荣生教授的《语文科课程论基础》，以及王荣生教授与李海林教授编写的《语文教育研究大系》《语文课程与教学理论新探·学理基础》和《语文教学内容重构》，也通读了倪文锦、韩雪屏、王尚文、潘新和等教授的所有著作。其中"教学内容的确定""教什么比怎么教更重要""散文教什么""写作学习支架的设计"等课程内容领域的探讨，使我获益良多。表现在写作上，我的教学论文和课例研究都有着自觉的语文课程意识，是站在学生言语发展立场上的实践与探索：主张言语实践要与创造的主体精神相统一，通过听说读写思的整体运用，发展心智思维，建构言语能力，提升审美创造。

其时，我也要求学生每天都写日记——我自己也写日记和博客。批改他们的日记，是一天里美妙的时刻。学生的日记是对日常生活的感悟，是对自我成长的反思，是与课文精彩处的读写结合，是与老师的平等对话，是童年生活的无限遐想，是文学创作的园地，是少年个性的言传，是锤炼语言的平台，是反映问题的桥梁……这段经历和感悟后来我都写到了《四十万字日记的思考》一文中。《四十万字日记的思考》是一篇案例，案例结尾总结了这样五点：一、我存在，所以我要写作；二、写作需要引领；三、日记是提升学生作文能力的重要方式；四、日记是师生心灵对话的平台；五、日记是人生的一份重要收藏。其中最后一点，也是我在与他们认识之初提出的"给自己的三年初中生活留下一份美丽的礼物"。

因为家庭出身与儿时教育的缘故，我在上大学之前几乎没有读到过书；所以任教初始，师生共读成为我实施语文教育教学的重要方式。那时我已明白，一个人的精神生活，最不可或缺的就是读书与写作，这两者应该像自然中的阳光与水一样，给予我们生命里最幸福的温暖与满足。因此，读书与写日记成为我和学生最重要的语文学习活动。我跟家长讲，读书与写作的意义远胜于完成语文练习册里的题目。

通过每周两节阅读课（一节读书报告会，一节读书交流会或影视欣赏），包括音乐、影视作品的品读，同学们和我徜徉于美妙的阅读体验中，沉浸在交流对话的幸福里。从《安徒生童话》《小王子》到《动物农场》《民主·宪法·人权》，到《苏菲的日记》《关于罗丹——熊秉明日记择抄》《中国近代史》《一路走来一路读》，我尽可能地控制作业量，留足时间让阅读本身成为可能。三年如一日的日记写作，成就了学生们自由表达的流畅，让他们养成了叩问心灵的习惯；而与他们一起读书、写作、成长的过程，也让我体会到"落霞与孤鹜齐飞，秋水共长天一色"的美好境界。这些故事，后来写在《师生共读，交流分享》里，作为刊首语发表于《新语文学习》2011年第3期。

那个阶段，我写的文章《语文教学的"进"与"出"》《让学生"体验"到》《语文教学中课外阅读的有效管理》等等，主要还是基于阅读与实践的印证式的写作。它汲取的是理论界专家、学者的研究，是自己身体力行后的证明，是理念先行的模仿，是职业初始的小结。

生命的梳理与重生

2011年是我生命的觉醒期。按照人智学的理论，一个人0—21岁完成其成为人的成长周期，其中0—7岁发展的是人的身体意志，7—14岁发展的是人的情感心灵，14—21岁发展的是人的智性精神。然而，现实世界里，因为不合宜的教育过程与方式，一般人往往难以在0—21岁就已然完成"全人"的入驻。而后，如果自己能够有意识地对自己的个人成长觉察、塑造的话，每7年又是一个新的自我成长的转化阶段，28岁，35岁，42岁……未必严格按照其年岁数字本身，但略有上下之间，也正是其精神生命发展的旅程暗示。

2011年暑假，我参加了《读写月报》杂志社组织的"第一线全国教师高级研修班"，聆听了郭初阳老师上的《牧人的故事》、窦桂梅老师的绘本课《我的爸爸叫焦尼》。评课现场，范美忠老师直言不讳地评点他们的课堂是"高控"的，而他主张"开放课堂"。他认为课堂是师生在一起探索未知的过程，而非高度地预设。其后，他在大家的怀疑与期待中，在没有准备的情况下上了海子的《面朝大海　春暖花开》。

这是第一次有人在现实场景里向我展现学习共同体的内在本质——对"人"的看见，对生命权利的理解。如果说，过去我更多是从教学法、课堂实施层面来理解倾听、质疑，思考"平等"在教育、师生"关系"中的意义，那次之后，我开始意识到教育、课堂的本质是对"人"的看见与发现，是基于每一个个体生命因其本身的差异与丰富而构成的对话的可能与创造。

"人"的确认，直接影响到我对"自身生命"的领会：自小未能读过书的遗憾与卑怯，在刹那让我知道，童年的空白、广阔和自由之于我生命的意义与价值——我因此葆有着直觉、灵性与开放。我意识到每一个人都如我一般，是独一无二的，"向内看"，建立对自身的认同与完整才是教育的起始。所以，教育当促进人实现自身、获得独立、迈向自由。这些感悟和想法汇聚到2017年我发表在《中国教师报》"教师成长"专栏的一篇文章《循道而走　向着光行》中。

特别值得一说的是，我应上海浦东教育发展学院王丽琴老师的邀约写了《未知死　焉知生——关于死亡的探问》一文。我在这篇文章中，从"死亡"的角度，探问了生命存在的意义。我说："生命的意义唯有在负责与行动中才能被真正建构起来。诚如西西弗推石上山，周而复始，永无止境，在荒诞里超拔出生的意义；就像小王子，用心，负责任，以时间来浇灌才能完成'驯养'；一切事物的'完整性'本身便是复杂、多样、矛盾的整体存在；唯有始终保有一颗澄明、开放的心，以清晰的自觉，循道而走，向着光行，或有一天在觉察与创造里抵达。"站在教育工作者的立场上讲，即我以诚实的工作实现我对自身的完成与担荷；站在学生的立场上思考，则表现为我在工作中引导学生认识到他们的生命与每一段时光的有限，从而自觉地确认其在单位时间内与课堂、作业、志趣、生活的联结。

确定地讲，这样的书写已不再是书本理论的摘要与模仿，而是自身生命实践的领会。这份领会里是关乎自身生命存在的觉察、践行与转化，正如这篇文章的写作过程，就是生命的梳理与创造过程。

那一年，我35岁。

在行动里创造

最近这一两年，我更愿意将生命理解为行动与创造。行动是生命经由觉察而自觉的表现，创造则可以诠释为做事。人活着就是做事，自觉地做事，即为行动。

教师的工作不仅仅是教书育人，其首先当确认自身在行动。学习、读书、写作、看戏、喝茶、聊天，乃至聚会、旅行，皆应有其自觉。这份自觉，是对自身的觉察，更是"朝向伟大事物"的虔行。

一个人的生命是有限的，生命的有限直接昭示了其存在的意义与价值，诚如我们每一个人必然会面临的死亡，它真的是一个"必然会降临的节日"。也正是这样一个终结，反过来提醒我们青春、生命、活着、付出、责任与爱的珍贵！所以，努力做事，用心工作，不仅仅是"为职业"或"为学生"的劳动，其自觉地做事本身，就是建构自身、完成生命的过程；与此同时，也是在回馈自然，为世界祝福。

近年我的论文写作，主要有《语文科视角下的爱情启蒙课》《STREAM课程对语文教学的启示》《灾难面前，教育应该做什么》《〈儒林外史〉过程性作业设计思考》《语文试卷讲评的原点思考》，从题目即可看出，这些都是基于实践与现实层面的探讨。作为写作者，有时我自己都无法确认是否走在正确的路上，写出来，更多的是希望得到读者的批评与指瑕，以期在共同的探索中"朝向伟大的事物"。它的目的，此时已不再是单纯的印证、梳理，而是走向交流与切磋，带有献祭的意味，是一份呈献。

从这个意义上讲，写作就是一种耕耘与探索，是从无到有的创造性过程。一本书的解读、一篇案例的撰写、一份报告的形成……自觉而真实地书写，是时间累叠里的艰辛，是外在世界与精神生命碰撞后的心灵深处的回响，是明知前路漫漫，荆棘丛生，知其不可为而为之的勇气与渴望……

写作之于我的成长与思考，与我的生命实践的过程是一致的。我在写作中行动，也在思考、探索里创造，在书写里让生命重生。

编者说

自古江南出才子，有人说曹老师的文风是"才子型"的，才子笔下的文字总是带有空灵和浪漫的气息，让人心生欢喜与向往。

曹老师的写作是和他的生命轨迹与思想的拾级而上紧密联系在一起的，或者说，就是沿着他生命和思想成长的青藤拓展、衍生的。

在阳台上看流星雨的少年，在写诗；初为人师的他，真心地做，自然地写，身体力行地基于阅读与实践进行印证式写作；再后来，随着阅读的深化，对教学、课堂、人的本质与教育意义思考的深入，曹老师书写与发表的是自身对生命实践的领会；当他的写作更多的是希望得到读者的批评与指瑕，带着呈献、交流与切磋的更"伟大"的目的时，写作就成为他耕耘与探索的创造性过程。

"自觉而真实地书写，是时间累叠里的艰辛，是外在世界与精神生命碰撞后的心灵深处的回响，是明知前路漫漫，荆棘丛生，知其不可为而为之的勇气与渴望……"这样的文字，看上去很美，其内蕴的仍然是敲打键盘的艰辛、苦苦思索的愁闷、渴望与勇气支撑起的坚持……

在看似平凡的教师岗位上，有这样的教师存在：他愿意"把心献给孩子们"，愿意在书写里创造，在创造中重生，愿意不断交献自己崭新的生命，去影响新的生命……中国教育何其有幸！

或许，在写作中行动，在思考、探索里创造，在书写里让生命重生，是每一个写作者的起点与终点。

> 教育写作所形成的成果让自己知道曾经为什么而努力,是如何努力的,努力的成果如何,继而反哺自己的根系生长,成全自己。

陈铁梅 海门市东洲国际学校教育管理集团副总校长,正高级教师,南通大学艺术学院兼职教授、硕士生导师,"审美人生教育"名师工作室、美术学科基地、乡村骨干教师培育站领衔人。国家"万人计划"教学名师,全国新教育"榜样教师",江苏省"人民教育家培养工程"培养对象,江苏省特级教师,江苏省"333高层次人才培养工程"科学技术带头人。曾获江苏省教学成果奖一等奖,发表论文80多篇,出版《给孩子喜欢美术的理由》《审美人生教育让生命绚丽成长》等专著。

教育写作，见证生命在场

陈铁梅

做"学生最喜欢的老师"，是我站上讲台后就立下的志愿。那时，在我这个新教师的认知系统里，要实现这一目标，认真上好每一节课是基本途径，也是唯一途径。现在，在30年教育历程的这个节点上，回首过往，初心不变，虽然我的课堂教学远没有做到完美无瑕，但我确实每天在为实现成为"学生最喜欢的老师"这一目标而努力。

我用文字将30年教育教学中的所思所想记录下来，这些文字见证了我生命中每一个可能被淹没在时间长河里的瞬间，继而拼合成为我教育生活的全部。时至今日，我认为：有爱、有能、有思想、有灵魂的老师，才是"学生最喜欢的老师"应有的模样。我用文字书写着自己的灵魂，教育写作让我有机会成为"学生最喜欢的老师"。

教育写作，让努力看得见

1990年8月，登上讲台刚满一年的我，在《中国美术教育》发表了题为《取象造化，妙趣天成》的文章。这篇文章图文并茂地介绍了我带领学生利用树叶的天然纹样机理，通过原型启发展开艺术想象以及创作活动的具体做法。

这是我写的第一篇文章，也是我发表的第一篇文章。这篇文章的写成与发表其实纯属偶然。当我还是一名新教师的时候，在导师张炳华校长的引导和支持下,做"学生最喜欢的老师"已经成为我努力的方向和目标。我沉浸在课堂里。研究学生、研磨教学、观察同伴成为我生命里的常态风景。下课后,我常将课堂上发生的故事讲给同事和家人听,分享我初为人师的快乐或者苦恼,而他们的微笑给了我极大鼓励,让我以加倍的热情投入课堂教学。有一次,爱人要出差,就叮嘱我把原本要讲给他听的课堂趣事写下来,方便他及时参与分享。于是,这逻辑不通、语言不美但颇为生动的洋洋千言成为文章的初稿,爱人建议我修改后试着去发表。

当时的稿件都是手写的,我记得为了更加突出主体而强化艺术想象和创作步骤,为了让标题尽善尽美,为了修改错别字和标点符号,这篇稿子誊抄了至少三遍。几经修改后,我发给了当时我唯一知道的美术教育刊物《中国美术教育》,没想到竟然很快发表了。这篇称不上论文,只能算是教学经验总结的小文章,却将我的日常努力转化为了教学成果,并让这份努力被更多人看见。

有人认为我很幸运,我也这么认为,但我更愿意相信,是持续的努力让我一点点地积攒着知识、经验乃至智慧,也是持续的努力让我一次次迎来幸运的光顾。正如《写出我心》的作者娜塔莉·戈德堡所说的那样:"写作是一条小径,让我们得以在小径中和自己相逢、相知、相守!"这篇文章的发表看似偶然,事实上是努力的必然。我没有超凡卓群的智慧,也没有博闻强识的能力,我能做的,就是在书房里修行——阅读、书写,用最普通的方式和最朴素的信念完成使命,超越自我。我相信,只要行动,就有收获。所以,这次写作经历让我知道,努力和坚持是成功的必要条件。

这次的"偶然发表"让我意识到:坚持教育写作可以通过文字对自己努力过程中的所思、所想、所见、所闻进行记录与反思,激励自己进行后续的教学乃至研究。教育写作所形成的成果让自己知道曾经为什么而努力,是如何努力的,努力的成果如何,继而反刍自己的根系生长,成全自己。

成长,是生命的天然属性——披着阳光,汲取雨露,滋润根系,深深扎根于大地,有朝一日开花结果,以蓬勃和美丽展露自己的价值。教师,是最独特的生命个体,课堂是他的枝与叶,学生是他的花与果,竭尽全力生长是他的本能,他在完成着教师的重要使命,那就是成全学生。这一过程不应该到此为止,还应以教育写作的方式将积累的经验和智慧保存下来,成为一种具有个人符号特征的成果,然后通过传递、传播,让个体经验变成公共知识,继而在成全学生的同时成就自己。

教育写作,发现"我能行"

我很羡慕那些有理有据、侃侃而谈的大咖,因为我不善表达,常常词不达意,逻辑混乱。但是,2001 年一篇论文的获奖,让我看到了自己的成长空间。

我喜欢看李镇西老师的博客,他在博客中记录女儿成长的经历和他的育子心得,给了我很大的启发,我依葫芦画瓢去记录儿子谈天的童言童画。2001 年,江苏省教育厅举办"新世纪园丁杯"教育教学论文大赛,我就以谈天的绘画成长为例,结合自己对美术教育的认识,写了题为《谈成就动机在儿童绘画能力培养中的作用》的文章,并投稿参赛,获得了一等奖。获奖消息传来,我一阵狂喜,即使我的论文已多次被刊登,但在全省各学科、各年段教师都可以参加的论文比赛中脱颖而出,夺得第二名,这无疑是对我教育科研能力的肯定。

我对这篇获奖文章进行了"复盘",发现自己有意无意间找到了写作的一些要点。在这篇文章中,我将心理学概念"成就动机"与儿童绘画能力的培养作了有效勾连，梳理其中的交叉点，然后从成就动机的概念及形成、儿童期美术行为特点、儿童美术基础期成就动机培养的方法和儿童美术基础期成就动机培养的途径四个方面进行了阐述。在学理与经验的自洽中，文章有了新意和逻辑力量。这次获奖触动我有意识地训练自己的逻辑思维。我相信，这种训练对我的成长大有裨益。

写文章时，我总是努力想把自己的想法说出来、说明白。然而，这说起来容易，要做到却很难。通过这篇文章，我找到一个方法：那就是将观点置于一个案例中，通过对案例的描述，将观点一点点揭示出来。比如在这篇文章中，我将自信心、独立性、目标性、坚持性和抗干扰性等儿童美术基础期成就动机培养的方法，置于真实的教学案例中，以案说理，让自己尽可能靠近"雄辩者"。

就这样，"讲清楚一件事情"作为一种能力逐步丰盈着我的教育写作，它让我有机会站在了领奖台上，成为他人羡慕的对象，也由此建立了我语言表达的自信，让我发现"我能行"。

教育写作，遇见更好的自己

尽管这篇文章获得了第二名的好成绩，然而，我依然有着强烈的不安。我深知，我的文章局限于经验总结，缺少理论滋养。经过专家严格的匿名评审和再三投票，我的论文排列第二，与第一名的差距只有0.3分。这0.3分的差距应当是由于我人文底蕴的不足。那么，如何改变？是顺其自然？还是迎头赶上？

解决这一困惑，并推动我前行的，是这次论文比赛隆重的颁奖典礼。那天，我迎来了生命成长的一次"转向"——牢牢地记住了朱永新教授在颁奖典礼上列出的"成长保险单"——每天阅读，每天记录自己的教育故事，坚持三年，一名普通教师一定会成长为卓越教师，这份"成长保险单"的保额是 10 万。

"我也许可以去试一试！"我告诉自己。

我开始虔敬地捧读经典，为了啃下一本本并不好读的理论书籍，我记了厚厚一沓读书笔记，而阅读的"副产品"竟然是养成了"不动笔墨不读书"的习惯。渐渐地，我喜欢上阅读，并让阅读成了我的一种生活方式。读书让我安宁，让我能沉醉在自己的世界里，随心而动，境由心生，常感意犹未尽——《谈美》《艺术哲学》《今天怎样做教科研》《教学机智》……我学着用思想丈量自己的深度，越发相信一个事实：原来，人的厚度首先是思想的厚度，而思想的厚度必定源自阅读的厚度。"一字一世界，一书一天堂，无意证菩提，随性见慧光。"专业阅读，让我站在了大师的肩膀上，能保证我多往前"看"5 米乃至 10 米。

我开始写教育叙事，但慢、挫、卡是常态，常常半天写不了几个字。一天下来，看着寥寥数语，我常幻想自己能像大咖一样奋笔疾书，直到有一天阅读了窦桂梅老师的《玫瑰与教育》一书，才逐渐释怀："练笔就好比开花，没有一定的时间和力量，是不可能让一瓣一瓣的花朵展开自己的面容的，以为刚一动笔就能一鸣惊人，那或者是天才，或者只是妄想罢了。后来读到——鲁迅称自己的文字是'硬写'出来的，心里这才颇感安慰：即使是天才，也需要漫长的、艰苦的修炼。"于是，我开始坚持每一天的修炼，我相信，文章是"做"出来的，而不是"写"出来的，教学现场才是教育写作的第一生产力。我持续做着有规律的，甚至显得刻板的"耕耘"：捧读经典。

下课回到办公室，我会与同事们分享课堂上发生的有趣的点滴。我通过讲述，将课堂点滴进行梳理，将之强化，辨析并提取有效信息；然后将有效信息用文字记录下来。我通过书写，将原本零碎的课堂片段条理化，继而形成基础教学案例。

我翻阅书籍、杂志，再与同伴分享我学习、领悟到的理念、理论。我希望能有理念支撑课堂上的欢乐或者烦恼，能揭示无意识教学行为背后的教学规律、教学原理，然后通过对话，在认同或者争辩中加以梳理、分析。我将相关的理念、理论以及对话后的理解再次记录，写在案例本的左侧页。这看似强迫症的做法，是为了帮助自己把重要的事情记录下来。经过长时间的实践，我的案例本便有些特别：案例记在右侧页，留着的左侧页用来"继续写"。这样的书写方式我称之为"倒过来写论文"，还很多次与老师们分享。这样的"耕耘"我持续了很长时间，这样的基础案例也就记录了厚厚一沓。多年后，我很感谢自己曾经这么执着于记录教学日常，因为它们成了我之后开展教育研究的基础储备，让我有机会站在自己的肩膀上攀升。

研究、写作有时不要一味地奔跑，而是应该在适当的时候停下来，沉思：哪些地方为什么灿烂如彩虹？哪些地方被我轻松绕过？又有哪些经验可循？……教育写作，可以让自己在别人都停下来的时候再努力一下，在别人都停下来的地方再前进一步。也许就是这一点努力、这一小步，让自己看到一个全新的教育世界。

后来，我又撰写了《顿悟与学生美术发展》一文，再次投稿参加江苏省"新世纪园丁杯"比赛，这一次，我获得了第一名。

教育写作，实现自己的审美人生

随着教龄的增长，我对美术教育的认识逐步深入。我认为，美术的天然属性是具有审美功能，美术教育的崇高职责在于引导学生追求基于美术技能的真善美，教育目的是帮助学生享受幸福的、完满的人生，所以，学生学习美术就是在经历艺术修炼——修炼成能够欣赏美、创造美的人。基于这样的认识，2008年，我提出了"审美人生教育"的教学主张，这是超越了技术层面的哲学命题，需要我更加努力认真地潜心探索、实践，并更加深入地展开教育写作。2010年，我将实践后的思考撰写成文发给《人民教育》杂志社，杂志社建议压缩至8600字后刊发，标题为《这一扇窗，极为重要——关于审美人生教育的思考》。文中，我对这一教学主张作了描述：美术教育在于唤醒学生的美感经验，引发创造潜能，自觉用美术表达情感，以此激发对生活的热爱并心领神会地享受其中。

我先后出版了专著《让孩子喜欢美术的理由》《美术教育的真谛——审美人生教育让生命绚丽成长》。在第二本专著中，我阐释了自己的观点：美术应当成为学生生命中的阳光，时时刻刻滋润着学生生命历程中的每一个阶段。它不仅仅是传播美术技能，更是在引导儿童寻求审美的动力，塑造审美的心灵，以美的态度观照人生，享受生活的美好，让每一个学生成为"审美人"。我以此解答审美人生教育对儿童成长的意义。"审美人生教育实践探索"这一成果获得江苏省教学成果奖一等奖。成尚荣先生在《深刻的认知　崇高的立意　智慧的行动——陈铁梅美术教育的追求》一文中评述说，陈铁梅让美术教育成为馈赠给学生的一件幸福的礼物，成为对学生当下生活和未来生活的深情祝福……'审美人生教育'这一主张有着崇高的立意，寻找到了美术教育之魂。许新海博士评价说："从浪漫到精确到综合，'审美人生教育'将美术教学上升到了一个崇高的境界，将生命体验与境界融为一体。"渐渐地，我看到自己的成长足迹有了一个专属于自己的生命密码——"审美人生教育"。这是我20多年躬耕美术教育教学一线实践与探索的回眸、思考以及理性应答！

围绕教学主张的教育实践探索和教育写作，让我逐步明晰，人生是一场马拉松，每个人都有机会成为冠军，前提是学会挑战、冲顶和坚持。"人应该有新的荣耀,你的荣耀不在于你来的地方,而在于你将要去的地方。"教学主张的提出,让我知道"新的荣耀"在哪里,知道自己的教学将走到哪里去。

如果说"审美人生教育"是在帮助学生实现审美人生,那么教育写作何尝不是在助力我自己实现审美人生呢?通过教育写作,我描绘着生命在场的美好画卷。年过半百,华发渐生,但我依然激情满怀,依然潜心教育,依然体验着成长的快乐,依然听见自己生命拔节的声音。这是一种独特的、魅力十足的生命体验——幸福。而给予我幸福的,就是持之以恒的教育写作,它使"每一个普通的时刻,都焕发出不一样的光彩,每一个平凡的日子,都能与幸福相伴"。

通过教育写作,我沉浸于教育中,去研究儿童,研究课程,研究教学,研究教育,将自己最美的年华和最深沉的爱投注进去,换得教育人生最华丽的绽放,努力朝向生命境界的不断提升。它让我的身心诗意地栖居着,也满足了我对完美人生的最初、最美的假设,那就是兴趣与爱好、职业与事业、生活与生命的完美契合。

| 编者说 |

看完铁梅的故事,第一感觉是——这真是位"铁"姑娘。获得省级论文大赛一等奖,别人高兴还来不及,她却从与第一名相差的0.3分中,看到了自己人文底蕴的不足。于是她开始捧读理论经典,坚持写教育叙事,每天整理教学案例……在别人都停下来的时候她在努力,在别人都停下来的地方她在前进。直到第二年,她获得了省级论文比赛的第一名。

她有一种很特别的写作方式,那就是"倒过来写论文"。她的课后反思记录分为两个部分:教学案例记在右侧页,留着的左侧页用来

"继续写":写相关的理念、理论,写与他人对话后的思考,写自己教学反思后获得的新的理解。这样的写作方式让她学会了揭示无意识教学行为背后的教学规律、教学原理,提升了她理性思考和透析教育现象的能力,为她后续开展更高层次的教育研究奠定了坚实的基础。用她自己的话来说,这种成长方式是"站在自己的肩膀上攀升"。这样的写作方式值得我们学习、借鉴!

铁梅真是一位"梅"一样的姑娘。当她将"审美人生教育""注册"为专属于自己的生命密码后,20多年在美术教育教学一线深耕细作,上下求索,围绕这个教学主张进行了深入的实践探索和深度、系统的教育写作。为此,她投入了自己最美的年华和最深沉的爱,也换得了教育人生最华丽的绽放,完成了自己对完美人生最初、最美的设想——兴趣与爱好、职业与事业、生活与生命完美契合。

教育写作,让她沉浸于教育研究中,身心得以"诗意地栖居",即便华发渐生,也依然激情满怀,体验着成长的快乐。持之以恒的教育写作使"每一个普通的时刻,都焕发出不一样的光彩,每一个平凡的日子,都能与幸福相伴"。

"凌寒独自开,为有暗香来",说的不就是她吗?

我们的教育写作之路

> 把心中所想的东西变成文字是艰苦的工作，长期的写作需要内心的宁静和很强的定力。写作是一种吸收后的释放，一种反省式的内心倾诉，一种在吸收与借鉴基础上的工作思考。

沈茂德 江苏省天一中学原校长，现任无锡南外国王国际学校中方校长，全国教书育人楷模、全国劳动模范，享受国务院政府特殊津贴专家。省特级教师，教授级高级教师。承担了多项国家级重点课题及探索性项目并先后获首届国家级教学成果奖一等奖、第二届国家级教学成果二等奖。发表了数百篇研究论文，并出版了专著《窗内窗外》《教育，真的不能简单》《家庭教育是什么？》《我的教育乌托邦》等6本专著。

教育写作，我的重要成长方式

沈茂德

我的亲戚都知道，我的夫人常戏称我为"沈写写"，因为只要我稍有时间，总是在写。从事教育工作以来，读书与写作已成为我重要的生活方式，时至今日，连老外同事见面都会问：沈校长，最近在写什么？

我出生于无锡，水乡文化的熏陶，奠定了我感性、平和的人格基调。幼时良好家庭文化的熏陶，使我有了读书与写作的习惯。1982年，我从南京师范大学地理系毕业，走上了教师岗位。我在重点中学工作了近40年，先后成为市学科带头人、市名师、省特级教师、省首批教授级高级教师。

坚持写作四十年

我喜爱宁静的校园，几十年来，书与笔始终陪伴在我身边。每当沸腾了一天的校园归于静寂时，我就开始幸福地读书、写作。和我搭档、共事21年的天一中学党委书记冯朴先生这样写道：

> 晚上9点多钟，当处理了一天繁忙的事务之后，终于可以坐下来安心地翻开一本书或写上一段文字的时候，就是沈校长感到最惬意的时候。他办公室的灯光常常是全校最后一个熄灭的。每

当夜深人静的时候,在书本中与哲人交流思想,或在笔下倾诉自己的心声,已成为沈校长的一大乐趣,并逐渐成为一种生活习惯。每当看到一篇好文章或一本好书,他就会推荐给同事们一起分享。每次外出,他都要带上几本书,以备空闲时阅读。他每年自费订阅刊物的费用在1000元以上。每次去北京、上海等大城市,他总会买回一大包书籍。在他的影响下,天一教职工读书的风气越来越盛。学校也会过一段时间就向老师推荐一些好书,给老师赠送几本好书,并组织老师阅读、交流。

于沈校长而言,读书、写作已成为他的职业习惯。和沈校长共事,会觉得他的思维非常活跃,点子特别多,其实,这主要得益于他善于学习和思考。在和老师交流时,沈校长经常说到两句话:"人与人的差距主要取决于休闲时间""读书和写作应该成为教师生活的乐趣"。他是这样说的,也是这样做的。

每逢假期,我总喜欢静静地捧读国内外教育报刊上的一些好文章,或深度研读一些教育经典,常有如沐春风、与伟人对话一般的幸福。我时常会一个人欢笑,也会一个人悄然流泪,常因阅读而感动,因阅读而陷入深思。读书、思考为我的思想提供了源源不断的源头活水,读书与写作也成为我生活中的最大乐趣。在写作中,我思考着教育的现状,思考着教育改革与学校优质发展的方向,这些深度的思考常常会很凝重,甚至会让人很痛苦,而把思考变成文字,更可以说是一种煎熬。从没有人要我这样去做,但深陷教育,情之所至,又由于职业的习惯、校长的责任,我常常会陷于深度的"关注"与"煎熬"中,更有了"教育,真的不能简单"的感慨……

2006年,无锡市教育局组织全区中小学校长赴新加坡参加为期一周的培训学习。学习期间,除了听课学习外,我每晚都在房间里读书、写作，当一周学习结束回国时，1万多字的考察报告已经完成。

多年来，每逢外出参加会议、考察学校，我都喜欢用眼睛看，用相机、手机拍摄，几十年来，拍摄了大量的校园实景，记录了许多名校的教育哲学。每每外出归来，我都会把自己的一些学习体会和教育思考形成文字，与同事和同行分享、交流，因此，有了天一中学校园网上的"校长专栏"，有了一些微信推文……有些文章是写给别人看的，但更多的文章是一种吸收后的释放，一种反省式的内心倾诉，一种在吸收与借鉴基础上的工作思考。

我的手机里有很多文档，如外访日记、教育随笔、交流感悟等等。每次与同行交流、聆听专家报告、考察兄弟学校，每每有所顿悟，迅即在手机上写下几句，久而久之，积累了许多教育故事和教育感想，我常常说，我的文章其实都是利用零散时间，在手机上写出来的。

《江苏教育研究》杂志社的编辑宣丽华老师有这样一段记忆：

> 沈校长对衣着穿戴、一般的生活用品似乎不太讲究，但手机，他可能会选最先进、内存最大的。记得十多年前，"低头族"一词还没有发明出来，手机的功能比较单一，基本就是打个电话、发个信息，人们对它的依赖感还不强。就我的视野所及，他是最早的"低头族"之一，常常埋着头，用电容笔在手机上写着什么，以至于我一度对他有些不解甚至反感：哪能不分时间、不分场合地摆弄手机？到学校考察、听校长工作汇报，理应全神贯注，他却在手机上写啊写的；师生访谈交流正欢，理应趁热打铁，他还是在手机上写啊写的。心存疑惑，因当时不太熟悉，也不便相询。有一次，他终于道出了奥秘：人各有长，自己常常深受启发，有时灵光一现，深恐时过境迁而忘记，便时时用手机或者纸笔记下。我方才释然。每次我们小聚小叙，他总会拿出薄薄的几页抑或厚

厚的一沓纸,上面密密麻麻地写满了文字,都是他实践与思考的结晶。我想,应该有不少内容是从他的手机上"挪"过来的吧!

随着时代的发展与技术的进步,他的手机更是派上了大用场,录音、拍照、拍视频、编辑文字、发布……几乎是用到了极致。利用每个旮旮旯旯的时空,他在不断地汲取着,也在快乐地释放着,用独到而深刻的理解、平静而执着的坚守,演绎着教育激情的内蕴与力量。

40多年的教育实践,让我对孩子们的成长、对学校优质发展、对校长岗位有了实践性的认识,陆续在省级以上刊物发表了数百篇文章,出版了《教育,真的不能简单》《窗内窗外》《家庭教育是什么?》《播种者的期盼与困惑》《我的教育乌托邦》等多本个人专著。更幸运的是,在长期项目探索的基础上,形成的研究成果"天一科学院:学生自主学习模式探索"和"'把课程种在校园里'的生态课程的开发与实施"先后获2014年首届基础教育国家级教学成果一等奖和2018年第二届基础教育国家级教学成果二等奖。

我一直坚信:"成功,并不是知道了什么,而是坚持不懈地做了什么。"我深谙:"教育是水磨功夫。"一时的激情只能算作冲动,只有持久的热情才能形成深度。在经济日益繁荣,世界更加开放的时代,社会生活的节奏变得如此之快,日益丰富的声色耳目之娱正在使人变得浮躁与复杂。忙碌于形式的活动,匆匆于礼节的应酬,读书变成浮光掠影,写作或许也会被人嗤之以鼻。但耐得寂寞才能有文化的探索与精神的丰富。

华东师范大学教授、博士生导师霍益萍曾写过这样一段文字:

在我认识的千余名高中校长中,说到爱学习,沈校长无疑是最突出的一个。校长是个管理岗位，每天要应付来自各方面的问题，有处理不尽的琐事，不仅耗人时间与精力，而且很容易让人陷入事务堆里。令我吃惊的是，在沈校长的办公室里，有一张一米五左右的长条桌，上面堆满了各种最新的教育杂志和新近出版的理论书籍，打开后发现里面画画点点，显然是沈校长已经阅读并思考过的。经询问才知道，沈校长有一个习惯，不管白天多么累，只要在学校，每天晚上，他都会坚持在办公室读书和写作，数十年雷打不动。正是靠着这种坚持，他的思想不断被滋养、被丰富、被提升，他的著作一本接着一本地出版，他也就成为校长中少有的高产作家，他的勤奋和毅力，尤其让我折服和敬重。

人生会有很多选择。有人陶醉于财富的增加，也有人奔走在升迁的官道上，作为热爱教育的专业工作者，我痴迷于校园的日新月异，沉醉于学生成长的群星灿烂，津津乐道于教学项目的研讨，快乐于与学生们的交流、与教师们的对话、与家长们的分享，沉浸于纸和笔的畅叙中。

写自己熟悉的教育实践

我的写作有一个显性的特点，那就是写作紧密联系着我的教学教育实践。就内容来说，大约分为两个阶段。第一个阶段是作为教师的写作，较多地关注课堂教学。我在梅村中学任高中地理教师，担任了12届高三地理老师，渐渐对高中地理课堂教学有了一定的认识和感悟，在此基础上，撰写了《以生为本：课堂教学改革的价值取向》《新课程背景下地理教学应关注的若干问题》《我理想中的课堂》《"生长课堂"的探索价值》等关于课堂教学的实践性思考。

十多年的教学历练，我完成了从青涩的青年教师到成熟教师的蜕变，经历了教研组长、团委书记、教务主任、副校长多个岗位的历练。1994年秋天，组织部把我从梅村中学调至天一中学，由此开启了我在天一中学校长岗位漫长的探索，也开启了我第二个阶段的写作。任校长后，我的教育视野拓宽了，我开始更多地关注"培养什么样的人""如何培养人"这样两个核心话题。在任校长一段时间后，我不仅关注着天一中学的改革与发展，也关注着基础教育的改革与发展。从2008年起，我历任江苏省第十一届、十二届、十三届人大代表，更多地参与了江苏省一些教育改革与发展的研讨与实践。在广泛调研和深度研讨以后，也形成了一些较有影响的观点和文章。我先后聚焦"学校优质发展""课程建设""校长的品质""学校文化建设"等写作主题，在《人民教育》《中小学管理》《江苏教育》《江苏教育研究》等期刊发表了《真实的学校管理，其实很朴素》《"建个读书的好地方"：学校空间领导之思与行》《教育，是可以美丽的》《学校，应该有属于校园的宁静》等文章。

记得在教育部中学校长培训中心第13期全国重点中学校长班学习时，我的班主任——华东师范大学应俊峰教授曾这样说过："有的校长整天在校园内转悠，窃喜于昨天获了一个奖，自得于今年建了一幢楼，沉醉于领导的表扬之中……但也有的校长登高望远，敏感于校园一隅仍有一块裸土，自警于课程资源仍不能满足学生需求……更有一些校长不仅刻苦研读，还常常行走于名校之间，感悟于中外教育的比较，渐渐地，校长之间就有了差异。"培训班结业后，我既带走了校长培训中心的结业证书，更一直铭记着应老师的告诫。

1995年秋，任校长不久，时任江苏省教育厅副厅长的周德藩先生谆谆告诫我："茂德，作为省内最年轻的重点中学校长，倘若你想成为一个优秀的校长，我希望你能记住我的几句话：读万卷书，行万里路，交天下（教育）友，我希望你能每年与100个教师交流，认识300个孩子。"2008年春，我揣着30多万字的《窗内窗外》书稿，向周厅长汇报：13年过去了，"每年与100个教师交流，认识300个孩子"我做到了；"读万卷书，行万里路，交天下友"我尚在路上。周厅长欣然为《窗内窗外》作序。他在序中这样写道：

在与沈茂德直接或间接的交往中，他给我的印象是一位爱学习、肯思考的人。校长要提高自己的学养，修炼自己的人格魅力，都离不开好好学习。爱学习，首先是爱读书。校长很忙，今天的校长更忙，一旦成为名校长就格外忙，但是再忙也要坚持学习，尤其要坚持读书。沈茂德爱读书，他告诉我："当学生回到宿舍，学校宁静了，便是我静心读书、写作的时间。"他坚持不懈地读，也坚持不懈地写，一天又一天地坚持，才有了这些著述的问世。

当然学习不光是读书。古人云："读万卷书，行万里路。"沈茂德在当教师时，就到处拜师求教，不停地学，长久地历练，终于成为一名特级教师。当上校长之后，交流与行走就更多。省内外，国内外，他结识、熟识了一批知名校长，他走进了许多著名中学，在行走中学习。每走进一所学校，他总是仔细地看，认真地记，用心地思考。他在长期的、习惯性的思考中渐渐形成了自己的办学理念和治校方略，并努力将它们应用于治校实践中，使天一中学办校水平得到不断提高，并使天一中学的办学特色逐渐显现并形成影响。

其实，交友也是一种学习的方式，而且在现代社会中，交友成为至关重要、最为有效的一种学习方式。沈茂德十分重视在交友中的学习，他交教师朋友，交学生朋友，更交校长朋友。在他心中，"三人行，必有吾师"已成为一种自觉；交校内朋友，还交校外朋友，借他山之石；交国内朋友，还交国外朋友，在现实中交友，还到虚拟世界中交友，进行更广泛的学习。

在《窗内窗外》这本书中，我曾这样写道：一次培训与考察，不仅是一种经历，更是一种拓展与积累，它绝不能成为一次路过、一次旁观，而是要调动所有的感官去看、去听、去想、去体验、去浸濡。倘若我们有了这样的意识与习惯，尽管月亮还是那个月亮，星星并没有改变，但我们看星星的角度可能已经变了，我们吸收与借鉴的敏感度已经变了，我们学校管理的视野已经变了。教育工作者，去一个国家、景点绝不是根本目标，接触真实的人、真实的生活，通过对人与学校生活的"深呼吸"所感受到的教育文化才是我们需要的东西。

任校长24年期间，因各种机会，与中外的许多校长同行，与教育工作者也有了较多的讨论与交流。现在，到国际学校工作3年多，每天与近百名外教工作、生活在一起，有了更多的不同文化理解下的教育讨论。每次交流，我都用心听，迅速记，稍有时间即整理下来。较多的教育行走，使我有了这样的认识：吸收一些"窗外"专家的声音，不仅对学校的教育工作会有一定的启发，还会让我们更深刻地认识什么是教育，更完整地理解什么是素质教育，什么才是真实的课程改革……

在吸收和借鉴的基础上，我形成了自己的一些重要的观点，如"卓越绝不是一种形式""以前课本就是世界，现在世界就是课本""德育工作要润物细无声，犹如人需要盐分，但不能直接让人吃盐"等，这些观点也产生了一定影响。

也不知从什么时候起，很多人开始称我为专家，我常为之惶恐。何谓专家？我的答案是，一个人数十年如一日坚持不懈地思索、实践，聚沙成塔，就自然而然会有一点体会与经验。当校长20多年，每日敏锐地观察，每周及时地思考与总结，自然而然对学校的运行有了规律的把握与问题预警的能力。有了大量的借鉴吸收、对教育问题的深度思考、对优质办学的实践探索，自然对学校优质发展的愿景与操作途径有了更加理性的认识。就这样，在清醒与坚持之中，在实践、思考与写作中，我长期地、坚定地、渐进式地研究与探索教育规律与人的成长规律。

用自己擅长和喜欢的方式去写

我写作的第二个显性特点是偏重教育叙事，我一直记得《中小学管理》一位优秀编辑对我说："沈老师，我建议你的文章不要向理论方向靠，那不是你的专长。你一直在校园里，有许多鲜活的校园故事，你也非常敏感，对教育今天存在的问题和明天可能发生的变化，你都有相当的认识，写你熟悉的故事，用自己的语言去叙述，这就是你的写作特色。"我内心一直非常感谢这位真诚的编辑。当然，走近大师，聆听他们的专业指导，也是"业余写作"的老师们必须注意的方面。

人大附中刘彭芝校长在为我的《教育，真的不能简单》一书所写的序中这样写道：

> 茂德校长作为一名规模化的重点中学校长，白天忙碌于大量的行政工作，而在夜深人静时，他又沉迷于读书写作，近几年，写就了上百万字的教育随笔。从中，我们可以看到他内心对教育事业宗教般的虔诚，看到他对教育理想不懈的追求。无论是教育叙事研究，还是校长的专业发展，只要坚持行动、反思和批判的路向，就会获得提高。现代的校长是专业工作者，校长素质提升的过程就是校长专业发展的过程。教育叙事研究作为一种研究方

法，是指叙事研究者通过对教育事件、教育故事的描述、呈现、叙述与分析，挖掘内隐在教育事件背后的教育思想、教育理念和教育理论，从而揭示教育的本质、规律与价值意义。因此，教育叙事研究无疑是校长专业发展的重要新取向。

北京师范大学教授、博士生导师肖川教授也认为：校长在师生群体中的影响力要靠智慧与真情、眼界与境界来形成和保证。而只有学与思、读与写能够锻造这种智慧与真情，能够成就这份眼界与境界。生动的教育叙事中有教育者的胸怀与责任，也有一位名校长在激情与深刻间的求索，更有一份厚重与悠长值得我们去反复品读和回味。

当然，一定要说的是，把心中所想的东西变成文字是艰苦的工作，我时常会傻傻地坐着，写不出一个字。长期的写作需要内心的宁静和很强的定力。2018年退休以后，我仍然坚持着写作。2020年，我在核心刊物发表了5篇文章。2021年，我的写作计划是完成《我的教育主张——一位校长的文化思考》一书。

回顾我学术成长的40多年，我一直这样感叹："人和人的差异，其实形成于休闲时间""人的境界，其实和他的活动半径相关"。我始终相信，"所谓的成功，其实都是熬出来的"，一分耕耘就会有一分收获。我在读书、写作中不仅收获了学生成长的喜悦，个人的教学业务、教学智慧也得到了较大提升，成长为省特级教师、省首批教授级高级教师，对教育的许多原点问题及学校品质发展的理解、学校管理的智慧也渐渐走向成熟，形成了有鲜明个人特点的教育哲学。

| 编者说 |

沈茂德校长是一位知名校长，他在教育界知名，因为他曾获得过

许多重量级的荣誉，他长期工作的江苏省天一中学更是因为很多独特的办学理念和做法，尤其是培养了许多优秀人才而被全国教育同人熟知；他在校长界知名，很多省内外，甚至国内外的校长都与他有良好的关系，对他的教育哲学和学校管理智慧表示钦佩和赞赏；他在家长中很知名，不仅因为天一中学是很多家长、学子向往的地方，更因为他的家庭教育理念也深得家长的信赖与肯定；他在期刊界也很知名，因为常看见他的文字出现在各大期刊上，就连退休后也不例外。

这一切成绩的取得可能与他"沈写写"这个绰号分不开。

我去过沈校长办公室两次，印象颇深。一次是在天一中学的办公室，办公室的书柜中堆满了书，他赠了一本《窗内窗外》给我。我好奇地问："您这些书都是什么时间写的？"他"得意"地拿出手机，向我介绍他是如何利用零碎时间记录、表达教育思想的。另一次是在无锡南外国王国际学校的办公室，记得办公桌旁有一张长条桌，一边堆放着各种期刊；另一边摆放着他2020年发表文章的5本核心期刊，以及即将出版、正在校对的书稿。其间，不断有各种电话、各种人来向他请示、与他沟通各类事宜。

对于优秀教师和知名校长来说，活动多、工作多、任务多，能够坚持40年如一日地读书与写作，需要内心的宁静和很强的定力，这份坚持的背后是沈校长内心对教育事业宗教般的虔诚，是他对教育理想不懈的追求，是他力求不断超越自我、成为卓越的高远追求，是他长期地、坚定地、渐进式地研究与探索教育规律与人的成长规律的独特坚守。

尽管读书与写作是沈校长生活中的最大乐趣，但他仍然会在写作中陷入深度思考的凝重和痛苦，再经历把思考变成文字的纠结和煎熬。这一切只是因为，他深知：教育，真的不能简单。成功，并不是知道了什么，而是坚持不懈地去做了什么。

> 22年的写作历程，变革了我的思维模式，改变了我的话语体系，指引了我的行为方式，让我的教育生命因写作而厚重。

唐晓勇 南方科技大学教育集团第二实验学校校长，"未来教育家成长计划"首期成员，教育部"儿童与未来教育创新研究院"学术委员，中国教育学会中小学整体改革专业委员会学术委员，华南师范大学教师教育学部兼职教授，微软全球教师大使，全球创新教师大赛第三名获得者（2009 巴西），广东省名师工作室专家库顾问，广东省百千万智能校长实践导师，广东省教师工作室主持人，深圳市十佳青年教师，撰写 130 多篇学术论文在国家级期刊上发表。

教育生命因写作而厚重

唐晓勇

回顾自己 29 年的教育生涯,写作已成为我教育生活的主旋律。130 多篇学术文章的发表,是我多角度认知教育的见证。从感性表达到理性思考,从叙事抒情到学术探究,从片段描述到系统建构,从个体发展到团队成长……写作让我对教育的情感更真挚,对教育的理解更深刻,对教育的探索更坚定。

我从 2000 年起真正开启教育写作,通过写作来记录教育探索与思考,唤醒自身的教师主体意识。从 2003 年开通博客算起,近 20 年多样化的社会化媒体写作,让我养成了教育写作的习惯,改变了我的教育行走方式。2004 年开始的专业阅读,不断为我补给"教育养分",为我的学术性写作奠定了坚实的理论基础。2014 年 9 月起,我在学校发起校本跨学科课程改革,构建面向学生未来发展的课程体系,开启了系统性的深度写作。

在课改实验中开启写作,唤醒主体意识

对于一线教师来说,写作是一件很费脑的事,琐碎的事务性教学工作让老师没有时间静下心来写作,以致学校每学期的论文提交任务,大多数老师都以应付的心态面对。如果没有激活教师的内在写作愿望,没有唤醒教师的专业尊严,没有让教师的主体意识觉醒,一线教师的

教育写作永远是空谈。

对于我来说，真正开启教育写作是工作7年后的事。1999年8月，工作7年后，我放弃了曾经拥有的一切，从四川的一座小城只身来到改革的前沿——深圳，迈进了深圳南山实验学校的大门。当时，这里的一切于我而言都是陌生与充满压力的。这里有意识超前、教育理念先进的教育决策者和管理者，这里是以信息技术为教育"制高点"的教育改革前沿阵地。工作7年后的我突然发现自己数年的积累不值一提，学习几乎成为一种本能的觉醒。我知道只有不断地学习才能真正走进这"梦开始的地方"。

我接手的第一个班级是一个三年级"四结合"① 实验班。"四结合"实验是一个将信息技术与语文学科整合的课改项目，学生用信息技术提升读写能力，借助网络开展主题探究活动。初到深圳，我对信息技术一窍不通，只会开、关电脑，而作为语文老师要面对一群信息技术运用已经很熟练的孩子们，我的压力与挑战可想而知。

学习信息技术，理解"四结合"实验，尽快融入课改教学成为我"生存"下去的基础。接下来的日子，苦学信息技术成了我工作和生活的主旋律，只有克服了技术障碍，我才能真正理解技术是如何变革学习的，也才能真正开展"四结合"实验教学。就这样，在近乎疯狂的学习中，我从信息技术的门外汉，逐步成长为一个能熟练运用信息技术的行家里手。

"四结合"实验对教师有严格的要求：每节课都要记教学反思，每星期要写一段实验感受，每个月要总结实践经验，每学年要撰写一篇

---

① 小学语文"四结合"实验是北京师范大学何克抗教授和华南师范大学李克东教授于1994年共同发起的一项以信息技术为支撑的小学语文教学改革项目，旨在将"识字教学、阅读理解、作文训练、电脑应用"四者有机结合，以探索新型的语文教学模式。

有一定深度的实验论文。可以说,写作是对实验班教师的常规要求,是每一天都要完成的"作业"。刚开始,对于不擅长写作的我来说,每一次下笔都很"痛苦",但作为实验班教师,每天都得硬着头皮来面对这份"痛苦"。就这样,书本上、备课本里、实验笔记里开始有了只言片语的教学反思和教学感悟,工作电脑里关于实验思考的电子文档也积累得越来越多……

我就这样磕磕绊绊地写着,经过一学期的积累后,我惊喜地发现,我对"四结合"实验的理解开始清晰起来,对实验教学有了自己的想法,我逐渐感受到了写作的力量。一年后,我的第一篇学术论文《"四结合"实验与创造性思维培养》出炉,入选当年学术年会论文集,并作大会分享。自己的论文第一次被认可,我的内心万般欣喜,从此对写作有了一份亲近感,不再那么害怕了。

初到深圳就接手这样一个创新实验班,对我来说是挑战更是机遇。在各种任务驱动下,我埋头苦干,用心投入完成每一件事情。就这样,在实践中思考,在思考中探索,在探索中积累,我慢慢学会了写作。可以说,"四结合"实验开启了我的教育写作之旅,在写作积累中,我的主体意识渐渐被唤醒,存在感也越来越强,我真切地感受到了教师的专业尊严。

在社会化媒体中坚持写作,共享教育智慧

借助社会化媒体进行写作,是我教育写作的重要阶段,它让我养成了思考和分享的习惯,让写作逐步成为我教育行走的基本方式。

2003年9月,初次接触博客,我便被它深深地吸引住了。我迫不及待地注册了属于自己的博客,并以朱熹的诗句"问渠哪得清如许,为有源头活水来"作为博客的个性签名,激励自己。自从拥有了自己的博客，我的心中便有了一种对学习的渴望。我想，只有不断地学习，我们的生命才有意义，我们的头脑才不会干涸，我们才可能永远做一名思想者。

有了真正属于自己的博客后，我学会了"不轻易打发"教育生活中发生的事情，学会将自己怎样行动、怎样思考的故事写给更多的人看。我在"释放"这种所谓只属于自己东西的时候，其实也是在整理着自己的思绪，升华着自己的思想，共享着自己的教育智慧。

最初，我的博客内容还比较单薄，只是摘录一些自己感兴趣的信息，转载别人的文章，很少有自己的原创作品。叶澜教授曾说，没有教师生命质量的提升，就很难有高的教育质量；没有教师的主动发展，就很难有学生的主动发展。随着对博客认知的不断深入，以及浏览国内一些著名教育博客受到的启示，我深深地感觉到博客对自身专业发展的帮助。于是，我尝试将自己在教学中的思考及时在博客中记录下来。在书写、积累、交流中转变教育理念，学习新的专业知识，丰富充实自己。

经过努力，我的博客慢慢受到更多教育同人的关注，博文的阅读量越来越大，"粉丝"也越来越多。因为被关注、被欣赏，这种强大的反驱力让我不能懈怠，我开始关注博客内容的质量，不再一味追求分享的频率和学习的速度。我开始在博客上发表一些经过思考、有一定深度的文字：有时是对自己的教学行为进行诊断性分析，有时是阐述解决问题的过程性思考，有时是对教育界一些不良风气的批判……在这样的过程中，我养成了持续、深度思考的习惯。

博客是一个"对话"的平台，它搭建了人与人之间沟通的桥梁，为学习者构建了一个"思想互联的生命系统"，在这个生命系统中，每一位学习者都是主体，大家在彼此交流、多向对话中共享思想，碰撞出智慧的火花，不断提升专业素养。在这个平台上，我在书写中感受着写作的愉悦，在网络互动中结识并影响着更多的同行者，在博客里，我曾经写下过这样一段话：

> 我常常把自己比作一名"舞者"，一名"快乐的舞者"。虽然知道自己的"舞姿"并不优美，但我坚持在教育的大舞台上尽情地舞蹈，用我的满腔激情感染着身边的朋友，让他们和我一起舞蹈。渐渐地，和我一起"舞蹈"的人越来越多，他们的"舞姿"也越来越"美"。我们彼此欣赏、相互交流，原来一起"舞蹈"的感觉这么好！

就这样，我们在这个互联的生命系统里相互激励、共同成长，享受着写作给我们带来的无穷乐趣。群体共享智慧，这是一件多么惬意而有意义的事情。

从2003到2013年，坚持10年的博客写作，200多篇日志，100多万字，这是我坚守的见证。这10年，我发表了70多篇论文，多篇文章被"人大复印报刊资料"全文转载；这10年，从碎片化思考，到完整的学术表达，我的教育思想也在写作中日趋成熟。

如今，公众号、视频号取代博客成为我新的社会化媒体表达平台，我紧跟时代发展的步伐，用深思熟虑的文字、视频和语音进行多样化表达，用更生动的方式分享我的教育智慧。

在专业阅读中提升理论素养，为学术性写作奠基

随着新课程改革的不断深入，信息时代的知识裂变速度加快，对教师专业化发展提出了更新、更高的要求。作为一名中师生，我深知自身知识结构和知识体系不够完善，教育理论水平需要提升，面对时

代对教育的高要求，我应该如何提升自己？

尽管借助社会化媒体进行的教育写作我有了一定的专业底气，但是随着写作量的增加、写作频率的加快，还是经常会出现无从下笔，绞尽脑汁都写不出来的情景，很多文字都浮于表面。我知道，这是我的知识储备快要被耗尽了。于是，我开启了我的阅读模式，通过阅读提升理论素养、升级教育认知，确保教育写作的可持续性。

在坚持博客写作两年后，我在日志里写下了这样一段话：

> 回顾自己13年的从教历程，颇多感怀！从被动阅读到主动思考，一路走来，也曾迷茫，也曾彷徨。在人生的第32个年头，才真正意识到书对我的意义。自从开始阅读之旅，我才真正感觉到人生的精彩。阅读让我更加关注自己的内心，它让我自信地、有尊严地站在三尺讲台上，面对那一双双充满好奇、渴求知识的眼睛。（2005年10月5日夜）

自从踏上阅读之旅，儿童阅读、学科理论、脑科学、教育哲学、教育技术、教育史等这类"难啃"的书籍逐渐成为我书架上的主角。读书、买书成了我的生活常态，闲暇之余逛书店对于我来说是一件非常幸福和惬意的事情，书成了我生命中不可或缺的一部分，读书于我而言成为一种内在需求、一种愉悦的享受。

2008年夏天，我带上几本晦涩的教育理论专著，来到了阳朔漓江边住下，每天一大早，坐在漓江边的石凳上，开始一天的"早读"。听着潺潺的漓江流水声，沐浴着温暖的朝阳，呼吸着清新的空气，伴随着清脆的鸟鸣……就这样，10多天，一个人，面江而读，我把这段时间称为"孤独、浪漫而又深刻的读书时光"。《语文科课程论基础》《人是如何学习的》《学习环境的理论基础》《创设联结：教学与人脑》这几本"烧脑"的理论专著就是在这样浪漫的环境中读完的。伴随着这样的阅读，我在博客中写下了两万多字的读书笔记。

沏一杯清茶，放一曲清幽的音乐，手捧一本心爱的书籍，在柔和温馨的灯光下阅读，走进书的海洋，在沁人心脾的书香中品味人生，在不断地阅读中收获那份无以言表的快乐。就这样，阅读成了我生活的一部分。从轻松的感性阅读，到艰涩的理论理解，我的教育人生越来越厚重。

这一阶段，读书笔记成了我博客写作的重要形式，在阅读中领悟理论内涵，在读书笔记中解读教育本质。可以说，专业的理论阅读让我对教育的思考更深刻，指导我的教育实践更科学，让我的写作逐渐有了学术的味道。

在课程改革中深度写作，进行系统表达

近年来，我国学校层面再度兴起以跨学科为特征的统整式课程改革，这是时代发展的需要。统整式课程改革是改变传统分科教学只注重学科知识、强调课堂学习的教学模式，以跨学科教学为基础，打破学科内容、学习时空和教师间的边界，重构新型的课程形态。

2014年9月，我带领我的团队启动了统整项目课程改革，我们从课程层面思考互联时代的课程创新，通过营造新技术环境下的学习生态，发挥互联网技术的底层支撑作用，构建跨学科课程体系，让学习与真实生活联结，聚焦核心素养与关键能力培养。统整项目课程的实施，对学生成长、教师发展、学校变革起到了强有力的推动作用。

如何提高课程改革的质量？写作显得尤为重要。我们通过写作来总结课程改革经验，通过写作来提炼课程理念，通过写作来提升老师们的课程认知，用写作成果为老师们课程改革导行。可以说，写作为

我们课程改革的可持续发展奠定了坚实的基础，确保我们的团队能从学术的高度来推进课程创新。

我开始进入深度写作模式，在文献研究的基础上，根据实践探索，建构统整项目课程体系。2015年，我在《中国信息技术教育》杂志上开辟了个人专栏，强迫自己对我们的课程改革实践进行及时提炼，在实践中思考，在思考中探索，在探索中提升。从2015年到2018年，3年的专栏写作，我共完成了36篇文章，对课程进行了基于实践的系统思考和深度解读。从第一篇《我眼里的未来教育》把统整项目课程改革定位在未来教育课程创新的切入点，到后续的课程内涵、课程模式、课程读写策略等系列专题文章，逐步构建了统整项目课程的理论体系。

这一阶段，我在个人写作的同时，强力推动了团队写作，让参与课程改革的老师们通过写作来提升自己的课程理解力，在写作中共同构建课程体系。几年来，我们团队在期刊上共发表150多篇论文，在多本专业杂志上以专题的方式来分享我们的课改经验。《聚焦核心素养的课程改革》《一场从统整项目课程开始的教育实验》《创新2.0背景下的统整项目课程》等汇聚老师们课程智慧的系列专题相继在学术期刊中推出，学校课改经验辐射全国。

因为写作，统整项目课程改革有理论厚度；因为写作，团队专业成长有活力；因为写作，课程有辐射力和影响力，得到了国内教育同人的认可。自2016年以来，教师团队先后到国内20多个省、市推广课程，80多次在全国性学术论坛上分享经验，在150多所联盟学校驻校学习。统整项目课程还作为经典案例连续两年入选"全国基础教育信息化应用现场会"进行展示，成为首批"全国基础教育信息化应用典型案例"，被教育部作为"互联网＋"背景下课程创新案例向全国推广。

从害怕写作到享受写作，22 年的写作历程，变革了我的思维模式，改变了我的话语体系，指引了我的行为方式，让我的教育生命因写作而厚重。

| 编者说 |

唐校长是一个很"现代化"的校长。

"西燕南飞"的工作变动，让他发现自己 7 年的教师素养积累完全无法适应教育现代化的要求，在这个瞬间，他学习与发展的意识突然觉醒了，这还真有点"置之死地而后生"的意味。

从这以后，"四结合"实验促使他开启了教育写作之旅，在写作积累中他的主体意识渐渐被唤醒，真切地感受到了教师的专业尊严；博客的出现，让他在互联的生命系统里，养成了思考和分享的习惯；他不再"轻易打发"教育生活中发生的事情，学会了在"释放"与分享中，整理思绪、升华思想、共享智慧。写作成为他教育行走的基本方式。

随着写作量的增加、写作频率的加快，写作无从下笔、无话可写、浮光掠影的现象出现了。聪明的唐校长敏锐地意识到，这是知识储备快要被耗尽的表现，必须提升理论素养，升级教育认知，才能确保教育写作的可持续性。于是，就有了"漓江早读"这样"浪漫"的事。闲适的阅读环境、"孤独"的读书时光、深刻的理论专著、两万多字的读书笔记……专业的理论阅读让他对教育的思考更深刻，实践更科学，写作也逐渐有了学术的味道。

有了这样"涅槃"的经历后，作为管理者的他体认到了教育写作的重要性。在开启统整项目课程改革的大幕后，他引导教师团队通过写作来总结课改经验、提炼课程理念、提升课程认知，用写作成果为课程改革导行。教育写作不仅为他们的课程改革奠定了坚实的基础，确保了团队能从学术的高度来推进课程创新，也通过写作汇集、辐射了学校的课改经验，赢得了更大范围的肯定。这一时期，唐校长用3年专栏写作的经历让自己进入了深度写作的阶段。

这篇文章是唐校长在参加"未来教育家成长计划"首期成员（全国20名）首次培训的间隙完成的。素未谋面的他，用这样的文字，为我描摹了"未来教育家"成长的模样。我深深记住了这个从四川走到深圳的"勇敢者"，坐在漓江边读书的"教育诗人"，10年写了2000多篇日志，100多万字的"教育舞者"，用常人难以具备的毅力坚持了3年的专栏写作，完成36篇文章的"思想者"，还有带领团队用写作的方式开启课程改革和教师成长新路径的"先行者"……

其实，我觉得唐校长的生命底色远比"厚重"一词更为丰富，因为他的生命里还充盈着激情、浪漫、疯狂、诗意……

> 教学促进研究，研究反哺教学，写作推动研究。教师不仅要有活生生的实践，更要有点化素材的见识，把自己课堂教学中的问题转化为课题，梳理成文字，让思想外显，这正是一线教师的研究之路。

拾景玉 徐州市民主路小学高级教师，教科室主任，江苏师范大学兼职研究生导师。先后荣获江苏省教科研工作先进个人、徐州市优秀教育工作者、徐州市名教师、徐州市学生最喜爱的教师、鼓楼区"十大杰出青年"等荣誉称号。在长期的语文实践中，提出了"让学习在思维的链条中真实发生"的教学主张。执教的公开课多次在省、市级比赛中荣获一等奖，主持并参与多项省、市级个人规划课题，三十多篇文章在《上海教育科研》《教育科学研究》《江苏教育研究》等期刊发表。

一线教师的研究之路

拾景玉

斯滕豪斯曾说,"教师即研究者"。一个不具备反思和研究品质的教师,一个不能追问和审视自己教学行为的教师,很难实现自身的专业成长,也不可能成长为一个思想型教师。对教师个体而言,要想获得专业上的成长,必须具备四个方面的品质,即读书、教学、研究、写作。当前,老师们最头疼的事情就是研究和写作。

和大多数老师一样,在很长一段时间内,我也被研究与写作困惑着,一直在追问:一线教师能研究吗?作为一线教师,是不是守好自己的课堂才是本分?后来我慢慢发现,研究和写作是一个成熟教师必须荡起的双桨。"教而不研则浅,研而不写则空",教学、研究与写作是相辅相成、无法割裂的。一路走来,我觉得研究并不神秘,写作也不困难。我们的研究与写作其实就是在讲述自己的教育故事、审视自己的课堂教学,最终使自己能够用理性的视角解决困惑,更好地改进实践。

在讲述中审视教育行为

真正促使我走上教科研之路的,应该是我们区"青蓝工程"的评选,记得那个时候,我信心满满地准备材料,想要参加区名教师的评选,我一直认为自己虽然算不上最优秀的,但也还不错嘛——大市级评优课一等奖我拿过三次，也经常参加各级各类的比赛，一个区级的名教师拿下来还是很容易的。让我万万没想到的是，对照条件之后，我发现评优课、公开课、讲座这些都没有问题，但"近5年来，作为第一作者在省级及以上学术刊物上公开发表过2篇以上本学科专业研究论文"这一条我实在有些糟糕。我翻遍了自己所有的材料，只在《徐州日报》上发表过一篇"豆腐块"，还不是本学科的。那一刻，我终于看到了自己的不足和差距，失落和难过不由自主地在心底蔓延……也就是从那个时候开始，我第一次认真地审视、追问自己：是继续这样走下去，还是重新定义教师的意义？是安于现状，还是从现在开始重新塑造自己？一连串的自问，让我开始隐隐不安。我还很年轻呀，应该做一个有追求的教师，只有关注自身发展、自身成长，未来才能看到不同的风景。心，就在这样的追问中安定下来了，方向也明朗了。我对自己说，既然如此，那就写吧，还等什么呢？

决心是有了，但是写什么？不知道。

那段时间，我冥思苦想了很久，却找不到写作的切入点。恰逢学校举行第四届教师"教育叙事"活动，而我新接的那个班里又刚好有个患多动症的孩子，每天为了这个孩子筋疲力尽，但是看着他一天天的变化，却觉得温暖而感动。忍不住想要把这样的故事记录下来，因为我觉得这是我教育生活的一部分。就这样，我因为这个多动症的孩子小意写下了自己的第一篇教育叙事——《珍惜每一粒种子》。后来，我抱着试试看的心态，把这篇文章投给《班主任》杂志，没想到，居然发表了！

这件事情对我的触动很大，曾经在我看来，发表文章是遥不可及的事情，可是这篇文章的发表，给了我再次出发的勇气。我开始学着"戴着教育的眼镜看世界"，每一天都"仔仔细细"地过，用心去捕捉自己教育教学生活中一些平凡或不平凡的"小故事"，让那些隐匿的、缄默的、片段的、感性的、带有个体色彩和温度的"教育个体"和"教育故事"走进我的视线，成为我关注的对象，并形成自己的教育反思。

当有了这样一种研究意识以后，我发觉，教育实践中有很多故事值得我们去探寻和挖掘。

记得有一个学期末，班主任宋老师拿来一沓学生的素质报告书，让我帮忙给几个学生写评语。作为一名语文老师，给自己朝夕相处的孩子们写评语，这是再简单不过的事，我便一口应允下来。不承想，提笔时才忽然发现，对班上的优等生，"教师寄语"一栏里洋洋洒洒满是溢美之词；对那些尚需努力的孩子，我也满满都是鼓励和期待；唯独那些课堂上循规蹈矩、从来不惹麻烦的"中间地带"的孩子，让我陷入了无尽的纠结：说他们安静内敛？抑或夸他们乖巧听话？还是表扬他们安于现状，从不添乱？那一个个鲜活的生命就这样千人一面地被我贴上这些不痛不痒的标签？对于中等生，我们究竟该以怎样的态度去面对和关照他们？带着这样的思考，我写下了《等爱的中等生》，这篇文章后来发表在国家级期刊《教育科学研究》上。

在不断的叙述和反思中，我开始进一步思考：日常教育生活中有那么多教育事件，我们究竟该如何选择，如何组织，才能把这些细碎的片段有机地串联在一起，进而穿透故事的表象，揭示故事背后的教育意蕴。思考之后，我明白了每一篇教育叙事都应该有一个明确的主题，它既是文章的题眼，也是文章的主线；围绕主题进行内容布局，方能使论文更具整体性和学理性。

一次期中考试后，我的成绩分析过于细化，引发了某些家长的恐慌。一封"举报信"寄到学校，让我人生中第一次做了"被告"。如何才能改变现状？接下来再见家长，骄傲的我是否还能留存体面？我又是否还能如以往那般毫无芥蒂地爱我的学生？如此尽心，却遭遇这样

"没良心"的家长,我是放弃还是坚持?改变还是对抗?如何才能在逆境中保持微笑?认真地思考以后,我觉得这个事件很值得研究:老师和家长的冲突,其实并不局限于具体某一个事件,而是双方是否具有同理心,是否能站在对方的角度进行换位思考。毕竟,我们共有一个孩子,在他们身上播种的是同一个希望。所以,当双方出现矛盾,最好的处理方式不是指责和对抗,而是应该怀着同理心,站在对方的角度去思考问题,把心读给心听。有了这种认识以后,我很好地化解了这一冲突,后来,围绕同理心这一主题,写了一篇叙事《从"误解"到"和解"》,最终也顺利发表!

这些经历让我认识到,教育叙事就是讲述我们自己的故事,在写作的过程中,虽然事件不同,但是,它有一些基本的要求:明确主题,选好视角,深描细节,深度反思。写作教育叙事的过程,就是教师重新审视自己的教育行为,检视自己的教育观念,重新发现和体悟教育教学的意义,进而改进自己的教育行为的过程,是非常有意义的升华自己实践的过程。

在研究中叩问教学迷思

"不积跬步,无以至千里,不积小流,无以成江海。"在教科研之路上,我以"跬步、小流"的执着,积累着点滴的经验,收获着成长的快乐。我的心态也逐渐开始发生变化,写作不再是一件痛苦的事情,反而让我感受到从未有过的幸福和踏实。我越来越清晰地意识到:论文不是写出来的,而是做出来的。对于教师而言,我们必须直面教育,直面教学,要以研究的眼光审视自己的观念和行为。

我所在的徐州市民主路小学从 2012 年开始进行语文学科主问题教学的研究,尝试通过这样的教学变革改变课堂现状,提高学生的语文素养。不可否认的是，我们学校的主问题教学推进得非常顺利，但只停留在经验的层面，我们一直没有从研究的视角反思并总结我们的主问题教学，至于把研究成果整理成有研究和推广价值的文章就更没有过。作为学校的教科室主任，针对这样的研究现状，我陷入了沉思：我们进行主问题设计的价值意蕴体现在哪些方面？主问题设计的基本特征是什么？小学语文不同学段该如何确立主问题？……

我有意识地带着这些问题去关注课堂教学。每次听完课，我都强迫自己记下当时的所思所想，一次、两次、三次……功夫不负有心人，积累多了，再回过头审视，蓦然发现，那些碎片化的记录，连缀在一起，就是主问题设计的基本规则。一个好的主问题，应该是蕴含文本的核心教学价值的问题，是能够关注学生个体差异的问题，同时还是具有教学板块的支撑力和思维挑战性的问题啊。带着这种豁然开朗的喜悦，在查阅相关资料的基础上，我完成了人生中第一篇真正意义上的教学论文《小学阅读教学中"主问题设计"研究》，发表在《江苏师范大学学报》上。整整6000字的大文章，让我彻底颠覆了对自己的认识，原来我一个普通的一线老师，也可以写出这样专业的论文呀！就这样，高深莫测的教科研终于在我面前揭开了神秘的面纱。我渐渐明白了，思想来源于对实践的思索，写作就是一个建构自己思想的过程。

有了这次成功的体验后，我被教育写作的魅力诱惑住了，我开始不满足于眼前的这一篇文章，想要作系列研究的念头越来越强烈。于是，我开始进一步关注主问题研究中的其他问题。

著名特级教师余映潮老师曾说："能够读出课文的味道，是语文教师的第一基本功；没有优秀的、精致的、深刻的课文研读，一定难以产生优质的课。"由此看来，文本是阅读教学的载体，是阅读教学设计的开端，没有深入细致的文本解读，阅读教学便是无源之水、无本之木。主问题设计其实就是教师对文本解读和整合的过程。在这个过程中，把文本外在的或次要的内容剥离开来，通过问题群或问题链的形式把文本最内在、最核心的主线呈现出来，而这条主线就是整篇文本的"经脉"。在课堂教学中，它直指教学重点、教学难点，能够引领全文，成功地拎起一连串的教学内容，起到"提领而顿，百毛皆顺"的作用。基于这种理解，我进一步思考：主问题教学视域下的文本解读应该怎样进行？经过概括提炼，我提出了"问题为谁""问题为何""问题何为"的教材解读思路，写下了《主问题教学视域下的文本解读——以〈滴水穿石的启示〉一文为例》一文，并顺利发表。这种不断成功的体验，提高了我学习和探索的积极性。我越来越多地参与到教科研中，通过自己的思考与同伴的交流获取有价值的知识，并用于改进自己的实践。

教学促进研究，研究反哺教学，写作推动研究。随着主问题教学研究的深化，我对主问题教学的认识也在不断地拓展。在后续围绕主问题教学的研究中，我发现所有主问题导学式教学设计，都强调通过文本解读、学情分析、过程设计，创造性加工教学内容，深度挖掘教学资源，有机整合教学环节，引导学生进入文本、浸入文本、超越文本，从而增进认识、发展能力。在这个基础之上，我完成了自己关于主问题系列研究的另一篇阶段性的成果——《主问题导学式教学设计例析》。

随着主问题教学实践的深入，我认定不管是什么形式的教学，最终的目的是指向学生的发展。那么，主问题教学与传统的教学相比，它的特殊性何在？经过反思，我认为原有的教学更多的是强调知识和能力的掌握，而主问题教学则注重学力的培养。学力是学习动机、学习思维、学习能力的"合晶体"，是课堂教学的旨归。结合学力内涵的三个维度和自己的教学实践，我发现通过生成问题、深化问题、延展问题，来寻求问题设计与学力培养的"契合点"，是培养学力的有效路径。带着这种思考，我写出了《主问题教学视阈下学生学力的培养》

并发表在《江苏教育》上。

就这样，这一系列关于主问题的文章，无一例外都顺利发表。一路走来，我似乎从未刻意去写过论文，可一篇篇文章就在"行动—研究—反思"中水到渠成。这个时候我才惊喜地发现，自己已经走在真正的科研之路上了。

回顾这个阶段成长的历程，我想说的是，我的每一篇教学论文，都源于我对课堂教学的思考。写作的最终目的是改进实践。有了对课堂教学的研究，才有了这一系列所谓的成果。每一位教师在自己的教育教学生活中，都会发现很多问题，这些问题就是最佳的写作素材。对于一线教师而言，这些写作素材是教师独有的财富，它们丰富、鲜活、生动、多变，但只有经过见识的提纯之后才能成为金刚石。所以，作为教师不仅要有活生生的实践，更要有点化素材的见识，把自己课堂教学中的问题转化为课题，梳理成文字，让思想外显，这正是一线教师的研究之路。

在思考中感受生命的质感

写作即思想，写作的过程就是思考的过程，没有思想就没有写作。那么，思想而来？

阅读是涵育思想最有效的路径。有人曾说："当我还是个孩子的时候，我吃过很多食物，现在已经记不起来吃过什么了。但可以肯定的是，它们中的一部分已经长成我的骨头和肉。"阅读对一个人思想的改变也是如此。要想做一名有思想的教师，就要善于学习，要多读一些教育学、心理学的经典著作，只有这样才能提升理论素养，开阔眼界，从更高远的视角发现问题、审视问题，从而深化自己对教育的认识和理解。

我是这样想的，也是这样做的。随着阅读面的拓宽，我对教育问题有了新的认识和理解，这时，心底又有了一种跃跃欲试的冲动——想从学理的角度审视教育教学的问题，用更理性的眼光回望教学、审视教学。那么，学理性的文章怎么写？结合自己的切身感受，我觉得写学理性文章有这么几个要点：凝炼研究主题，明确论文主旨；寻找本土概念，梳理论文观点；建立意义网络，形成论文框架。

1. 凝炼研究主题，明确论文主旨

通过对主问题教学的系列研究，我逐渐认识到，发现问题是教师发展的重要路径。教师的发展不是基于专家的"告知"，而是起于对自身教育问题的发现与反思。问题是教师教学改进的"原动力"，也是教师专业成长的"助推器"，是教师教育思想产生的"发动机"。教师运用自己的教育智慧解决问题的过程，就是教育思想形成的过程，同时，也是教师个性化发展的过程。教师的发展就是在思考与解决问题的不断突进中实现的。有了这种思考，我围绕"问题"这一研究主题，完成了自己第一篇学理性文章《在"问题"中前行》，发表在《教育参考》上。

2. 寻找本土概念，梳理论文观点

论文的主题确定下来以后，我们要尝试表达自己的教育观点，这就需要我们去凝炼自己的思想。2017年年底，《江苏教育》靖裕思编辑跟我约稿，约请我为杂志"名师阅读"栏目写一篇文章。接到任务后，我开始梳理自己读过的专业书籍。那段时间我一直在阅读洛克的《教育漫话》，洛克认为每个人都有受教育的可能，也有受教育的权利，教育是一种成全，也是一种责任，教育不能重来，因此，教育需要谨慎和敬畏，"教育上的错误比别的错误更不可轻犯。教育上的错误正和错配了药一样，第一次弄错了，决不能借第二次第三次去补救，它们的影响是终身洗刷不掉的"。这种强调教育是对儿童成全的教育观，对于我们今天培养"完整的儿童"具有很高的借鉴价值，同时也对我产生了很深的影响。带着这样的思考，围绕"教育是儿童的成全"这一主题，我提炼了三个观点，即身体是精神的寓所，德性就是服从理智，知识不是装点美丽的羽毛。这三个观点不仅是对洛克观点的解读和诠释，也是我对"教育是儿童的成全"的理解与回答。

3. 建立意义网络，形成论文框架

观点明晰以后，我们需要做的工作就是架构论文的框架，简单地说，就是寻求几个观点之间的内在关联，把它们整合成一个逻辑自洽的有机整体。以《教育是儿童的成全》为例，我要说清楚这三个观点的含义，三个观点之间的逻辑关系，它们整合在一起传达了什么样的意义。事实上，"身体是精神的寓所"说的是要重视体育，"德性就是服从理智"回应的是德育是成人的重要构件，"知识不是装点美丽的羽毛"则强调要关注知识的应用价值。因此，这篇论文所表达的是：只有从德、智、体几个维度去观照儿童的和谐发展，教育才能是一种成全儿童的事业。

从写第一篇教育叙事到完成系列教学论文，我逐渐习惯了用文字记录思考的瞬间，这种转变让我越来越真切地体会到写作的价值，并开始对写作着迷。写作给了我一颗敏锐的心，让我能够悉心地体察身边的问题；写作改变了我作为教师的行走方式，让我有了进退得宜的底气；也是写作，给了我一种有质感的教育生活，让我无数次强烈地感觉到生命的丰盈与润泽。在文字中行走，与自己对话，写作对我而言，不仅仅是一种表达方式、一种研究方式，更是一种发展方式、一种生活方式。

漫长的科研、写作之路是艰辛而欢喜的修行，也是教师专业发展的必由之路。只要眼中有光，心中有希望，细心审视我们的教育生活，始终让自己处在思考的状态之中，总有一天你会发现：通过写作把平凡的教育生活意义化，把过去的教育经历永恒化，是一件多么有意义的事。

| 编者说 |

"一线教师能研究吗？作为一线教师，是不是守好自己的课堂才是本分？"对于很多一线教师来说，这是一个在动笔写作之前一定会思考的问题。

事实上，很多问题的答案不是想出来的，是做出来的。

拾景玉老师从被论文拦住专业上升通道的委屈开始，下定决心走一条专业发展之路。她尝试挖掘那些"隐匿的、缄默的、片段的、感性的、带有个体色彩和温度的"教育故事，并形成自己的教育反思；学会了把细碎的片段有机地串联在一起，进而穿透故事的表象，揭示故事背后的教育意蕴。随着教育洞察力和表达力的提升，她开始收获成长的快乐，感受到写作带来的幸福和踏实，并且越来越清晰地意识到：论文不是写出来的，而是做出来的。

对于教师而言，写作的最终目的是改进实践。当我们能把来自鲜活教育现场中的问题转化为课题，以研究的眼光审视自己的观念和行为，将思想和行动梳理成文字，最终使自己能够用理性的视角解决困惑，更好地改进实践，我们也就撩开了看似高深的教育科研的神秘面纱，走出了一条独属于一线教师的写作与研究之路。

每一位老师都有实现自身价值的愿望。教学、思考、科研、写作是一条辛苦但又充满诗意的小路,若心中有梦想,有追求,并付诸行动,那所有的困惑、迷茫,都会是成长后的财富。

宋瑞 徐州市民主路小学教科室主任,中小学高级教师。从事一线教学工作23年,曾获江苏省数学优质课评比二等奖、徐州市小学数学观摩课评比一等奖、徐州市青年教师教学技能大赛一等奖,在省、市级杂志上发表文章数篇,荣获徐州市优秀教育工作者、徐州市优秀女教师、鼓楼区首批领军名师、鼓楼区优秀教育工作者、鼓楼区优秀共产党员等荣誉称号。

我的写作窘旅

宋 瑞

说实话，我实在是一个不太愿意写文章的老师，回顾自己二十余年的教学生涯，各种级别的公开课、比赛课上了不知有多少，课后却鲜有深入的反思，更难及时形成文字，仅有的几篇文章也都是被"逼"着完成的，质量、水平都不尽如人意。也经常用"我是数学老师"这样的理由为自己开脱，但我心里清楚，完成一篇好的教育论文，除却较强的文字功底，更重要的是能够对教学事件有更为本质且上位的思考，而这种思考，是一线教师最缺乏、最难以主动达成的，这才是我们怕写作的根本原因。

"影子作品"

关于写作困难的记忆，自我从教以来很多很多。最早的时候，被学校"逼"着参加各类论文评比，于是，我绞尽脑汁想题目，构思框架，可往往好几天过去了，一点思路也没有，实在无从下笔。想想自己从小到大，都是写命题作文，偶有闲情逸致，也曾创作过一些小文章，但那都和学术论文扯不上关系啊！万分苦闷之时听到了这样一句话：天下文章一大抄，看你会抄不会抄。也是，找几篇优秀文章，七拼八凑下来不就得了。于是，近乎绝望的我如获至宝，赶紧翻出堆在墙角尘封已久的杂志，寻找"借鉴"目标，一篇篇学习、一段段摘录。

最后，我的目光聚焦在了一篇讲述如何巧妙处理课堂生成和预设之间矛盾的文章。文章的题目引起了我的好奇，刚刚工作的我还不懂什么叫"生成"、什么叫"预设"。仔细阅读文章我才发现：文中的每一个事例不就是每天课堂上会上演的让我措手不及的教学事件吗？作者的每一个观点不就是我想要表达的吗？是啊，当课堂预设和生成无情地"碰撞"在一起，我们该选择逃避还是直面？又该如何巧妙处理它们的关系，化惊为喜，转"危"为"安"呢？

深有同感之余，我怀着激动的心情开始撰写属于自己的教育论文。我找到几篇类似内容的文章，用这篇文章的开头，用那篇文章的结尾，借鉴这篇文章的段落布局，引用那篇文章的理论表述，最后补充一点自己的真实课例，再起一个与文章内容相契合的名字，一篇完整的论文就这样打造出炉。只是这样的一篇文章并没有像我想象中那样初战告捷，参加论文评比仅仅获得市级三等奖。为此，我郁闷极了，人家同种题材的文章都能发表在优秀期刊上，怎么我这个精心打造的"仿版"才是三等奖？

还好，年轻人没有那么容易被打败，接下来的几年里，我继续用这样"借鉴"的办法"写"过几篇文章，也陆续在大大小小的论文评比中获奖，但水平、层次都很一般。毕竟每次写出来的文章连我自己都懒得多看两眼，更别提琢磨推敲了。我彻底放弃了，告诉自己：算了吧，写文章都是那些教育专家的事情，你一个普通老师怎么可能有这个水平？但是，静下心来一想，这样东拼西凑写出来的文章更多的是在重复别人的观点，说到底只是别人的"影子"而已，这样的"影子作品"对自己的成长又有多少价值？结果说明一切。

我再一次陷入了迷茫，迷茫于自己明明有同样的想法、做法却不知如何表达；迷茫于自己每天忙忙碌碌投身课堂却不知该如何思考、如何研究。教育写作真的不是一线教师可以做到的吗？

跨过分水岭

2013年年初，在我工作的第15个年头。我有幸被学校推荐参加江苏省教研室组织的数学优质课评比。为了这个重量级赛课，从第一次定下课题试讲到最后去参赛，大大小小的试讲、磨课、实战演练，一节课上了接近20遍。当时整个人的状态是亢奋的，就是想着要尽全力去做好这件事情，那时我任教一个班的数学、担任班主任，每天要在完成日常教学任务的同时去试讲，自己学校的班级试讲完了就去别的学校试讲，每次试讲完都要找听课领导、专家提出修改意见，晚上回家再一句句修改教案、一张张完善课件。一轮轮课磨下来，我对于所执教的内容——《倍的认识》已经认识到"骨髓"了，最后都有快要上吐的感觉。比赛一结束，我如释重负，就像高考结束的学生扔书本一样，赶紧把教案扔在一边，不愿意再去提起它，更不愿意再去想它。

没过多久，学校进行市区级骨干教师选拔，在领导的印象里，我是参加过省级赛课的人，平时也经常在各种场合上展示课、观摩课，也算是学科教学的一把好手吧。于是，热情地推荐我参加选拔，但是，对照选拔条件一看，我傻眼了！我没有发表过文章，一篇都没有！虽然我其他条件都远远超过了标准，但是这一个缺项直接把我拒之门外！犹如被人当头泼了一盆冷水。校长找我谈话，教科室主任帮我找差距。原来，一个优秀的教师绝不仅仅要会上课，更要会思考、会研究，只有这样才能走得更远。

我开始关注教科研了，积极主动参加学校组织的各类关于教师专业成长的培训、讲座。全国特级教师华应龙的讲述让我对教师个人专业成长有了初步认识；《江苏教育》主编张俊平、副主编蒋保华的讲座让我对教师教育研究、写作表达有了新的了解；还有很多高校专家、教科研先进个人都来为老师们指点迷津。从他们的讲述中，我渐渐了解到，教科研不是那么遥不可及的事情，好的论文、课题都不是关着门、坐在电脑桌前"写"出来的，而是在活生生的课堂中"做"出来的。一线教师每天的教学就是研究最好的来源啊。教师离开了课堂就犹如鱼儿离开了水，是写不出生动的文章的。原来，路就在我们脚下！

这时，我猛然想起那修改了20遍的赛课教案，那里面记载、留存着那么多专家指导的痕迹，是多么宝贵的写作资源啊。这时距离赛课已有大半年了，再去看这个教案，内心少了几分冲动，多了几分理智。我能更加客观地分析这节课的得与失了，也能更快找到教学设计的理念所在。那个时候，正值2011年版新课标大力推广和实践，其中特别增加"基本活动经验"的目标要求，课程标准从"三基"走向"四基"，提倡教师在教学中要注意培养学生的基本活动经验。《倍的认识》属于概念课教学，考虑到执教对象是二年级学生，所以整节课设计了大量的数学活动，无论是新课伊始的"圈一圈"，还是教学过程中的"画一画"，或是重难点认知的"摆一摆""算一算"，无一不是通过有层次、递进性的活动带领学生在动手操作中逐渐积累数学活动经验，发展数学抽象思维，建立数学概念。有了这些思路，我着手动笔，给文章定题为《由表及里，层层推进——以"倍的认识"教学为例浅谈数学基本活动经验的积累》。

文章写好后，我又从知网上找到几篇写"基本活动经验"的文章，看看哪些观点有雷同，哪些观点是我还没想到的，将文章进行了几次修改。终于，我尝试投稿了！功夫不负有心人，几个月后，我收到了海南教育期刊社的录用通知，这篇文章于2014年5月发表在《新教育》杂志上，后来职评时这篇论文被鉴定为省B。我是幸运的，第一次投稿就获得了成功，我想，这也是在鼓励我继续坚持实践，在实践中思考，在实践中前行。

著名特级教师管建刚在《不做教书匠》中说:"思想起源于实践,形成于思考,而思考的最好方式就是写作。在我看来,写作是思想的砥砺石,写作是教师具备思考力的外显性标示。"是的,一线教师有着丰富的教育经验,有着熟稔的教学技巧,但是如果没有及时反思,没有提炼、总结这些经验技巧,就会永远原地踏步,永远只有感性经验!从某种角度来说,经验的有无只是一个新手教师和教书匠的区别,而思考力才是教书匠与教育研究者的分水岭。

走进"教—研—写"的快车道

自那以后,我学会了从自己的课堂教学中寻找写作点。每上完一节公开课或教研课,我做的第一件事情就是将教学过程整理成教学实录,在整理的过程中,对课堂教学进行更高位、更理性的思考。2019年4月,徐州市教研室组织了一场"学讲搭台,呈现本质"课堂观摩活动,在活动现场,我执教了四年级上册《交换律》一课,这是一节看似简单实则充满挑战的数学课。执教之初,为了追求课堂效果,凸显个人教学特色,我尝试运用大单元视角将《运算律》单元中《加法交换律》和《乘法交换律》进行整合教学,但是,一次次的磨课带给我很多挫败感,我一度想要放弃,但内心深处又极其纠结,我是在不变中求稳还是在变中求新?

探索的道路总不会是一帆风顺的,无论如何一定有解决问题的方法。在学校领导的指引下,我开始阅读相关理论书籍,阅读单元整合、深度学习等相关文章,在阅读中我再一次深刻认识到:单元教学设计是一种教学实践方式的改变,旨在帮助教师整合教学内容,指导学生深度参与学习活动。如果从大单元视角审视教材,不难发现,《运算律》单元中,加法交换律、结合律,乘法交换律、结合律,乘法分配律这五种运算律是一个个零散的知识点，整合后的教学，将这些"点"状的知识结构化了。《加法交换律》一课的教学好比就是一节"种子课"，学生将在"种子课"中积累的经验进行迁移，从而独立完成乘法交换律的推理，进而为后续其他几种运算律的学习奠定了坚实的基础。在此过程中，学生积累了归纳推理的数学活动经验，发展了观察比较和抽象概括的能力，这种能力在生长过程中不断延展、迁移，从而逐渐为数学核心素养的养成形成有力的支撑。这不就是我们想要通过课堂教学达成的最终育人目标吗？有了这样的理念支撑，我大胆进行课堂教学实践，最后呈现了一节具有深度学习思维品质的数学课堂。

这节课上完之后，我感慨颇多，第一次执笔写出了《简单？不简单》一文，写完之后迫不及待想要投稿，于是先把文章发给一位在高校做编辑的朋友帮我把把关，她给我提出的意见我至今都记忆犹新：首先，文体不够清晰，从开头看像是教育叙事，再看又像是教育论文，但其中又夹杂着大段的教学设计、教学反思，实在像一个"大拼盘"！其次，作为一篇数学学科论文，题目太过文艺，读者不能很快看出这篇文章要讲什么内容。这样的专业评价来得太及时，我忽然意识到自己在写文章时因为太过追求写作感受，没有考虑清楚文章到底该以什么样的方式呈现，也没能从客观理性的视角描写事实，更缺乏对教育事件本质属性的提升总结。

带着这样的反思，我将文章进行了修改，聚焦教学设计，写出了题为《单元教学设计中的"种子课"——以〈交换律〉的教学为例》。这次写完后，我没有着急投稿，而是将文章放置了一段时间，没事的时候就在心里反复琢磨。从4月3日最后一次上完课到6月23日修改完，两个多月的时间，我对这节课的思考一直没有停止过。紧接着就是暑假，假期中接到为江苏师范大学学生讲课的任务，我想，能否把自己这次执教的写作思考分享给学生们呢？只是，这样一个教学案例远没有说服力，于是我对文章进行了第二次修改，不再拘泥于一个方面，而是从高处立意，从小处着手，最后，以《构建"深度学习"课堂，凸显数学学科的育人价值》为题完成了一篇教学论文，文中不仅呈现了该课课例，更集结了自己在平时教学中的一些案例及思考，内容更加丰富、更有层次，对于专业研究来说更具借鉴意义。直到这篇文章完成，这个案例带给我的思考才算暂时告一段落，虽然它最后也没有发表在重要的期刊上，但是，不可否认的是，在数次的修改中，我成长了。

在阅读与写作中成长

这次写作的经历让我有了很多感受，但是谈到收获，我想更多来自去年暑假《教育写作：教师教育生活的专业表达》一书的阅读。拿到这本书时，我刚巧写了一篇教学案例，于是对书中第三章有关教学案例的内容进行了详细阅读。我边读边对照自己写的教学案例，发现书中指出的几点写案例时特别不可取的地方，我竟然全部"中招"。原来，教学案例绝不仅仅是自己认为的"教学过程＋教学反思"的简单"拼盘"，纪实性的案例仅仅是对教学过程的展示、说明，并没有发挥其"例"的实际作用。从字面意思上理解"案例"，"案"应该就是我们的"教案"，也称"教学设计"；"例"字，则是在突出其借鉴意义。也就是说，真正的教学案例不仅仅承载着教学过程的记叙功能，更应该体现出作者的思考，从而彰显教育规律、教学思想。只有这样，才能让读的人不仅从文字中看到精彩的课堂，更能从文字中感受到现象背后深藏的教育意蕴。我忽然明白了为什么自己多年以来写的教学案例没有几篇能获得高级别的奖项，更没有几篇能发表。不仅如此，本书真正"解"了我很多写作之"惑"，也对自己之前写文章成功或失败的原因有了专业的解答。

阅读此书后,我结合自己的读书感受写下了《关于教学案例的几点新认识——读颜莹老师〈教育写作〉有感》一文,并在学校"博雅"学习社群读书交流活动中和大家作了分享。同时,我也趁热打铁,结合对教学案例的新认识将原有文章进行了细致修改,写出了《"切片"研究,解案例写作之惑》一文。我想,这样的读书思考,应该是自己在教育写作过程中最大的收获吧。

其实,每个人都曾经是一名被动写作者,有老师说情愿多上几节课也不愿意去写一篇文章,这充分说明了人们更愿意接受机械的体力劳动,而不愿意去从事创造性更强的脑力劳动。在我看来,脑力劳动者的获得感较体力劳动者来得更缓慢,但也更持久。脑力劳动者的获得感是隐性的,是和个人生长在一起的。对于我这个在教育写作之路上自我觉醒太晚的人来说,至今还没有多少可以拿得出手的研究成果,但是我想,伴随着教育写作而来的读书学习、主动思考、行为变化不也是收获吗?现在,我开始变得不再那么急躁,不再拘泥于一节课、一篇文章的得失,渐渐接受一个慢慢行走的自己,一个在行走中慢慢成长的自己。

每一位老师都有实现自身价值的愿望。教学、思考、科研、写作是一条辛苦但又充满诗意的小路,若心中有梦想,有追求,并付诸行动,那所有的困惑、迷茫,都会是成长后的财富。静静地努力,静静地思考,我们终会收获一树的花开。

| 编者说 |

读了宋老师的故事,很多老师会觉得她多像自己啊!逃避写作—拼凑论文—偶尔收获—幡然醒悟—且写且成长,我们好像都走过或正

走着这样一条"写作窘旅"。

大多数老师的教育写作可能都是从写"影子作品"开始的,"找到几篇类似内容的文章,用这篇文章的开头,用那篇文章的结尾,借鉴这篇文章的段落布局,引用那篇文章的理论表述,最后补充一点自己的真实课例,再起一个与文章内容相契合的名字,一篇完整的论文就这样打造出炉"。只是这样的"仿版"论文终究没有独立的灵魂,因而始终无法扎根大地、面对阳光。这样的文章"写"多了,当然会厌倦,因为你体会不到发现和倾吐的乐趣,只是在做着拼凑和模仿的机械动作。

很多老师也都写过或正在写着"纪实性案例",在激动的心情中回顾、记录、展示着自己的一节"好课"。殊不知,仅仅展现教学的过程,可以称为"教学实录",但并未能发挥教学案例"例"的根本作用。真正的教学案例应该体现出作者对教学问题的思考,彰显教者的教学思想和教学规律,达到举一反三的效果。

在教育写作的过程中,诸如此类的经历和认识一定还有很多。但是,有什么关系呢?人的成长大多都是这样在跌跌撞撞中开始的。"接受一个慢慢行走的自己,一个在行走中慢慢成长的自己",只要我们还走在成长的路上,就一定会在顿悟后看到最美的风景。

> 写作的前提和基础是阅读与实践。海量地阅读才会有丰厚的知识积累，积极地探索才能换来独特的经历和深刻的思想。具有人所未有的知识、经历和思想，写出的文章才能言人所未言，受到读者的欢迎。

江玉安 江苏省泗洪中学高中化学教师，江苏省特级教师，江苏省首届教授级中学高级教师，苏州大学教育硕士研究生指导教师。研究项目"中学化学创新教育研究""高中化学教学中化学史教学研究"分别获江苏省首届及第二届教学成果一等奖。在《化学教育》《化学教学》《中学化学教学参考》等核心期刊发表研究论文30余篇。

教育写作助我专业进步

江玉安

我从小就对知识与学问怀有深深的敬仰之情、浓浓的亲近之情。一直以来，读书是我的爱好，写书是我的梦想。大学毕业后从事教育工作，成为一名光荣的人民教师，阅读与写作的爱好和教书育人的事业完美地结合起来，这正是我梦寐以求的。在大学毕业前，我就暗暗立下志愿：有朝一日，我一定要成为特级教师。2002年，工作满15年，我成为当年江苏省最年轻的高中化学特级教师；2006年，江苏省首评教授级中学高级教师，我又如愿以偿。我担任过全国高考（化学江苏卷）命题专家，申报的研究项目"中学化学创新教育研究""高中化学教学中化学史教学研究"先后获得江苏省教学成果一等奖。

如果要让我总结自己专业"飞速发展"的秘诀的话，排在第一位的应该就是教育写作。

三次先声夺人

上小学时，我的学校甚至连村小都算不上，几个年级的学生合在一个教室里轮流上课。除了课本，课外读物只有少许的连环画。我的零钱几乎都换成或新或旧的连环画了。小学毕业后，我就近升入县中读书，一直读了六年，阅读的条件好了许多。我先后读过《少年文艺》《中学生》《新村》《新蕾》《中学科技》《中学生数理化》《语文报》等。

初二时，班主任杨伯石老师，也是我的语文老师，他培养了我写日记的习惯。

高中时，我的作文常被老师表扬，记叙文《家乡的桃树》《路》《母亲的礼物》、议论文《艰难困苦，玉汝于成》要么在班上张贴展览，要么由老师亲口宣读。其中，在高二写的关于兄长落榜复读的文章《路》收入《泗洪中学优秀作文选》，被全县不少同学及学弟、学妹读到过。这篇作文既是致敬兄长，也是自勉自励，因而写得用心动情，富有感染力。这是我的文章第一次变为铅字，是我至今仍觉骄傲的"初试啼声"。

到了大学，学习相对轻松，有了大把自由支配的时间，我终于圆了读书破万卷，遨游于知识海洋的梦想。我热衷于参加校内外的知识竞赛，有一次参加上海《青年报》在报纸上开展的有奖抢答通讯比赛。由于苏州大学离上海很近，看到报纸早，邮寄答案也快，我拔得头筹，名字公布在报纸上，还获得了奖品——智量编的《外国文学名作自学手册》。这是我的名字第二次变成铅字。在报社组织的比赛中获奖，加之名字变成铅字，让我非常兴奋，这鼓励了我继续博览群书。我不但喜欢沉浸于阅读，还喜欢把看到的好文章向文摘类期刊推荐，不过，大多石沉大海，徒费邮资。直到大四时，我推荐的一篇科普作品《防弹玻璃怎样防弹？》刊登在辽宁的《青年科学》上，我不但有姓名在文末出现，还获得稿费4元。这是我的名字第三次以铅字公开。

三次名字化为铅字的经历，让我记忆犹新，也是我"敬惜字纸"的深刻印记。

两次失之交臂

大学时，我一直想通过写作来挣点收入，曾经给上海的《故事会》写过故事，给甘肃的《读者文摘》(现在的《读者》)翻译过英文小说，给浙江的《文化娱乐》推荐过文章，但都没能录用。在大三时，我向《文化娱乐》推荐了一篇稿件，《文化娱乐》的编辑给我寄来了用稿通知，但要我告知稿件的来源，当时《文化娱乐》只采用直接翻译的作品。我回信告知，这篇稿件来源于我国翻译出版的一本日本人编著的作品。我的如实相告让这篇荐稿被撤，我的名字没能在《文化娱乐》上变成铅字。

大学毕业后回到母校任教，我专注于化学教育写作。刚踏上讲台，一方面如饥似渴吸吮新知识，一方面不停地把自己的教学心得及研究成果整理成文与同行交流。当年《江苏教育》还有高中版，且有高中化学教育专栏。多次投稿后，终于有一篇《是双水解还是复分解》通过终审，责任编辑梅丽华老师给我发来了用稿通知，但是要我把实验再做一遍，并把实验结果告诉她。我又到实验室去做实验，也许是实验条件在中学实验室无法控制完美，也许是我实验时粗心大意，总之是没能重复实验结果。我如实把实验现象告诉了梅老师，还把自己的困惑向她请教。梅老师最终放弃了这篇论文。现在想来，如果我更改实验结果，梅老师不会发觉，论文也许就发表了。但"如果要发表化学实验文章，那么实验现象或结果必须能够重复"，这是梅老师告诉我的，也是梅老师坚持的。梅老师的坚持教育了我，我也为自己的诚实求真感到自豪。

这两次失之交臂的经历，让我感觉到：论文没有发表，以后还有机会，可如果没有求真务实的作风，那损失就不是少发表一两篇文章的事了。

一次厚积薄发

2002年年底，江苏省教研室要举办多媒体课件比赛。我决定借用刚兴起的"交互"概念,以"课堂网上互动"和"课后网上冲浪"的形式设计《门捷列夫与元素周期律的发现》课例参加比赛。之所以选择这一课题,是因为元素周期表是化学的标志,《新华字典》《现代汉语词典》及化学课本的附录中都有元素周期表,这一内容可较好地将科学性和人文性糅合在一起。元素周期律是化学中最重要的理论之一,它的发现过程涉及很多著名化学家的生动故事,具有传奇色彩,又富有人文性;元素周期表从最初发现绘制,到中间不断调整修订,直至最终完善确定的过程完美体现了科学研究的一般过程。

在此之前,我对化学史及元素周期表已有很浓的兴趣,也有较为深厚的积累。我研读了我国著名化学家金松寿先生的优秀科普著作——《化学知识的活用》,书中列举了很多运用元素周期表而产生发明发现的故事,如氟利昂的发明制造、打火石的发明、606的发明与制备等。自从对化学史产生了兴趣,我围绕元素周期表的相关内容,先后读过依·尼查叶夫著、滕砥平译的《元素的故事》,王梓坤先生的《科学发现纵横谈》,郭正谊等先生的《科学的发现》,吴国盛先生的《科学的历程》,直到对门捷列夫及元素周期表等有了较为深入的了解。

为了把参加比赛的文章写好,我又阅读了傅鹰先生的《大学普通化学》、梁衡先生的《数理化通俗演义》,以及化学教辅用书和当时在期刊上发表的相关化学论文等。在做足了准备工作后,我才着手《门捷列夫与元素周期律的发现》的写作。

写作是充满挑战的,既要引人入胜、富有人文性,又要合乎逻辑、具有科学性,给学生多方面的教益。由于长时间的学习、积累,我的课例做到了资料丰富、逻辑清晰、设计独特,受到好评。活动刚结束,《化学教与学》的主编马宏佳教授就向我约稿,发表了我课例中的阅读材料。马宏佳教授的欣赏与约稿鼓励了我,我把课例设计及实施过程中的一些思考整理出来,写成《实践课程新理念的一种探索——从

〈门捷列夫与元素周期律的发现〉网络化教学谈起》一文并寄给《化学教育》编辑部。一个月后，编辑部就给我发来用稿通知。这可是从来没有过的速度。

这篇论文的写作前后持续三个月之久，我阅读过的相关文字30余万字，准备的课件相关说明及链接3万余字。准备是扎实的，创作是专业的。这篇文章发表后获得较大社会反响，扬州大学还把此课例引入了化学教育硕士课程。

六个写作领域

我的教育写作主要集中在六个领域。

最早开始写的是关于学科专业的答疑解惑。工作三年半后，我就在《中学生化学报》上发表了化学专业文章《是胶体也是溶液》，处女作虽然是"豆腐块"，但"万事开头难"，我总算有了一个良好的开端。这篇文章是我在教学中遇到疑惑，然后极力答疑解惑的结果。当时的教材，把蛋白质溶于水形成的分散系，有时称为胶体，有时称为溶液，有时又称为溶胶，让我大感困惑。我在重温大学教材《物理化学》后才明晰起来，觉得有必要写成文章与同行分享交流。在《中学生化学报》发表文章后，我对胶体的思考持续深入，接着又在《化学教学》发表了《蛋白质溶于水是溶液还是胶体》一文，在《中学化学教学参考》发表了《十谈胶体》。几乎与此同时，我还在《中学化学》1992年第2期发表了《一个应当澄清的问题》，就教材中的一处表述提出商榷意见。

化学的应用是我写作的第二个领域。1990年10月，北京大学华彤文教授等译介的美国名著《化学中的机会——今天和明天》刚一出版，我就邮购、阅读，看了爱不释手。学习了书中内容后，我以《心脏起搏器里的电池》为题写成小文章，投给《中学生化学报》，很快于1992年1月8日发表。1992年第一学期期末，在赴乡下中学监考的几天里，我抽空到所在学校的阅览室阅读，居然看到我们县中没有订阅过的《少年科学画报》，我对其中有关可降解塑料的介绍印象深刻，后来加工写成了《可分解的塑料》一文投稿给《化学教学》，很快就发表了。

关于化学教学的写作是我写作的主要领域，我一直进行着学习、探索与思考。因为科学及其教育主要是"西学"，所以，我有针对性地阅读了西方发达国家有关科学及其教育的著作，对建构主义学习理论深有共鸣。于是，在课堂教学中，我对知识习得、思维方法、创新意识、科学研究等进行了系统性探索与研究，陆续发表了《化学教学中不妨问一些"离谱"的问题》《创设新情景问题培养学生的思维品质》《从一个化学问题的深入讨论谈起》《创造性地使用教材》等文章。后来，我以"中学化学创新教育研究"为题申报教学成果，获得首届江苏省教学成果一等奖，还被推荐参加国家级教学成果奖评审。

高考试题是高中教师重点阅读并认真研究的内容，也是高中学科教学的指挥棒。根据研究心得，我先后发表了《化学高考题型与思维能力层次》《分子式的改造与解题思路的形成》《高考改革与化学试题品质的提高》等论文。因此在研究高考命题的教师中有了些名气，被江苏省教育考试院选拔担任2006年全国高考化学江苏卷命题专家。

2002年的江苏多媒体课件比赛，直接促进了我对化学史的研究兴趣，这也成为我重要的写作领域。《门捷列夫与元素周期律的发现》发表于《化学教与学》。后来，《实践课程新理念的一种探索——从〈门捷列夫与元素周期律的发现〉网络化教学谈起》又发表在《化学教育》上。2003年，我发现上海高考化学试卷连续多年以化学史素材作为试题情境，于是有感而发，以《化学史——上海高考热点试题的新内容》

为题，在《试题研究》上发表了高考研究文章。因为对化学史的兴趣，我开始系统阅读化学史著作，如《化学简史》《化学史传》《怀疑的化学家》《化学基础论》《化学哲学新体系》《科学的旅程》等，并研究化学史在高中化学教学中的应用。2009 至 2012 年，我先后在《化学教学》《化学教育》《中学化学教学参考》等期刊上，发表以"高中化学中的化学史教学"为主题的研究文章 8 篇，以这些研究成果为基础，2013 年，我以"高中化学教学中化学史教学研究"为题申报的教学成果获第二届江苏省教学成果一等奖。

科学传播是广义的科学教育的一部分，在促进公众理解科学方面能发挥重要的作用。融合科学与人文，让科学变得轻松、有趣、亲切，成为时尚的流行文化，这一直是我作为科学教育工作者的期望和梦想。在专业阅读之外，我特别重视富有人文艺术气息的科学阅读，并尝试撰写并传播科学文艺作品。2010 年起，我在著名刊物《三联生活周刊》上先后发表了《化学达人》《赛先生爱阿特》《科学家的玻璃心》等文章，产生了良好的效果。《赛先生爱阿特》被《青年文摘》《文萃》《广州日报》《江南早报》及凤凰网等转载，《科学家的玻璃心》也被《青年博览》《读者·校园版》《意林》等转载。我还在《中学生数理化》期刊上先后开设"化学史话"等专栏，也获得了较好的效果。

持续八年的专栏

写专栏的缘起是我很偶然地在《参考消息》上看到一篇外刊的科学报道，说的是美国《科学》杂志在 20 世纪末列举出化学学科的 11 项光辉成就。我觉得这篇文章非常有意义，因为当时的高中化学课程标准中就对化学史有强调，但鲜有"化学史教学"研究成果发表。于是我广泛搜集材料，并以《化学史上的重大事件与化学科学发展的主要线索》为题撰写论文。由于观点权威、资料翔实、视角新颖，文章很快就在核心期刊《化学教育》上发表了。文章发表后第二年，北京师范大学化学系与《化学教育》联合举办了中学化学教学研讨会，很多大学教授、化学期刊编辑、中学教研员及化学一线教师参会研讨。会议期间，《中学生数理化》杂志的化学编辑侯秀姣老师约我聚谈，点赞我发在《化学教育》上的文章，并邀请我开写"化学史话"专栏，交代我慢慢写，可以一直写下去。

"化学史话"开篇正值 2011 年"国际化学年"。专栏持续一年半，侯老师反馈说，文章过于严谨严肃，不太吸引学生。想想也是，我是当成学术文章来写的，学生难以产生共鸣。我于是建议从改变专栏名称开始，以"化学物语"为名继续。我用散文、随笔的写法，在确保化学底色的前提下，广泛联系文艺时尚内容，再加上自己的评论和抒情，让文章内容显得轻松有趣且生动活泼，学生反映变好了。又写了一年半，我开始觉得应该由随意性写作转向有大主题统领的系统性写作，最好是全面而深入地考察科学强国，诸如欧、美、日、俄，破解他们的社会与文化发展密码，于是，我提出专栏更名为"科学西游记"。在"科学西游记"开篇中，我写道：我有一个梦想，想学习孔子周游列国。孔子学富五车，周游列国是推销他的学说。我要旅行游学，目的是探寻列国发达的奥秘。《西游记》是我国四大名著之一，讲的是玄奘西游取经的故事，玄奘取回的是佛经；"科学西游记"也是西游取经，不过，取的是"赛先生"的科学经。我的"科学西游记"按如下线路游历：中国—意大利—法国—比利时—荷兰—英国—丹麦—德国—瑞士—奥地利—俄罗斯—瑞典—加拿大—美国—新西兰—澳大利亚—日本—中国。"科学西游记"系列写了 36 篇，持续近 4 年。2018 年下半年起，我以"科学传奇"为名继续专栏写作，主要突出"工匠精神"的器物故事及人物传奇。

教育写作促进了我的专业成长，让我认识到：写作的前提和基础是阅读与实践。海量地阅读才会有丰厚的知识积累，积极地探索才能换来独特的经历和深刻的思想。具有人所未有的知识、经历和思想，写出的文章才能言人所未言，达到高品质，受到读者的欢迎。回顾一下我的教育写作经历，我觉得以下几点是关键的：一是我爱阅读，爱写作，并且持之以恒，从未放弃。二是我把阅读、写作与工作有机地结合起来。教育教学工作在我眼里一直是有趣味、有内涵、可研究的事业。我推崇"教学即研究"理念，参与教学工作的三十多年，也是我不断探索研究的三十多年。三是我一直保持着好奇心，喜欢追本溯源，细究深挖。四是我喜欢交流互鉴，乐于通过写作与同好合作共享。

希望我的分享能让更多的老师投入教育写作，并在教育写作中成长起来。

| 编者说 |

江老师可以说是教育写作方面的模范生了，也就是那种你眼中的"别人家的孩子"。

江老师一直爱阅读，爱写作，并且持之以恒，从未放弃；他把阅读、写作与工作有机地结合起来，让教育教学工作成为有趣味、有内涵、可研究的事业；推崇"教学即研究"理念，三十多年保持着好奇心，追本溯源，细究深挖，不断探索；喜欢交流互鉴，乐于通过写作与同好合作共享。这些特质注定了他爱写作、能写作、善写作。

除了这些成功的经验外，吸引我目光的还有三点：一是他对待写作的真诚。两次失之交臂的经历恰恰反映了江老师在写作中的求真务实。这不仅是一种写作态度，也是一种人格品质。二是他通过各种不同形式的写作将专业的力量发挥到极致。他可以写核心期刊的论文，也愿意为中学生写科普专栏；乐于写为学科教师进行专业答疑解惑的文章，也尝试撰写并传播科学文艺作品，期待自己的文字在促进公众理解科学方面能发挥重要的作用。三是他不仅把自己当作一名化学老师，也把自己看作一名科学教育工作者，所以期望自己能融合科学与人文，让科学变得轻松、有趣、亲切，成为时尚的流行文化。在我看来，这也是一个知识分子的担当。真的很想去读读江老师在《三联生活周刊》发表的《化学达人》《科学家的玻璃心》等文章呢。

　　江老师的教育写作生涯启示我们：热爱是写作最好的老师，真诚是写作的灵魂，研究是写作的基石，文化传播是写作的境界与担当。

> 获奖的结果固然可喜，但更有价值、更值得我留恋回味的是写作的过程。一篇论文的写作过程其实就是我的成长过程。我将让教育写作成为我工作、生活的常态。

吴洪芳 常州市武进区"双十佳三好教师"，武进区优秀教育工作者，常州市小学数学骨干教师，常州市优秀班主任，多篇论文在省级杂志发表或在各级论文评比活动中获奖。

教育写作：点燃成长的希望之光

吴洪芳

意　外

我是一名农村教师，曾经很羡慕别人能把自己的教育经验和教学成果变成铅字登上报纸或杂志。虽然我也曾经在学校的组织下参加过各级各类论文评比活动，可成绩总是不够理想。

每次接到写论文的任务，就觉得这是一件特别痛苦的事。到底该写什么主题？好不容易有了主题，写什么内容？勉勉强强搜集了内容，该怎么写、怎么组织成论文？好不容易成文了，又该如何修改？怎样的格式才是正确的？所以，很多论文只写了一个开头或只写了一半就写不下去，中途夭折了。至今，我电脑的文件夹里还躺着很多这样半途而废的文章。

一次偶然的机会，我看到常州市武进区教育局网站上的一则通知：江苏省特级教师、江苏省"人民教育家培养工程"培养对象、常州武进区星河实验小学校长庄惠芬要成立常州市庄惠芬名师工作室，有意向的老师可以报名。说实话，当看到这则通知时，心里觉得这和自己没有一点关系，我一个默默无闻的农村小学教师，怎么可能有机会去加入这样的团队呢？但第二天，学校校长找到我，说农村的老师也要好好努力，争取每一次学习的机会，让我认认真真地学习通知，对照自身条件，报名试试看。于是我把个人信息和一些作业发到了庄校长的邮箱。没过多久，竟意外收到了庄校长的回复，就这样，我成了常州市庄惠芬名师工作室的一员！

我怀着无比激动的心情参加了工作室的第一次活动，其中一项重要的活动议程就是赠书。庄校长赠给我们每人一捆沉甸甸的书，要求我们每位成员回家必须看书，同时提出了具体的要求。其中一个要求就是通过学习，发现书中与自己有共鸣的观点，或者寻找教育教学最前沿的理论观点，确定学习专题，做好教育教学研究和积累，为撰写教育教学论文做好准备，并要求全体工作室成员都要参加当年的江苏省"教海探航"论文评比活动。

纠　结

参加工作室活动，见到心中的偶像，兴奋和激动的心情是不言而喻的。但是，写论文的任务却像一块石头，成了我沉甸甸的心事。平时工作繁忙，在学校里似乎没有额外的时间去学习，回家也有好多事情要做：家务、孩子……似乎总是有很多理由可以让自己觉得来不及去写论文。再说，庄校长给我们定的目标是要争取在"教海探航"论文评比活动中获奖，这个难度太大了。要知道我所在的学校还从来没有人参加过"教海探航"论文评比活动，更别说是获奖了。所以，"忙"和"难度大"成了我迟迟不动手写作的理由。

虽然给自己找了不行动的理由，但心中还是很不踏实，甚至是很纠结的。试想，作为一个人民教师，谁走上三尺讲台没有理想抱负？谁不想在自己的工作中有更多的收获？谁不想有更广阔的舞台来实现理想？但是，面对这些困难，我是否要选择安逸而放弃自己的理想？我的内心在大声说"不"。

庄校长似乎能猜到我的心思。在我们的工作群里，她会经常发一些教改前沿的活动新闻或公众号文章，关心我们学习的情况以及工作的进度，并且在后来的活动中，和我们分享她的成长经历。有时想想，觉得自己就是那个缺油的马达，庄校长总是在关键的时候给我加油鼓劲，同时在后面推我、在前面拉我，使我这个马达不停转动。

积 累

庄校长一系列的关注和帮助，促使我开始反思自身的发展，我制订了自己的成长目标，并且根据目标重新规划自己的工作与学习。就以论文写作为例，我听取庄校长的建议，先给自己制订了学习计划，有月计划、周计划和日计划；规定时间内必须看哪些书，做多少学习积累，认真钻研多少堂课，等等，给每项工作都制订了量化指标以便于自我管理。同时，针对自己的论文主题，还给自己制订了专题学习计划。

从此以后，每天我会按计划学习、积累，白天尽量把碎片时间用起来，就连锻炼的时候也通过收听一些有声教育类专题节目来学习。临睡前学习效率特别高，当周围安静下来，自己的心情也慢慢平静下来。这时，我开始看一些专业书籍，做一些摘抄，记忆效果明显。有时，我会回顾一下当天课堂上发生的教学过程，捕捉有研究价值的瞬间，进行教学剖析或反思；或者捋一捋自己的论文思路，整理资料，进行一些必要的补充或备注；或者反思自己遇到的问题，对第二天的工作进行规划与调整……总之，以前睡前更多的是捧着手机，现在是把这些零碎的时间充分地、有计划地利用起来。这样做非但没有原本想象中的疲劳感，反而因为自己的时间产生了价值而获得了丰盈的成就感和满足感，甚至有时还能体会到工作的幸福感和期待感。

就这样，在计划的有效调控下，我的工作与学习越来越有规律。我感觉论文写作的方向和思路越来越明晰。因为有了写作的主题，学习的方向也相对明确。根据庄校长的建议和推荐，我从网上购买相关的教育书籍，根据论文主题进行专题学习：或摘抄理论；或针对专业理论补充各种教学实例加以说明；或针对书籍中提到的新的概念再去补充学习相关内容；或摘录问题，准备咨询导师……学着学着，感觉一本书被我越学越厚，而且，由一本书引出了更多本书。学习的大门越开越大，主题研究之路越走越远，我在学习沿途欣赏到的风景也越来越美丽……

同时，在庄校长的建议和指导下，我把我个人的研究升级为一个团队的研究，把我的研究主题带进了我所在的学校、带到了我所在的教研组。大家合作开展相关的专题教研，积累第一手教育教学实践资料和数据，进行大数据统计和分析。教研组的老师们通过参与主题研究，也产生了研究的热情，有的老师甚至还确定了论文写作的方向。这些真是意外的收获！

不知不觉，我的论文素材已经很丰富了。在一个周末的午后，我打开自己的素材包，翻开学习笔记，重新编排了一下论文提纲，把相关的理论和课例连缀成文。就在这么一个安静的下午，我的论文成型了！从现象分析到问题提出，再到问题解决，一步一步有理有据！连我自己都不敢相信，一下午的劳动成果这么巨大！一切是那么水到渠成！这次写作没有了以前那种词穷的痛苦感，一种前所未有的顺畅感给我带来了从未有过的幸福体验。回顾反思，我已经完全明白：这种顺畅完全是因为前期坚持不懈的有目标的学习和积累。就像造一幢房子，如果提前做好了建筑设计、准备了充足的建筑材料、请来了经验丰富的工人，那么工程质量和进度肯定能得到保障，也一定能造出自己理想中的房子。

雕　琢

　　论文的初稿完成了，我稍稍定心，心里想着有空的时候再来细细修改，所以就把稿子放在电脑里，休息了整整一个星期。没想到，一天晚上，庄校长发来了信息，询问我的论文完成情况。我那稍稍放下的心又提了起来，顿感紧张。虽然初稿已经形成，但总是比较粗糙，要给导师看，还是拿不出手呀！怎么办？我连夜打开沉睡了一个星期的文稿，可怎么改又成了难题。

　　空坐着总不是办法，我决定先从错别字和标点符号开始改起。我逐字逐句地阅读自己的文章，发现还真有打错的字以及用错的标点。改着改着，我发现有的句子表达并不合适，需要修改；有的段落调整到另一个位置似乎更加合理；有的实例好像与理论并不匹配，需要重新去寻找合适的实例来支撑……结果越改越多，当论文改到三分之一的时候，文章已经有很多红色批注了。

　　改着改着，我有了一种改不下去的无奈，不是因为后面的内容很完美，而是觉得后面要修改的太多了。有的板块可以直接舍弃，但是用什么内容来补充呢？心中又没有了方向。感觉灵感戛然而止，思路像油灯枯竭，当夜只能就此罢笔。

　　第二天，再一次强迫自己坐到电脑前，打开论文，细细过滤昨天遇到的问题和想法，重新给自己制订了与这篇论文写作有关的学习计划和工作计划。就这样，我针对遇到的问题，锁定了更明确的研究方向和学习的内容。在接下来的几天中，我不断地修改论文，充实内容、提炼论点，直至自己觉得可以为止。

　　论文完稿了，我忐忑地把论文发给庄校长。两天后，庄校长把论文的修改稿发给了我。我点开一看，庄校长建议我重新调整板块，从问题提出（为什么）到问题分析（是什么），从解决问题（怎么做）到成果分析（效果、反思），都给了详细的指点。她建议，大标题、小标题要重新提炼，要更切合主题；加了很多批注，添了很多专业的理论作支撑；还推荐了一些相关专业书籍，建议我再次开展相关方面的专题研究，获取更多更有价值的例证材料和调研数据。同时，庄校长还告诉我论文写作的一些规范。

就这样，在庄校长的专业指导下，我对自己的论文开始了又一轮"大手术"。因为有了专家详细、专业、一对一的指导，这一轮的修改特别顺利。经历了多次锤炼，终于，在庄校长规定的期限内，我完成了任务。

在点击文档上传的那一刻，我的内心特别有成就感。历时近两个月的劳动总算告一段落。在论文撰写过程中，我有很多收获：有成长、有感恩、有幸福、有满足，更有期待……

获 奖

庄校长打来电话，我的论文喜获江苏省"教海探航"征文三等奖。自己的努力有了收获，心中甚是欢喜。庄校长却说："一个主题的研究不是说一篇论文发表了或获奖了就结束了，一个有价值的主题值得我们不断跟进研究。在这个过程中，我们往往会有更多、更新的发现与收获。"这番话让我产生了开始新一轮写作的动力。在庄校长的指点下，我继续跟进我的教育主题研究，再次撰写论文。有了上一次的写作经历，这次写作显得驾轻就熟。就这样，围绕这个教研主题的第二篇论文出炉了。这篇论文后来在江苏省"五四杯"论文比赛中获得了一等奖，再次填补了我所在学校在这个比赛中的奖项空白。

现在看来，获奖的结果固然可喜，但更有价值、更值得我留恋回味的是写作的过程：从撰写需求的激发到论文主题的确定，从初稿到反复修改至成稿，从懵懂茫然到有节奏地规划学习，从独自摸索到获得名师的督促引领，我真正感受到，一篇论文的写作过程其实就是我的成长过程。我将把这些收获带入今后的学习、生活中，让教育写作成为我工作、生活的常态。

| 编者说 |

　　我从吴老师的故事中读出了乡村教师专业发展的现实环境和状况。如果没有偶然加入庄惠芬名师工作室，得到庄校长的督促和引领，她可能至今从未参加过"教海探航"论文评比活动，更别说是获奖、发表文章了。看似安逸的教育生活背后，可能是无奈的"躺平"和不甘的放弃；看似轻松的日子背后是一眼看到头的单调和了无生趣的重复。

　　一篇论文点燃了她成长的"希望之光"。这篇论文的写作过程真正成了一位乡村教师的专业成长过程，因此，在目标达成后，她最留恋回味的不是结果，而是"写作的过程"。

　　在写作的过程中，她体验了兴奋和激动、纠结和疲惫、茫然和无措、期待和满足，并最终收获了成就感和幸福感。这样丰富的人生体验激活了她的成长欲望，支持着她完成周围人没有完成过的挑战，她甚至还带动了周围的老师一起投入研究和写作。吴老师表示，"我将把这些收获带入今后的学习、生活中，让教育写作成为我工作、生活的常态"。看到这里，我内心真有说不出的高兴。

　　从她身上，我看到了乡村教师成长的希望。

> 书写者用文字表达思想,担当使命,创造意义。对每一个热爱文字、乐于书写的人,写作都能赋予其生命更丰富的意义,并唤醒其教育生命的另一种自觉。

张岚 江苏省徐州市北辰小学校长,高级教师,曾获江苏省课改先进个人、徐州市优秀教育工作者、徐州市优秀女教师、徐州市学讲先进个人等荣誉称号。先后获得第七届全国小学英语课堂教学优秀课展评一等奖,江苏省"杏坛杯"苏派青年教师课堂教学展评一等奖,徐州市、区评优课一等奖,在省、市级刊物上发表教育教学论文十余篇。

以文字见证成长

张 岚

每一朵花都有自己的花期,有的很快就绽放笑颜,有的则缓缓生长,但无论快慢,是花朵就总会开花。我们自己又何尝不是这样?教师成长之路也是发芽、开花之路,阳光滋润、雨水灌溉,每一次生长都是欣喜,每一点进步都是幸福!

蓦然回首,自己在教师行业已经"摸爬滚打"了25年。这25年间,教育写作对我的影响是逐渐深入的。从起初根本不重视写作,到后来了解到教育写作的重要性却十分畏难,再到团队激励互助、逐渐觉醒,现在,我能够积极主动地去表达教育情境中的实践智慧,通过沉淀和积累获得了表达自信……

教育写作慢慢走入我的内心,成为我发展的源泉、思考的动力。

初见——难忘的蹒跚起步

1997年,刚懵懵懂懂走上工作岗位一年多的我,听说区里组织论文比赛,我尽管还不太清楚什么叫教育论文,依然很勇敢地报了名。当时电脑还不太普及,写论文都是在稿纸上一个字一个字手写。我认认真真地写了两个晚上,就把文稿交了。两天后,负责这项活动的一位老领导找到我,在肯定了我认真积极的态度之后,非常和蔼地拿着我的文稿,针对我文章中存在的问题,和我谈了很多很多。虽然这次谈话已经过去了二十多年,但我依然记得他当时告诉我的论文写作的知识:写教育论文要有主题,宜整不宜散,主题应该是教学中真实存在的问题;文章要凝练,内容不高度相关的可以舍去;等等。这位老领导的耐心和用心,给我留下了极为深刻的印象,更给我留下了关于教育写作的第一笔宝贵的理论财富,让我这个从没写过论文的老师第一次对教育论文的写作有了初步的感知。

于是,怀着感动和感激的心情,我反复修改论文,请这位老领导进行指导,最终在用了整整一大本方格稿纸之后,我的论文处女作终于完成。我已经记不清楚这篇文章有没有获奖了,但是现在回想起来,因为这次经历,我心中种下了一颗无比宝贵的写作的种子,而且内心期待这颗种子慢慢发芽,长大,开花……

筑梦——教学反思树立成长信心

可惜的是,这颗种子沉睡了许久!

在工作的前几年,由于缺乏足够的职业认知,总以为只要踏踏实实地上好课,认认真真地批改作业,把学生教好,就做好了自己的本职工作,因此疏于思考,更是极少写作。就像颜莹老师在《教育写作:教师教育生活的专业表达》一书中所说,自己对教师的身份认同出了问题,只把自己定位为教育实践工作者,以为在实践中有所作为才是教师角色的职责和要求所在。这种错误的认知导致自己在那个阶段不够重视思考、研究和写作,也抑制了自己的写作动力,影响了自己的专业发展和成长。

值得庆幸的是,2002年,学校关于英语教学的一个变革性举措改变了我。当时,学校通过《中国教育报》了解到福尼斯英语教学(即自然拼读教学)效果好,决定引入教材进行教学实践。为审慎起见,学校先设了两个实验班进行福尼斯英语教学实验，对此非常感兴趣的我主动请缨教这两个班。

在使用福尼斯英语教材进行教学一段时间后，我发现了一些情况：第一，低年级儿童喜欢趣味性的学习形式，喜欢语言表达，热爱表演，但福尼斯英语教材既定的教学内容和环节的限制使得教学形式较为单一；第二，遵循福尼斯英语教材"听读领先"的策略，达到一定输入量之后才开始说、写训练，儿童缺少了很多使用英语表达的乐趣。由于这些问题影响了我的教学效果，我开始不断地思索。正巧学校要求备课后要进行反思，于是我就在备课本的反思一栏中记录了我的疑问、思考、解决思路以及教学后产生的效果。由于这样的思考和写作是教学的需求，因此我思考的频率较高，记录的内容也很多，备课本的反思栏根本不够用，于是我就经常占用下一张备课纸来写我的教学反思，导致我的备课纸要比其他老师多出不少。

在不断的思考和书写中，我的思路开始渐渐清晰。这样的反思虽然没有高深的理论支撑，逻辑性也不强，但是基于教学思考、教学经历、教育经验、教育情感的反思性写作依然有它的价值——它帮助我慢慢地梳理自己的教学思想，改进教育行为，转化教育过程中出现的矛盾与冲突，形成教育实践智慧。所以，在实践、思考后，我对福尼斯英语教学进行了有效的调整和改进。并且在梳理反思和改进实践的基础上，写出了论文《福尼斯英语教学本土化的研究》，获得了江苏省教研室举办的论文比赛一等奖，并发表在市级刊物上。这是我第一篇正式发表的文章，对我的成长有着里程碑式的意义。

经过一年的实验，我对比了学习福尼斯英语教材的班级和学习普通教材的班级，并进行了细致的实验数据分析，在此基础上，撰写了论文《语音教学法和全词教学法教学效果差异的研究》，又一次在省级论文比赛中获奖。在学校和市教研室、教科所联合举办的"福尼斯英语暨英语教学方法研讨会"上,我进行了专题发言,由于我的发言有真实的实践经历,又有较为理性的归纳思考,受到了各方专家、英语教师以及福尼斯教材主编爱文女士的赞誉。

在这个阶段,教学反思的累积"启蒙"了我的教育写作,使我树立了成长自信,让我了解动笔即成长。"我手写我心",即使没有高深的理论,也一样可以写出真知。

厚积——团队激励追逐事业信仰

培根说:"写作让人精确。"教育写作必然让流动的思绪走向真切,让模糊的印象走向清晰,让肤浅的认知走向深刻,让飘浮的人生落地生根。教师专业成长理论认为,关键人物、关键事件对教师的成长起着巨大的作用。

对我来说,最有意义、最具关键性的教育写作阶段,应该是进入徐州市大马路小学自主成长团队之后。也正是在自主成长团队中,我才更深入地了解了什么是教育写作。教育写作不仅是自身积累经验的一种方式,更是逼迫自己坚持实践、勤于阅读、深入思考的强劲动力。教育写作的目的、选题、内容以及写作中的切入与组织都与教育教学紧密联系。它是我们在教育教学过程中对教学实践的反思,是教学感悟、教学经验、教学智慧的记录与分享。

2013年,为了促使学校的部分骨干教师快速成长,全国模范教师、江苏省特级教师刘杰老师带领我校近十名教师组成了自主成长团队,我非常幸运地加入了这个团队。刘杰老师为我们精心设计了《大马路小学名师工作室成长保险启示》,并一直用她深厚的专业素养和对教育的无限热忱指导着我们、引领着我们、影响着我们,陪伴着我们一起成长!团队组建后,刘杰老师坚持"系统读书+实践反思+勤奋写作＝教师成长之路"的成长公式，要求我们坚持读教育原理书籍，每月进行一次读书交流活动；每周反思总结，完成一篇千字博文；研读教育类杂志，每月投稿一次；团队成员将从原理书籍中学到的理论知识运用到教学实践中，轮流进行教学展示，团队共同听课、评课；成长团队还定期邀请教育科研方面的专家对我们的读书、论文写作、科研课堂等方面进行高屋建瓴的指导……

记得刚加入这个团队的时候，我心里是有些发怵的，感觉自己和团队其他成员比起来有不小的差距。读原理书籍的时候，经常会感觉读不懂。参加团队读书交流活动的时候会很紧张，感觉自己的思考缺乏深度，总是停留在浅层和表面。尤其是每周的千字文，更是写得犯难，明明自己心里有好多想表达的东西，可是语言却总是组织不到位，需要写好久好久，有时候写出的文章自己都觉得逻辑不清、不知所云。

记得刚开始写教育随笔的时候，我想到哪儿写到哪儿，思路没捋清楚，写完自己读起来也觉得不舒服，但也不知道怎么改才好，就先交差了。刘杰老师读完了我的随笔，找到了我，帮我细致地梳理思路、厘清论点、寻找论据。于是，我修改了这篇文章并得到了肯定。就这样，在刘老师的悉心指导下，在专家们的高位引领下，在团队伙伴们的鼓励、陪伴下，一天天、一月月、一年年坚持下来，我发现自己的教育写作水平有了明显的提升。语言文字的组织能力、谋篇布局的能力明显增强了，也能够清晰、有逻辑地表达心里的想法了。而且，读书的理解力更强了，能够更好地把握重点，联系教学实践进行思考和理解，并将这些理解运用到自己的教育写作中去。

在自主成长团队的几年间，我写了数百篇博文。这些文章有课堂实录、教学设计、教学反思、教育叙事、教育日志等。这段历程虽然艰辛，但是通过写作，发现、表达教育现场中鲜活的教育问题，促使我养成了从小处着手进行思考和写作的习惯。我学会了不断思考，解决那些看似不起眼的小问题，从中得到了大智慧。

点染——教育写作唤醒生命自觉

书写者用文字表达思想，担当使命，创造意义。诚如哲学家萨特所言："我通过写作而存在。"对每一个热爱文字、乐于书写的人，写作都能赋予其生命更丰富的意义。当有些人还在讨论"一线教师要不要写论文，需不需要进行科研"的时候，我很庆幸我已走出迷沼，明白了教育写作的意义，收获了教育写作的乐趣，唤醒了我教育生命的另一种自觉。在写作的过程中，我逐渐积累了一些心得。

一是要让教育写作服务于实践。教育写作来源于实践，更服务于实践。教师的教育写作应该有方向、有聚焦，扎根教育实践的土壤，发现实践中的真实问题并细加琢磨，聚焦最有实践意义的、对自己教学最有价值的问题，找到自己教育写作的支点。那么，在实践中如何发现教育写作的问题点？我认为可以从观察课堂、观察儿童、观察自己入手。课堂是教育写作的一座富矿，只要教师用心观察、用心思考，问题与收获都会自然涌动。在具体观察时可以借鉴名师严育洪的三个提法：观察课堂的烦恼处、观察课堂的苍白处、观察课堂的痛痒处。通过细致观察和体会，教师在教育写作时就可以聚焦教学中的真实问题、困惑或者特别感兴趣的地方，形成写作点。我曾运用这样的方法，以研究的思路观察、记录、分析并进行系列写作，聚焦"英语教学中语音能力的培养""真实语言交际""小组合作的有效性""英语阅读教学中高阶思维的培养""自然拼读与阅读教学的关系"等话题，写成了数十篇与主题相关的课例、随笔、反思和教学论文，见诸省、市级各类教育教学刊物。

二是让科研与写作相互成就。在感受到教育写作为自己带来的收获和提升之后,渐渐地,我不再满足于发表几篇文章,而是开始进行一些更系统、更科学的思考,尝试开展课题研究。在小课题研究过程中,我曾遇到过选题难、研究途径模糊、成果大而空等诸多问题,一次次的学习、写作与梳理,使我有了拨云见日的愉悦。几年间,我成功申报了两个市级个人课题和一个规划课题。每个课题的申报、研究、成果的梳理都离不开已经被唤醒的写作习惯。最终,课题的研究和结题都很顺利,我的科研能力也在不断增强。而最令我欣喜的是,课题研究和教育写作不仅相互成就,更成就了我的课堂教学实践,成就了学生的发展。

三是要充分发挥教育写作的反思功能。教育教学是教师的工作,更是教师个人成长的专业、志业。在教育教学过程中,教师一定不能缺失对自我的观察与反思。本质上,教育者所实施的教育过程,也意味着个人的自我教育。而教育写作蕴含着反思的功能,对于教师清醒地认知自我、调整自我有着非常重要的意义。为了不在纷乱的思路中迷失,一直保持对教育的清醒、对自己的审视,我一定会坚持不懈地用文字记录反思,把反思变成收获,在教育写作的道路上稳步前行。

十余年来,教育写作用它强大的魅力和能量,充实了我的职业生命,成了我的生命自觉。我相信,在今后的教师职业生涯中,教育写作依然会是我用心守望的方向,是我生命存在的另一种方式。

| 编者说 |

人的成长常常依靠很多契机。

有时是因为一个关键人物——慈爱亲切的老领导手把手地指导青年教师写论文,此时的他们是多么需要这样的"师傅领进门"啊!

有时是因为一个关键事件——福尼斯英语教学的实践促使张老师基于教学思考、教学经历、教育经验、教育情感进行反思性写作,帮助她慢慢梳理自己的教学思想、改进教育行为,转化教育过程中出现的矛盾与冲突,形成教育实践智慧,为今后的高层次写作奠定了良好的基础。

有时是因为一个良性的发展环境——徐州市大马路小学的自主成长团队在全国模范教师、江苏省特级教师刘杰老师的带领下,坚持"系统读书+实践反思+勤奋写作=教师成长之路"的成长公式,营造了导师悉心指导、专家高位引领、团队成员鼓励陪伴的良好发展环境,培养了许多优秀的教师。在这样的环境中,通过发现、表达教育现场中鲜活的教育问题,张老师养成了从小处着手进行思考和写作的习惯,学会了在不断思考中解决那些看似不起眼的小问题,积淀自身的教育智慧。

张老师在明白了教育写作的意义,收获了教育写作的乐趣,唤醒了教育生命的另一种自觉后,与我们分享了她的教育写作心得:一是让教育写作服务于实践,二是让科研与写作相互成就,三是充分发挥教育写作的反思功能。

让我们像她一样,和她一起,用文字见证自己的成长。

> 教育写作让我的人生变得丰盈、富足，哪怕头发花白，只要头脑还清晰，手还拿得动笔，敲击得了键盘，我的教育写作就会继续……

杨琳 徐州市民主实验学校教科室主任，徐州市学科教学先进个人，徐州市学习型先进个人，徐州市学生最喜爱的教师，国家心理咨询师，徐州市家庭教育宣讲师，徐州市心理健康教育宣讲师，获奖、发表论文四十余篇。

感恩遇见　相伴幸福

杨　琳

光阴荏苒，岁月如梭，转眼间，我在教育战线上已经耕耘了26个春秋，与教育写作也相知、相伴了26个春秋。教育写作给我的人生带来了无限的美好与快乐，我与她一路同行，共同编织着幸福成长的美妙故事……

最美不过初相遇

刚毕业那几年，我常常苦苦钻研教材到深夜，一遍又一遍地修改着教案。每上完一节课，回来后第一件事就是在备课本的教学反思一栏写满教学感悟，这些教学感悟经常受到教导主任的表扬，她总是在全校大会上把其中精彩的地方读给老师们听。现在回想起来，这大概就是我与教育写作的初相遇吧！

我那时在一所农村小学执教，通过走访调研发现，很多孩子的父母外出打工，把孩子留在家里由爷爷奶奶看管，这样的情况占比高达81.12%。爷爷奶奶只能满足孩子生活上的需求，根本没有能力关注学习辅导、习惯培养、素质提高等方面，有的爷爷奶奶连签字都有困难，更谈不上满足留守儿童对爱的需求。

于是我开始了对班里留守儿童的家访，撰写了家访记录，根据每个家庭的情况制订了帮扶计划，一一落实。一个学期下来，班里孩子的日常行为习惯、学习态度、学习能力发生了可喜的变化。期末考试，班里语文、数学平均分竟然分别提高了8分、7分。我欣喜万分，禁不住拿出笔记本记录这件幸福的事，一直写到深夜。就这样，《关注留守学生》一文诞生了。

第二年春天，区里举行首届论文比赛，马校长亲自找到我说："小杨，你要关注自己的成长，这次论文比赛可不能错过。"我思来想去，怎么写呢？当时学校还没有电脑，整个学校也就几本教育教学书籍。我愁得睡不着觉，突然想起被我束之高阁的《关注留守学生》一文，于是修改了一遍又一遍，买了稿纸一笔一画地誊写下来，上交到区里。没想到，这篇文章竟然获了一等奖。第一次参赛就获一等奖，我开心极了，觉得写文章并不难，就是写自己的真情实感。

那是一个阳光明媚的日子，我正在潜心备课，学校的邵世宏主任拿着一本杂志跑到我办公桌前："杨琳，你的文章发表了，快看。"我惊讶极了，我没投稿呀。打开一看，《关注留守学生》一文竟然发表在《行知论坛》上。邵世宏主任说："肯定是区里觉得你的文章写得好，推荐到市级刊物发表了，加油哟！今天晚上你们宿舍的几个年轻人到我家吃饭吧，我让你嫂子多做几个菜，庆贺庆贺！"那晚，嫂子做了一大桌子菜，庆贺我的处女作发表，年轻的伙伴们以茶代酒，举杯庆贺，纷纷表示以后也要开始写论文。嫂子说："您可是我们院子里第一个发表文章的才女哟！"我脸红了，心想我只不过是把自己做的事和自己的思考写出来而已。

一路相伴的深情眷恋

当时我们几个年轻老师住校，我年龄最大。伙伴们看到我的论文发表了，也开始尝试写作，要向我这个老大学习。我对大家说："想写好论文，我觉得教育教学中要多思考，还要多读些书增加理论功底，'读书破万卷，下笔如有神'嘛！"大家纷纷表示赞同。晚上备完课后，我们把看电视的时间缩短到半小时，其他时间用来读书、写教学反思、写教育故事；"卧谈会"时除了聊约会、聊男朋友，还聊当天班里的趣事和自己的教学感想……当时没有电脑和网络，但我们的日子过得充实、丰富。第二年春天，区里又举行论文比赛，我们宿舍六个人全部参加。我们围坐在一起，互相反复修改，最终四人获得一等奖、二人获二等奖。其中，四篇获一等奖的文章被报送到省里，又全部获奖。年终表彰大会上，我们上台领奖，马校长说："这些年轻人是我们学校的希望，我们不能只做教书匠，还要做终身学习的研究者，从而促进我们的教育教学工作。"我们中的老二胡老师当时正在谈恋爱，男孩子态度有点犹豫，得知她论文比赛连续获奖，认为她是个才女，对她说，"您是个有才气的女孩子，今生与您携手共度"。后来，他们喜结连理，她随军调到了上海教书，如今也是学校里的骨干。每每谈起此事，她便说："老大，是您让我收获了美好的爱情。"渐渐地，我们尝到了读书学习、教育写作的幸福味道！

这次论文比赛获奖让我们几个年轻教师出了名。区里频频来人听我们几个年轻人的课。他们听完课，先让我们说教学思路，再评课。我们仔细记录，认真改正教学中的不足。每听完一轮课，学校都要求我们写一篇教学总结。一篇篇总结就是一篇篇小论文，就这样，《语文阅读教学初探》《教后感的撰写》《我的教育拥有一对翅膀——赏识教育＋快乐教学》《教师要具有"四心"》等论文诞生了，后来分别获得了国家级、省级、市级奖项。这些文章反过来又使我们深入思考自己的课堂教学，我们的优质课也开始不断获奖。

2000年，我因为在课堂教学、班级管理方面表现突出，论文不断获奖，被学校推荐做大队辅导员。2002年5月，我撰写的《少先队活动的策划方略》在省少工委举行的论文比赛中获一等奖。我在大会上作了交流,还被评为江苏省"优秀大队辅导员"。我22岁结婚,28岁才要小孩,那些时光里,教育写作、钻研教材、读书学习便成了我每晚的必修课。我根据农村教学的现状,先后写了《小学语文趣味识字教学法初探》《小学低年级数学口算能力的培养》等论文参加区里的比赛,竟然全获了一等奖。其中,《小学语文趣味识字教学法初探》发表在《天津教育》上,我还收到了稿费,这下我的信心更足了。先生说:"杨琳,你做事、写文章太认真了,我真要向你学习。"于是,每晚我钻研教材、写作、准备自学考试、学英语,先生也开始学习英语,日夜备战考研。功夫不负有心人,2002年,他考上了研究生,我也很快自学完了专科、本科。2006年,我在申报小学高级教师职称时,已有22篇文章获奖、发表。

评上高级教师后,我在工作之余依然与写作相伴,笔耕不辍。我的写作范围由单一的教育教学随笔、论文扩展到生活类的散文、杂文等文体,《学习是我家永恒的主旋律》《故乡》《我是租客》等文章先后发表于《徐州广播电视报》《都市晨报》《彭城晚报》。2010年,我被评为徐州市学习型先进个人,家庭被评为徐州市学习型先进家庭,市工会免费给我家订阅了一年的《家庭》杂志,还奖励了8本国内外名著,我开心地阅读了一年。受到我的影响,儿子也很喜爱写作。我清楚地记得他三年级写《我的妈妈》,文中这样写道:"我的妈妈热爱读书学习,酷爱写作,她积极进取、做事认真、心地善良,是我学习的榜样。爸爸在妈妈的影响下考上了博士,我也每天都在进步,感谢可爱的妈妈,我也要像爸爸妈妈一样每天读书、学习、写作……"

2010年8月,区教育局举行中层干部竞选,分为竞聘演讲、现场答辩、民主测评三个环节。当我演讲、答辩完毕时,台下响起雷鸣般的掌声,当即我就料定我的成绩很好。果然,18人参加竞选,三个环节我的分数均列第一。分管德育的刘校长找到我说:"杨琳,您文采好,人品好,我很欣赏您,您的总分第一,这和您平时热爱学习与写作分不开啊!"就这样,我走上了德育主任的领导岗位,工作更忙了,可是赛课、各类培训、论文比赛的舞台上依然闪现着我的身影。我每日早来晚走,力求把教育教学、个人成长、管理工作做到完美,先后被评为区优秀教育工作者、市学生最喜爱的教师、区青年名教师、市优秀德育工作者等。细细想来,这些都源于我对教育写作的热爱。

爱与光芒照亮科研之路

2012年8月,因工作需要,我调入徐州市民主实验学校。杜亚平校长找我谈话:"杨琳,我们学校缺一个教科室主任,想让您担任,怎么样?"我说:"没问题,我喜欢写文章,做课题。"杜校长说:"可不是您一个人写文章,是要带领我们的团队做科研。"我说:"杜校长,您放心,我保证尽心尽力做好。"可是我万万没有想到,带领老师撰写文章、做课题研究远远没有想象的那么简单。于是,我们首先建立了"教师读书吧",每周三下午4:10—5:10,全体教师集中起来读书、做摘抄、写读后感。一开始,总有些老师迟到,或者不去,我就一个一个办公室去喊,半学期下来,总算能按时到齐。再到下学期,老师们竟然都能安静地坐下来阅读,认真地摘抄,一部分年轻人还写出了感人的读后感。我们便在校园里展览老师们精美的摘抄本和优秀的读后感,两个月进行一次读书分享。慢慢地,我们在校园网给老师们开辟了个人博客平台,要求老师们每学期上传四篇教学随笔或论文,学期末进行评选、颁奖,这样的做法一直延续到现在。

几年来,我手把手地教年轻老师写论文,帮助他们一遍又一遍地修改;课题申报书逐字逐句带着大家修改;个人课题需要原创文章才能结题，我一个个指导，直到华灯初上。省、市论文比赛，课题申报，自愿参加的老师越来越多，"十三五"省级课题申报时，申报书我修改了整整12遍。我鼓励教师：每位教师都有写好论文的潜能，需要自我学习与开发；要克服畏难情绪，增加写作的勇气和信心。我指导教师教育写作选题要新颖、独特，要单因子入题，不要双因子入题，比如，"加强自主学习，培养小学生的倾听能力"不妥，要改为"小学生倾听能力培养的有效策略"；写作内容要与文题相符，实践层面要实在，可操作，有新意；论证中例证要典型，有说服力，叙议结合，充分证明分论点。

记得一次辅导李老师写论文，她的论文题目是《小古文趣味教学策略初探》，一级标题是：一、趣味读——引发兴趣，二、趣味导入——激发热情，三、趣味学——深入体会，四、拓展延伸——开阔视野；关键词是：趣味读、趣味导入、趣味学、拓展延伸。我指导她说，论文小标题也要像小古文一样讲究对仗，可以改为：一、趣味读——激发兴趣；二、趣味引——点燃热情；三、趣味学——加深体会；四、趣味展——开阔视野。她说："这样改好，行文更有美感了。"我说，题目也要改，改成《小古文"四趣"教学策略初探》更形象生动，凸显重点。她笑了："有道理，有道理。那关键词也要改，改成'趣味读、趣味引、趣味学、趣味展'。""到底是中文系高才生，加油，看好您！"我拍了拍她的肩膀夸奖道。后来，这篇文章获了省一等奖，她专门跑到我办公室表示感谢。

就这样，我教老师们如何写摘要、如何提炼关键词、如何撰写参考文献……引领一大批老师爱上教育写作，带领他们从优秀走向卓越。如今，学校老师的教育理想更加坚定，道德情操更加高尚，学识能力更加扎实，仁爱之心更加博大。我在指导大家写作的同时，自身的水平也提高了。老师们的请教与期待，让我不断地去学习、进步与提高，我深深体会到，帮助他人进步成长真的是一件很幸福的事。

如今，我带领着学校"阅读研修共同体""遇见芬芳读书社""风火轮科研团队""青年火炬号团队"的12个伙伴们认真研修学习：线上精彩分享、致力教育写作、潜心课题研究。老师们的学习意识、业务水平、写作水平、科研能力在不断提高，许多老师的论文在各级刊物发表，在各类比赛中获奖。我个人对教育写作的热爱已经延伸到促进全校教师的专业成长和学校的未来发展。

教育写作，感恩今生遇见！

在带领大家做好科研的基础上，我也丝毫没有放松自己的学习与写作。灯火阑珊，我阅读着《人是如何学习的》《给学生真正需要的教育》《跨学科的项目化学习："4＋1"课程实践手册》《清华附小的德育细节》等书籍，写了厚厚一大摞读书笔记。几年来，《项目化学习在语文教学中的运用》《小学生作文教学中的生本教育》《大语文中的德育微渗透》等16篇文章发表在国家级、省级刊物上。岁月不居，转眼人已到中年，我仍然像年轻人一样充满热情地进行教育教学课堂改革，读书学习，教育写作，参加各种比赛……

响应国家号召，2016年，我们迎来了可爱的二"公子"。从宝贝3岁起，我每晚都要与他进行亲子阅读，如今，小儿子对唐诗、宋词、《水浒传》、《三国演义》样样熟知。在我的影响下，先生也爱上了写作，而且是"青出于蓝而胜于蓝"，如今，他已经有5本书出版，80多篇文章在核心刊物发表，获得8项专利，从电视台调到大学任教，评上了教授和国家高层次人才。先生说，是我学习与写作的精神影响与鼓励着他走向成功，让他这名中专生成为博士生，好女人是一所学校。我补充道："一位热爱教育写作的女人更是一所好学校。"

夜晚，每当孩子们入睡后，我打开电脑写课题或文章时，先生便调侃说："夫人，又在写教师要有'四心'吗？""先生，您小看夫人了，教师要有'四心'是十几年前的过去时了，现在是新课程改革、核心素养、项目化学习、深度学习、立德树人、五育并举、学科育人的新时代了，教师只有'四心'是不够的，要响应习近平总书记的号召，做'四有'好老师。"先生竖起了大拇指："杨老师有长进，与时俱进啊，不愧是教科室主任。"我笑着回应："积学修身，优行致远，谢谢张教授夸奖，我会继续努力的。你赶紧学习和研究吧！"先生赶紧开始学习、写文章、写书、做标书……

"片言可以明百意，坐驰可以役万里"，今生与教育写作结下了不解之缘，与她相遇、相知、相伴。一路走来，她给我的人生增添了乐趣，让我的人生变得丰盈、富足。在以后的岁月里，我将一直读书学习，笔耕不辍，哪怕头发花白，只要头脑还清晰，手还拿得动笔，敲击得了键盘，我的教育写作就会继续……

感谢相遇，让时光多了一份温暖；感谢相知，让生活多了一份快乐；感谢相伴，让流年多了一份精彩。感恩遇见，教育写作伴我一路走向幸福与美好！

编者说

杨琳老师与教育写作相伴的故事真是让我们嗅到了满满的"幸福的味道"。没错，是幸福！

第一次发表文章，嫂子烧了一桌菜在小院里为她庆贺，是幸福；

和年轻的同伴一起写作，促成了一段美好的姻缘，是幸福；

儿子在作文中写道："我的妈妈热爱读书学习，酷爱写作，她积极进取、做事认真、心地善良，是我学习的榜样……感谢可爱的妈妈，我也要像爸爸妈妈一样每天读书、学习、写作……"收获儿子的崇拜和幸福的家庭，是幸福；

先生在自己学习与写作精神的影响下，从中专生成为博士生，评上了教授和国家高层次人才，表扬她说，"好女人是一所学校"，是幸福；

在长期写作中，练就了良好的表达能力，在中层干部竞选中竞聘演讲、现场答辩、民主测评三个环节分数均列第一，是幸福；

笔耕不辍，先后被评为高级教师，获得市学习型先进个人，区优秀教育工作者、市学生最喜爱的教师、区青年名教师、市优秀德育工作者等荣誉称号，是幸福；

引领着一大批教师爱上教育写作，带领着伙伴们从优秀走向卓越，帮助他人进步成长，是幸福。

……

杨琳老师与教育写作结下了不解之缘，教育写作让她的人生变得如此丰盈、富足。我们可以相信，在未来的岁月里，哪怕头发花白，只要头脑还清晰，手还拿得动笔，敲击得了键盘，她的教育写作就会继续……

这真是一幅美好的图景：和煦明媚的阳光下，一位头发花白、面容慈祥的老太太在敲击着键盘，她一会儿与后辈们交流着学习心得，一会儿下楼去拿新发表了文章的报纸、杂志，一会儿接打着年轻老师请求指导的电话……

与教育写作相伴的日子，过去，很美；将来，一定更美！

> 写作，是一个自我教育、自我成长的过程。我们需要像对待初学写作的孩子一般，对自己再耐心一些，不求一下子写得多，写得深，写得好。"写"的行动远胜于一切好高骛远的虚拟规划。

丁素芬 苏州科技城实验小学校高级教师，全国十大青年名师，苏州市学科带头人，淮阴师范学院教育科学学院兼职副教授。曾获全国课堂教学比赛一等奖、江苏省阅读教学大赛一等奖、江苏省"教海探航"征文评比特等奖、江苏省中小学"师陶杯"教科研论文评比特等奖，在《小学语文教学》《江苏教育》等杂志发表论文40余篇，编著《经典共读实操手册》等，主持或参与省、市级课题6项。

开启"为写作"的教学人生

丁素芬

写作为什么这样难

工作室活动，我们讨论三年级下册《肥皂泡》一课的教学。小伙伴们解读文本、设计教学颇有见地，特别让我惊喜的是，大家对好课的看法越发质朴，越发接近教学的本质，且有新的关注点，比如，把课后习题设计到教学环节中的合理性与关联性……

我说，把这样的思考带入课堂，以实践来验证思考、更新认识，是一件多么有意思、有意义的事情啊！大家纷纷表示赞同，都愿意试试。

我接着说，珍贵的思想还要写下来……一个"写"字，让现场瞬间静默，好像触到了每个人的痛点。小伙伴们很快达成共识：宁愿上三节公开课，也不想写一篇文章。

这选择着实让我大吃一惊！把自己的教学记录下来，有那么难吗？

太难了！小伙伴们一致说，一个题目就要想好久，框架的逻辑难理顺，找不到理论支撑，写出来都是大白话……

哦，原来如此——用论文思维去绑架教育写作，患上了写作"恐惧症"，难怪"谈写色变"。我说的写下来，可没那么复杂。即便是写论文，也不是"上蜀道"。

理论上讲，写作好像不应该是难事啊。中国人学母语，不用拐太多弯儿，天天都在用，张口就是语，提笔就是文啊！为什么浸润在母语环境里这些年，写篇文章却如此之难呢？

1. 写作的定调太高

很多小伙伴告诉我，写一篇文章要下很大的决心，要调整好情绪、态度、专注度，甚至要不断变换写作的物理环境，以寻求最佳的写作状态。如此兴师动众的仪式感，让写作显得有些"高冷"。或许，写作更应该保持家常的面孔，就像说话一样，随时随地都可以发生。

小时候，老师常对我们说，心里怎么想就怎么写。所有人心里都有想法，有的人想法还特别多，可为什么一动笔就想法全无了呢？真是咄咄怪事！可能，我们把写作的调性定得太高了。有意无意间，我们以八股规范来要求自己，就会变得浑身不自在，笔拙得很。

想起来有次听口语交际课，老师对表达规范的要求非常之多，学生还没开口，先要面对一堆要求，再加上对真实情境缺少认识，课堂现场一下子冷却下来。听课老师开玩笑说，小朋友本来会说话的，上完口语交际课，却不会说了。

写作和说话一样，本不是难事，但如果把要求设置得太高，就会让人望而生畏。

2. 写作的目的性太强

据我了解，很多老师写作都有很强的目的性，"无利不写作"。论文比赛开始了，学校要求 35 岁或 40 岁以下的都要上交论文，无奈写一篇交差；要评职称了，抓紧写几篇论文，想办法发表。此外，似乎没有理由一定要写作。

写作是一项软性要求，退路太多了。我相信，许多老师和我一样，也曾不止一次下决心，每天一定要写点什么，让写作成为一种习惯。但坚持一个"可有可无"的习惯是多么难哦！工作忙的时候，写作就赶紧让位吧，先挑急的事情做，等有空再写。殊不知，每天都有忙不完的事情，似乎从来没有闲的时候。偶尔闲了，也无从下笔了，写作那口气，早断了。

由此，我想到学生写作文。老师都要求学生多写日记，勤练笔。我们在教学计划中都会列出学期大作文、小练笔。没有哪个老师一学期只写教材里的几篇大作文，其他时候不闻不问的。因为我们都知道，不练笔，写不好作文。叶圣陶先生说："为养成写作的习惯，非多作不可；同时为适应生活的需要，也非多作不可。作日记，作读书笔记，作记叙生活经验的文章，作抒发内部情思的文章，凡遇有需要写作的机会，决不放过，这也是应该而且必须做的。"

小孩子学写作尚且要如此练习，何况老师呢？特别是语文老师，是教授写作的人，更应该养成练笔的习惯。躬身力行，是最好的写作教学。

3. 写作的反射弧太长

写作是书面表达，与口语表达相比，确实不能实现即时反馈。

就说投稿吧，这件事需要有极强的耐心。两周收到回复是运气最好的，两三个月属于正常，给音信的多是有希望被录用的稿件，大多数稿件就像小石头投进大海，杳无音信。

写作的反射弧，没有最长，只有更长。相比论文评奖，期刊的反馈已是非常迅速了。每次看到省里、市里的论文评比公示，我总要努力想啊想：这是什么时候送评的呢？半年、大半年过去了，太难回忆了！

让写作成为必不可少的经历

没有写作的人生，可能也会很精彩。

不过，语文教师的职业属性决定我们的生命与写作分不开。写作是教师是否走向了专业化的重要考量。

我刚工作的时候，区里年年都要举行青年教师"十项基本功"竞赛。我把自己的经历讲给小伙伴们听，他们好奇地问："这么多呀，主要有哪些呢？"我总结出五项关键能力：备说上评写。"啊？还有写？！"他们一个个惊讶极了。没错，这个"写"不是写"三字"（粉笔字、钢笔字、毛笔字），而是现场命题写作。

现在回想起来，这些经历对自己后来的教学影响极其深远。热爱写作的老师一定会生长出无穷的写作智慧，把它们教给孩子，让孩子终身受益。

语文老师要通过练习让写作成为随身的本领，这是基本功。有了这项基本功，才能体会到写作的乐趣，以及这些乐趣所积聚成的生命的意义感、幸福感。

1. 放低写作的姿态

写作，是一个自我教育、自我成长的过程。我们需要像对待初学写作的孩子一般，对自己再耐心一些，不求一下子写得多，写得深，写得好。"写"的行动远胜于一切好高骛远的虚拟规划。

写作本身没有那么"高冷"，是我们把它"神化"了。今天读了什么，想到什么，就记下点什么，有话则长，无话则短。俯身即可写，提笔即文字，慢慢地，你会成为自己想要的样子。不要小看这些看似碎片的案例、思想，就是它们一点一点累加，筑起我们写作的高度，让我们的只言片语汇成思想的江河。

把写作从神坛上请下来，放低自己的写作姿态，先写起来，再说。

2. 建构自己的写作动力学

写作是一件孤独的事，没有现场观众的喝彩，也没有确保结果的承诺，很多时候，努力付出可能会收获一场空。但是，这又有什么要紧呢？要知道，每一次写，都是为未来蓄能。终有一天，练习会积淀为才气，你会变得与众不同。

要是觉得写作实在太寂寞了，也可以想办法让安静的写作"活动化"。一群人写比一个人写更有意思，是不是？那就约上志同道合的朋友，开启你们的集体写作之旅吧！

写作虽说不是价值交换，不能以"利"来计算，但在写作前期，我不反对以"利"激"写"。写作的"利"是什么呢？我们暂且不论。有人以"复利思维"来激发写作动力，我觉得有点儿意思。

巴菲特说："找到一条足够长的坡，足够湿的雪，就能让财富滚雪球。"这就是复利。爱因斯坦称复利是宇宙间最大的能量。

写作不是重复思维，但却是一个重复动作，且是有些无聊的动作。重复地做一件事情，当循环的次数足够多的时候，复利效应就会不知不觉产生；而前期几乎看不到回报，大部分人会选择放弃。

总之，不管怎样，要想让写作成为习惯，你就要建构自己的写作动力系统，让写作成为一个不断滚动的球。

3. 写作，为思想存档

葡萄牙诗人费尔南多·佩索阿说："当我写下这一切时，便成了永恒。"写作的更高境界是为生命而表达。

"写作，是自己曾经精彩活着的证明。"人生处处是精彩，多少时刻未来得及记下就转瞬即逝？若用写作来记录生命轨迹，是多么有仪式感、有价值的事呀！这样的写作境界，是我所追求的。

我曾多次引用华东师范大学李政涛教授对自己写作经历的体悟："我所经历的个人成长误区，是一度读得太多，写得太少，被'述而不作'所束缚。后来发现，其实很多道理、想法、体悟，不是读明白、想明白的，而是写明白、写清楚的，由此悟出了'以写促读''以写清思''以写引思'的道理。人的精神世界，在阅读与写作的穿梭转换、交互生成中不断丰盈。"

写作，是语文老师的必修课。"必修"带着一点外部的压力，这是必要的规约。在专业成长的道路上，只要你愿意，每个人都能从内心生长出写的动机，写的动力，写的能力，开启"为写作"的教学人生。

编者说

我是在一个微信公众号上看到丁老师这篇叙事的，感觉她写得特别接地气，遂将这篇文章收入本书，以发挥它更大的价值。

丁老师分析和回答了一个几乎所有老师都会问的问题：写作为什么这么难？她讲出了一线老师"怕写论文"的三个主要原因：一是对写作的定调太高，老师常以八股规范来要求自己，于是一写就"笔拙"，常常自己把自己先否定了。二是写作的目的性太强，除了评职称和完成任务，其他时候写作只是可有可无的事情。三是写作结果反馈时间太长，不能得到及时反馈，难免让老师意兴阑珊。

如何破解"写作难"呢？丁老师建议：一是把写作从神坛上请下来，放低自己的写作姿态，先写起来再说。"写"的行动远胜于一切好高骛远的虚拟规划。二是建构自己的写作动力学，每一次写，都是为未来蓄能。终有一天，练习会积淀为才气，你会变得与众不同。三是建构自己的写作动力学，用写作来记录生命轨迹，为思想存档。

除此之外，我认为，教师还需要走出认识上的许多误区。

现实生活中，很多教师认为"理论性强的文章才是好文章"。因此，他们常常在写作中小心翼翼地"搬运理论"来装点自己的文章，可由于理解和运用理论的能力欠缺，总是出现理论与实践脱节的现象，似乎自己的文章总是缺少"学术的味道"。于是，他们常常心有余而力不足地"望文生叹"，最后兜兜转转怪到自己头上，"我水平不够，不会写"。加之近年来随着期刊行业的进一步规范，论文发表的要求越来越高，一线教师要发表一篇文章很不容易。于是，除了评职称必须写的文章外，教师很少能自发、自觉、持久地去"写教育"。

事实上，对于一线教师来说，写作除了功利性的作用之外，其本质的目的是通过这种方式，分享自己的教学经验，同时在写的过程中促使自己去记录经历，提炼经验，提升认识。不管何种形式的写作，也不论最终他人如何评判，如果你的写作达到了启迪他人、提升自己的目的，就是一篇好文章。当然，在这个过程中，只要你持续用心地去写，量的增加必将会带来质的飞跃，你会越写越熟练，越写越轻松，越写越专业，上述的难题自然也就迎刃而解了。

而写作的动力来源除了"外在的结果"（发表或获奖）的激励之外，更应该是"内在的动力"。

根据马斯洛的需求层次理论，自我实现的需求是人的最高需求，也是一种增值需求。当你在阅读与写作的穿梭转换中，体会到个人精神世界的不断丰盈时，最高需求得到满足的美妙会充斥你的心房！

或许此时，你就会"不待扬鞭奋自蹄"了吧！

写出你自己

> 每一个教育写作人都应该有一间"自己的房间"。"自己的房间"不只是一个物理空间,更是自由思想的心灵。对于教育写作,自由思想的心灵比写作技巧重要不知多少倍。

成尚荣 江苏省教育科学研究院研究员,第七届国家督学,教育部基础教育课程改革专家委员会委员,教育部中小学教材审定委员会委员。

教育写作要有"自己的房间"

成尚荣

关于教育写作,心里有些话要说,说的不一定对,但一定是发自心灵深处的。

不必把教育写作看得过于神圣,但心里一定要有"神光"

写作是崇高的、神圣的。但是,写作,包括教育写作,别过于强调崇高感、神圣感,一定要倡导生活感,要有生活的愿景,要有自己的梦想。我就有这样的梦想。

我读师范时,自以为作文还不错,还和同学办过班报,取名"学步"。我曾对要好的同学说:"以后,我一定要有篇文章登在《新华日报》上。"我直到今天都深以为,文章刊登在《新华日报》上是光荣的,而且是神圣的。也许这是我教育写作梦的起点。有没有这样的梦很不一样。六十多个年头过去了,我还记得这句话,还常常提起它,是因为它已长在我的心里了。如果呵护它,时时滋养它,总有一天它会萌发,长成一棵树——不敢说好大一棵,但至少是一棵直直的树。

师范毕业,等待分配工作的那段时间,我看了不少电影文学类刊物,像着了魔似的。边看边想:我能不能也写个电影文学作品呢?如果能拍成电影更好。这也是一个梦,至今都没有实现,看来将来也无法实现了，不过梦已写在我的教育生涯里。我想，自己的教育人生不就是一个美好的电影脚本吗？我们不是在讲述自己如电影般的教育故事吗？当我们老去时，回忆过往，就像回看自己的电影。一幕幕，让自己怦怦心跳。

当了小学教师，我曾写过《柿子下的故事》，写的是校园里两棵柿子树结满了红红的柿子，成熟了，分给全校的同学，一人一只。故事刊登在儿童刊物上，好像是《儿童文学》。那篇故事短短的，淡淡的，挺有味道的，像柿子一样有着清香。记得那天，我一挥而就，有点春风得意。现在想起来，教育写作不能离开校园，更不能离开儿童。丰富的校园生活是教育写作的源泉，儿童则是校园生活的灵魂。

除了有自己的写作记忆，我还有他人的写作故事，尤其是作家的故事。一位作家通宵达旦地写作，天渐渐亮了起来，他搁下笔，来到窗前，望着街上人们慢悠悠地走着，漂亮的姑娘出门了，小伙子们蹦跳着，店门开了，一切都活了。在清新的空气里，这位作家头脑更加清新，心里想：啊，生活真美好！一夜的写作多美好！原来，写作就是为了迎接这美好的清晨，写作就是清晨的开始。那么，教育写作呢？教育写作就是表达美好的生活，教育写作本身就是美好的生活。假若你看到雀跃着飞奔进校园的孩子们，假若你听到清脆的钟声，心头该涌起什么样的写作波澜呢？

我也记得美国女作家弗吉尼亚·伍尔夫，她1941年离世。80年后的今天，关于她，人们仿佛只记住一句话："女人要想写小说，必须有钱，再加一间自己的房间。"时至今日，"自己的房间"依然是女性独立意识与自由思想的重要象征。不止女性，每一个人，每一个教育写作人，都应该有一间"自己的房间"。"自己的房间"不只是一个物理空间，更是自由思想的心灵。对于教育写作，自由思想的心灵比写作技巧重要不知多少倍。

是的，教育写作是崇高的，是神圣的，但是崇高与神圣不应显山露水，更不应在口头，他们原本在自己的心灵深处，原本在自己的梦想追求中，自自然然地在自己的生活中。那梦想，那生活，就是心中的"神光"，而"神光"就在"自己的房间"里。

我们得有一间"自己的房间"啊！

不必把教育写作看得过于神秘，不妨从有感而发开始

写作是有密码的，掌控密码的人才可能写得更好，其中一些人会成为作家。但是，我又觉得没有什么密码，把自己真情实感写下来就可以了。不管有没有密码，我们不能把写作看得过于神秘，这会让教师产生畏惧感，进而产生拒绝心理。教育写作首先是情感问题，让教师爱上写作，让爱的情感走在写的前面，先别管写得好不好，在爱的驱动下先写起来再说。要说密码，也许"爱""喜欢"是"第一密码"。而"爱""喜欢"需要激发，鼓励是最重要的激发力。

我从小就有这样的体验。我小学就读于南通师范学校第一附属小学，大概五年级的时候，我常到大礼堂去，因为那里有个壁报栏，介绍的是学生的好作文。一次，我看到哥哥的作文，"成尚鸿"三个字赫然在目，像是红红的火焰在燃烧、在跳跃。哥哥是我的榜样，我决心向他学习，把作文写好。六年级时，最盼的是作文评讲课，评讲课老师要面对全班同学读最好的作文，有好几次，我的作文被挑上了。有一次，老师读了我的作文，到走廊里和隔壁班的老师说着什么，又把我的作文交给了那位老师。原来我的作文又要在兄弟班级作为优秀作文朗读，作为范文让大家赏析。那情景恍如昨日，至今我都没忘记，近70年了，记得清清楚楚。现在回想起来，我仿佛又回到儿童时代，

陶醉在作文被朗读、被称赞的幸福与激动之中。鼓励、表扬、赞美，是一种力量，让我心向往之，巴望下一次作文、下一次作文评讲快点来到。现在回想起来，在大礼堂，那交换作文的走廊正是属于我的那间"自己的房间"。

这是颗种子，总有一天会苏醒过来。这颗种子是我当了江苏省教科所所长的时候苏醒的。省教科所办了份刊物《江苏教育研究》，从双月刊改为月刊，每期都有卷首语，作为杂志主编（挂名的）的我揽下这活。写了好几期，反映挺不错，听到不少赞扬的话：精巧、有闪光的思想、有色彩的文字。但是，一位老领导却说：这是什么文章，都是有感而发。意思是缺少科研含量，没有深度。我问所里的学问家孙孔懿先生，对这一评价我该怎么对待。孔懿先生回答得十分干脆：你走你的路，保持自己的风格。我想：对啊，文章怎能不"有感而发"呢？没有"感"，"发"什么？写什么？即使是科研论文，也总是在实验、研究、实践、思考中有了"感"才"发"，才能"发"啊！于是，我坚持了下来，写了不少"有感而发"的卷首语。一次，听到时任刊物副主编的蔡守龙正在和一位校长说什么，听起来好像是下一期的卷首语会更精彩，这话对我又是极大的鼓舞，给了我新的信心。

现在，我也会写论文了，有的篇幅还很长，在《教育研究》《人民教育》《课程·教材·教法》《中小学管理》《北京师范大学学报》《西北师范大学学报》上刊登，《新华文摘》还转载我的文章。看来，从"有感而发"开始写作，这也许是破解教育写作密码的好办法。我们千万别看不起有感而发的小文章，千万别看不起感性的表达，因为，那是灿烂的感性，那是教师写作最接地气、最温暖、最明亮的那间"自己的房间"。

不必把教育写作看得过于专业，
不妨把视野放开放大

教育写作属于专业写作，必须体现专业的特点，专业性是教育写作的规定性。不能体现专业性，不能遵循专业写作的规律与特点，不能称之为教育写作。问题是怎么理解专业性，怎么把握教育写作的特点与要求。

从题材与文体来看，教育写作涉及许多学术领域，也涉及各种不同的体裁，当用融通来应对专业性。吴宓先生是研究世界文学史的大家，著有《世界文学史大纲》。他在书中对哲学、诗、小说、戏剧有不同的比喻。他说：哲学是气体化的人生，诗是液体化的人生，小说是固体化的人生，戏剧是固体气化的人生。他的意思是，哲学重理，诗重情，小说重事，戏剧重变。我从中领悟到，不同的学科领域、不同体裁的文艺作品有不同的样态，体现了它们各自的特质，这就关涉写作的专业性问题。他的论述有几点值得我们关注和思考。一是所谓"化"，是个过程，内含着变化的意思，变化意味着生成。所以，有时候不必拘泥于形态与样式，可以开放点、自由点。二是吴宓先生说的"人生"。人生是丰富多彩的，也是复杂的，充满着许多不确定性，生活、人生是专业写作的根本，因此也放开点、自在点。三是理、情、事、变，都是相对的，交融在一起，你中有我，我中有你，这种融通已成为一种趋势，所以，专业的融通性使专业写作呈现开放状态。教育写作既有学科的个性，也有不同专业的融通性。尤其对教师的教育写作应当放宽一些，放宽才能放活，才更能体现教育人生特有的意蕴。

从做学问的角度看，当用打开的方式应对专业性。施蛰存是现代派作家、翻译家、古典文学学者。他说自己的人生推开了四面窗：东窗是文学创作，南窗是古典文学研究，西窗是外国文学翻译，北窗为金石碑版整理。他说，他从不为自己设限。"不设限"，不加上条条框框，不设固定的标准，而是向四面八方打开，各有各的风景，各种视域重叠与融合，一定会带来创新。在这过程中，对专业的要求无形中有所放松。教师的教育写作就应这样，不设限，或者不要过多地设限，让教师自由地写作。倘若如此，教师的心灵便自由起来，教师便解放了，一定会在轻松的状态中走向积极的、多彩的创作。这是多么生动的情境啊！

从写作风格来看，教师的教育写作当用生活的情趣与想象来应对写作的专业性。先讲一个故事。陈之藩教授曾有一篇演讲稿，题目为《谈风格》。其中一节说到剑桥北边的一条新河，水清鉴人，照出岸上的小紫花。朋友问他作何想时，他答道："我现在想的是袁枚的诗：临水种花知有意，一枝化作两枝看！"啊，多富有想象力，多富有情趣。再讲一个故事。作家宗璞先生做了眼科手术，视力略有提高，写信报喜："方才有一只喜鹊从窗前过去，我看见了尾巴长长的影，且是淡水墨的写意画。"她是随意看的，一般人却是看不见的。这是因为她有想象力，她有无限的生活乐趣。教师写作有自己的风格，风格即人格，人格在生活里培育与塑造。尽管风格是个专业问题，但风格最终在生活里呈现，专业也将在生活里飘散。在这方面，我和他们一样都有"自己的房间"，特别明亮。

不必把理性、理论看得过重，
但一定要用感性去表达理性或理念

教育写作要强调理性，没有理性的文章深度不够，也要强调理论支撑与阐释，否则写作站不到高位上去。从总体上来看，教师写作的理性不够，是短板、软肋，必须努力克服，逐步提高。但是关于感性与理性的问题要澄清。

感性与理性都是认识世界、把握世界的方式，两种方式都重要。感性强调感情、想象，理性强调逻辑与论证。只有感性表达，写作会浅；只有理性表达，写作会干涩，两种方式应当结合起来。

有学者称感性是灿烂的，前文已有所涉及。感性之所以灿烂，是因为它倡导情感。情是纽带，感情是燃料，会带来动力，也会带来生动活泼的氛围，带来浓浓的兴味。情感的最高层次是审美感，审美往往指向创造。教师完全不必为自己的感性表达而自惭形秽，相反这是优势，应当自豪。试想，教师的教育写作，没有真挚而丰富的情感，那文章不就是冰冷的机械吗？冰冷的美丽固然也是美，但不是教师，更不是学生所喜欢的。

黑格尔有句名言：美是理念的感性显现。前段时间我写了一篇随想录，题目是《目的与目的性颤抖》，就是力图用感性来表达理性。文章讲的是鼓王安志顺的故事，安志顺一生打遍各种鼓，将陕北硬汉的豪情与担当和一辈子的生命体验全敲在鼓上，用鼓声讲述民间故事，传递人间喜怒哀乐，将原本单调的鼓乐演奏得有灵性，有情味。有意大利作曲家称他为"中国打击乐的贝多芬"。他在加拿大演出时，当地媒体评价称："中国的打击乐把加拿大人打得灵魂出窍。"在这篇小文中，我论述了人生应当有目的，但目的不能过于强烈，更不能过于功利，防止产生'目的性颤抖'。文中说："不打'退堂鼓'，也不打'升堂鼓'，不写'急就章'，一切都在努力中，一切都会自然生长起来。"事实证明，这样的表达方式大家是喜欢的。文中的一句话大家觉得特别有意思："打了一辈子鼓，还'蒙在鼓里'。"意味深长啊！这是什么？是感性？是理性？抑或是用感性表达的理性？都对吧。

原来，这也是我"自己的房间"啊，真好，真美，真亮！是这间"自己的房间"，让我们不会蒙在鼓里。

| 编者说 |

　　成先生是大家公认的高产作者、优质作者，对他来说，写作就像呼吸一样自然、顺畅，让他来介绍一下自己的"写作秘诀"真是再合适不过了。当我向他约稿时，他爽快地答应了。

　　收到成先生的文章，第一眼看到题目时，我想：成先生写作好有仪式感，一定要有"自己的房间"，和林徽因写字要换上白色裙子，焚上自己喜欢的香倒是有几分相似。可是，成先生的思想哪是我们一眼能看穿的，原来这间"自己的房间"不是指物理空间，而是指用"自由思想的心灵"营造起来的"写作场"。只要心里有这间房间，其实哪里都可以开始写作。

　　写到这里，我的眼前出现了出差间隙在宾馆写作的成先生，在飞机上用手机写作的沈茂德，在课间十分钟也能在电脑上敲出二三百字的张齐华；想起那次，我采访完苏州苏苑实验小学的老师，在回程的火车上，趴在座位前的小桌上完成了《"费心"的学校》这篇"学校印象"，发表后还被人大复印报刊资料全文转载。宾馆、飞机、办公室、火车……是啊，只要思想在舞动，心灵在歌唱，写作随时随地都可以发生。

　　作为教育界的资深专家，成先生写了各种内容、各种风格、各种形式的文章，有鲜活灵动的卷首语和教育评论，有深刻严谨的学术论文，有翔实科学的调查报告……基于如此丰富的写作经历和感受，他最想告诉老师们的"写作秘诀"是什么呢？

　　一是教育写作可以从有感而发开始，尽量找寻写作的成就感。任何文章都是从自己的心里"长出来"的。只有基于自身的体悟，才能将实践、理论融合起来，找到"属于自己的句子"。人总是在激励中前进的，我们不妨用多种形式展现自己的作品，一句肯定的评论、一次获奖的经历、一次发表的惊喜，都会成为你写下去的动力。

二是不必把教育写作看得过于专业化、格式化，不妨更自由、宽松一些。我们可以用生活的情趣与想象来应对写作的专业性，也可以寻找自己更适合、更擅长的写作方式和领域，宽松、自由的心态会为你带来更多元、更灵动的创作。

三是充分认识、发挥感性与理性的不同作用。感性让写作更丰富、更灵动，理性让写作更严密、更深刻。写作应当把这两种方式结合起来。写作的最高境界就是大道至简、深入浅出，用感性来表达理性。

原来，我们每个人都可以在写作时拥有一间属于"自己的房间"啊！

> 文章写成后,不要急于给别人看,不要急于借助他人的力量来修改。自己没有细读十遍,不可以拿给他人看,"妆未梳成不许看"。

华应龙 全国著名特级教师,正高级教师,"苏派名师",首批"首都基础教育名家",化错教育创始人。现任北京第二实验小学副校长,北京师范大学、教育部小学校长培训中心兼职教授。荣获首届"明远教育奖"。中央电视台、北京电视台、《人民日报》《光明日报》《中国教育报》《人民教育》《中国教师报》等 20 多家媒体多次报道。

关于教育写作的你问我答

华应龙

一

成为全国第一本专业刊物《小学数学教师》的专栏作者,我很自豪。有老师问我:"华老师,您到目前为止出版了几本书?出书的念头是怎么产生的?"

我先后出版了《我就是数学》《我不只是数学》《华应龙与化错教学》等8本书。2009年之前,我对教师出书是有些反感的。因为有几位课上得并不好,没有发表过文章的老师竟然出书了。那样的书,打开之后,根本不想往下看。我不想制造文字垃圾,因此不想出书。李烈校长、刘坚主任、张梅玲研究员、张新洲社长、鲍东明主编等多位领导、前辈和同学好友多次催促我写自己的书。我还记得《中国教育报》张圣华主编给我发来一则短信:"应龙,我今天看到一个好句子:等所有的菜都上齐了,有些菜已经凉了。"

2009年,北京第二实验小学建校100周年,我生命中的贵人李烈校长把我叫到她的办公室,说:"小华,你负责落实老师们的书。我盯着你的书!"于是,才有了《我就是数学》和《我这样教数学》的面世。这两本书出版之后,受到广泛好评。叶澜教授说:"从华老师的人生来看,他是一个不服输的人,是一个善于从挑战当中实现自己发展的人，也是一个善于抓住发展时机的人。他是一个比较清醒知道自己需要什么，可以怎么去实现自己需要的人。从书里面还可以看出他的个性，他是有非常积极心态的人，是一个比较率直的、能够在自己文字当中直抒胸怀的人，是自信而略带狂气的人，也是一个精力充沛的人，一个好学的人。"

从那以后，我喜欢出书了，并用心地保证书的质量，希望不辜负前辈的厚望，也不让后辈"华粉"后悔。

二

有老师问我："您是怎么开始写作的？还记得自己发表的第一篇文章吗？"

读师范时，班主任仲伟功先生每每有文章发表，都要拿到班上和我们分享。仲老师打开杂志，用鼻子嗅嗅，颇为自得地说："呵呵，今天，又是开门篇……"那样子，我现在都记得。那时我不会写文章，也不喜欢写文章，师范三年，我的作文只被老师表扬过一次："华应龙写老母鸡回窝的细节写得挺好！"分配到乡村工作的第四年，一次公开教学研讨之后，我觉得必须把心得写出来与更多老师分享，享受仲伟功先生发表文章的志得意满。陈今晨老师帮我修改之后，《分析问题笼统一些好》刊发在1988年第12期《江苏教育》上。同事们羡慕不已，因为在《江苏教育》上刊登文章是很难很难的。我还记得，在《中国教育报》发表第一篇文章是1991年，在《人民教育》发表第一篇文章是1994年，在《小学数学教师》发表第一篇文章是1999年。

三

有老师问我："写作对教师成长，尤其是对数学教师成长的影响是什么？您会鼓励年轻的数学教师进行写作吗？"

常有人问我："您是怎么成长起来的？"也常有高校教授、年轻教师让我说说自己成长的故事。我有时半开玩笑半当真地说："师范毕业分配时，优秀的同学都教语文了，因此，我成了数学教师中语文水平比较高的。"写作是数学教师的弱项，也是数学教师成长的突破口。

以写促读，以写促思，以写促做。好文章都是读出来的，好文章都是思出来的，好文章都是做出来的。也就是"博学之，审问之，慎思之，明辨之，笃行之"，才能做一名好老师，才能写出好文章。

文如其人，只有把人做好了，才能写成好文章。复制和粘贴出来的文章，只能是遮羞的"百衲衣"。华应龙名师工作室之所以在全国有一定的影响，就是因为我做工作室只做一件事——专业写作。"名师是写出来的"，我十分赞同。

四

有老师问我："作为一名数学教师，写作遇到了什么困难？您是如何克服这些困难的？"

我经历的困难有——

第一，说不清。写作时语焉不详，往往不能往深处挖掘。"这节课培养了学生的空间想象能力"，那么空间想象能力包含哪些方面呢？"这节课发展了学生的数据分析观念"，数据分析观念又可细分为哪几点？一般情况下，数学老师们只知道一个笼统的概念。北京教育学院刘加霞教授评论了我的许多研究课，让我获益良多。

第二，道不明。教学成功或失败的背后，是什么原因，有什么理论，说不上来，这样写出的文章就十分单薄。

第三，留不住。文章像白开水，淡而无味，读完之后留不下一丝痕迹。

至于解困之法，我没有灵丹妙药，唯有静下心来，踏踏实实地——

第一，读书。有心地读无用的书，无心地读有用的书。会读书才能教好书，写好文。

第二，思考。文章就像酿出的酒，思考的时间越久，文章就越醇厚。

第三，创新实践。只有做得好，才能写得好。文章不是写出来的，而是做出来的。

五

有老师问我："如何找到写作的起点？写作前需要做哪些准备？"

写作的起点是打开电脑。写着写着就进入状态了，灵感就来了，文章就有了。我工作室的成员也认同这一点：写作很简单，打开电脑就行。想到什么就写下什么，不必拘泥于文章技法。罗马不是一天建成的，文章也不是一次写就的。好文章是改出来的。写作之前就要有这样的心理准备。我要求工作室成员在文章写成后，不要急于给别人看，不要急于借助他人的力量来修改。修改文章首先是自己的事。自己都不想细读、再读的文章，怎能奢望读者慢品？自己没有细读十遍，不可以拿给他人看，"妆未梳成不许看"。

六

有老师问我:"您在写作中有什么经验?您是坚持每天写作还是想到了才写?写作一本书大概需要多长时间?"

我写教育随笔比较多,教学论文写过一些,得过大奖,但我更喜欢写教育随笔,随笔中的每一个字都是一朵盛开的花。许多其他学科的老师也喜欢读我的教育随笔,这让我感动欣喜。文章写出来就是希望有人读,如果没人读,写它作甚?

文章写出来,就要争取发表。发表了,就有成就感,就会发现志同道合的朋友。通过阅读我们的文章,读者享受了,读者进步了,读者得奖了,我们就会有继续写作的动力。

我喜欢把发表的文章和原稿逐字逐句比较,学习文章技法,成为编辑老师的"私塾弟子"。也正因为如此,我会发自内心地感激编辑老师的智慧和辛劳。

融贯中西的绘画大师吴冠中先生曾说:"怀才就像怀孕。只要怀孕了,不怕生不出孩子来,就怕怀不了孕。所以我天天在外面跑,就是希望怀孕。"我天天读书、读课、读人,也就是"希望怀孕",希望能种下写作的种子。我不是每天写作,但是每天早晨5:30起床,坚持晨读。近年来,我每年出版一本书,这都是因为有以前的积累。

七

有老师问我:"阅读对写作的影响大吗?您在写作前会进行大量相关阅读吗?"

爱读书的教师,在课堂上有激情、有信心、有底气,写起文章来有深度、有厚度、有温度。可是,现在有一个不好的现象——教书的老师不读书，还敢去教书。不读书的教师，就像守着金饭碗，却到处讨饭吃。有人说："人就是他吃进去的东西。"是有一定道理的。我学着说一句："您的文章就是您读进去的东西。"

古人说，"文以气为主""气盛言宜"。如何养气？唯有读书。1995年，我在硕士课程班听教授讲："要写1000字，起码要读8000字。"我听进去了，就一直坚持这么做。

也只有坚持阅读，才能为自己的文章选个门当户对的"婆家"。我两次在同一期《江苏教育》发表两篇文章。当然，这里面有编辑和主编们的厚爱，还有一点，就是我知道自己的文章嫁到这"婆家"，合适。有一天，《人民教育》总编辑傅国亮先生打电话给我说，他审阅的同一期稿件中有两篇我的文章，这在《人民教育》还没有先例。傅总很客气地问我怎么办。我说：不用破例。大概源于此，傅总后来在大会上说我是《人民教育》的"金牌作者"。

八

有老师问我："作品出版后，您是否会关注读者的反馈？对于评论者的意见，您认为是否可以接受？"

文章在公众号推出之后，我会关注阅读量、点赞数……有时阅读量少了，我也能理解。比如，2020年除夕，我推出了《从陶行知"四块糖"说"化错"》，阅读量只有900多。开始，我有些失落。后来想，除夕，大家多忙啊，能有900多的阅读量，非常棒了。

我的书出版之后，多次入选《中国教育报》"影响教师阅读的100本书"，我心中十分感激读者朋友的厚爱。

文章在报刊发表之后，我听到各方读者的夸赞，心里美滋滋的。当然，我也听到有的教授不赞赏我"化错教育"的提法，说"化错"

这个概念太小了，概括不了我的特色。我也能接受。但我觉得"化错教育"值得研究，它能够引领老师们"教书育人""立德树人"。关于"化错教育"，还有很多问题，我说不清、道不明。往后的日子，我还将继续读着、写着、做着，希望终有一天能说清楚、说明白。

编者说

这篇文章的作者是华应龙，华老师有多牛呢？教数学的、不教数学的老师、专家，没有不认识他的，因为他说，"我就是数学，我还不只是数学"。华老师有多忙呢？我向他约稿，约了十年才约到了这一篇稿子。如上所说当然带些玩笑话的意思，但也都是真实的情况。

真正打动华老师在百忙之中抽空为本书写稿的，是我跟他说，本次约稿的过程中，语文、科学、化学、生物、英语、幼师、行政管理人员、校长、科研人员……各个学科、各个岗位的优秀代表几乎都有了，但就是没有小学数学老师的代表。没有数学老师发声，是不是也说明一些问题呢？难道数学老师真的写不出好文章？兴许是身为数学老师的责任感和使命感触动了华老师，这才有了这篇十分精彩、简练的"教育写作问答"。

如果你听过华老师的课，应该会有这样的感觉，华老师的课堂完全可以用"非常精彩"来形容。这份精彩来自他对数学的深刻理解，也来自他深厚的人文积淀，他在课堂上的每一次点拨、提问、点评都具有艺术性和创造性。

这是本书唯一采用"问答"形式的叙事性文本，这种写作形式非常简洁明快，问你想问，答你所想，很有数学老师的特色；这种写作形式又很有现场感，仿佛华老师就坐在我们面前，笑眯眯地和我们聊教育写作，充分满足了我们"追星"的心理；这种写作形式还很有

"华氏风格"，说得明白、清楚，还很有意思，让读者喜欢看，看了有收获。

读完这篇文章，你在了解华老师的写作秘诀之外，恐怕还会记住一些"金句"：

——您的文章就是您读进去的东西。

——要写1000字，起码要读8000字。

——华应龙名师工作室只做一件事——专业写作。

——"名师是写出来的"，我十分赞同。

——写作的起点是打开电脑。

——文章写成后，不要急于给别人看，不要急于借助他人的力量来修改……自己没有细读十遍，不可以拿给他人看，"妆未梳成不许看"。

——怀才就像怀孕。我天天读书、读课、读人，也就是"希望怀孕"，希望能种下写作的种子。

> 文章就是一面镜子，可以映照一个人的精神面貌和思想底色。写得像不像自己，不仅仅取决于笔头的表达功夫，还取决于头脑的思考功力，更重要的是，活出自己的生命本色，写出来的文章才不是别人的附庸。

薛法根 苏州市吴江区程开甲小学校长，正高级教师，特级教师，享受国务院政府特殊津贴专家，"苏派教学"代表人物。长期致力于小学语文组块教学研究，出版《为言语智能而教》等9本专著。曾获基础教育国家级教学成果奖，获得全国模范教师、江苏最美教师、江苏省有突出贡献中青年专家等荣誉称号。

写得像自己

薛法根

文章就是一面镜子,可以映照一个人的精神面貌和思想底色。写得像不像自己,不仅仅取决于笔头的表达功夫,还取决于头脑的思考功力,更取决于他活得像不像自己。活出自己的生命本色,写出来的文章才不是别人的附庸。

爱也难,不爱更难

写文章实在是一件费心费力的差事,会的不难,难的不会。对不会的人来说,与其写一篇文章,不如干一天农活。学生时代的作文,是不得不完成的"作业",总会拖到最后才做,不到最后一分钟,永远都写不完。当了老师,本以为不用写文章了,却发现跌进了文章的坑里:每天要写教案,每周要写教学后记,每月要写各种各样的材料、征文,到了期末,还要写一个班的学生评语——四五十篇绝不雷同的小短文,越短越难写。评技术职称,要写文章;评学术称号,要写文章;参评任何一个奖项,还是要写文章,不写就没办法申报。我几乎可以肯定,百分之九十九的老师所写的百分之九十九的文章,都是在工作中被"逼"出来的。

我也不例外。

读初中的时候,一怕周树人,二怕文言文,三怕写作文。俗话说,怕什么就来什么。参加工作的第一个月,老校长就找到我,叫我写一篇学校德育工作总结,说是要在全县的德育工作会议上发言。看完一大堆学校德育工作的相关材料,我东摘西抄,拼凑了一篇文章。校长看也不看,就让我直接送给教育局领导看。记得那是一个姓袁的副局长,很有耐心地看完了我的稿子,提炼了三个"重"、四个"化",一下子将一团乱麻的文章,重新梳理得有模有样。我第一次知道了什么是总结,什么是水平,什么是好文章。原来写文章要站得高、看得透、抓得准,要能从习以为常的事务中,发现工作的特色亮点与价值意义,用一种结构化的表达方式呈现出来。如此,才能将低矮旧的"平房"叠起来,建成高大上的"楼房",让人一眼就看得见,一见就有盖"楼房"的冲动。

此后,我顺理成章地成了学校的"一支笔",凡是有需要写总结的"美差",校长总在第一时间想起我。一来二去,我渐渐摸到了一点写文章的门道:怎样取一个夺人眼球的题目,怎样围绕题目拟三四个朗朗上口的小标题,怎样引用新鲜的材料,怎样阐述做法背后的道理……在师范语文课上没有学到的写作技巧,居然在一次次的"苦差"中意外获得了。更让我意外的是,学校将校刊《新苗集》也交给了我,让我选编学生的优秀作文。我在当编辑的过程中,居然也收获了很多教书没有获得的写作心得,当我将这些写作心得用来教学生改作文的时候,突然发现自己长了一根"金手指",居然可以"点石成金",就那么三言两语一点拨,学生立刻就心领神会,改得越来越精彩,送出去的优秀作文,好几篇都发表在报纸杂志上了。一时间,我成了学生心目中最有本事的语文老师。是啊,自己不会写文章,又怎么教学生写作文呢。

于是,我开始"啃"起了作文教学这块"硬骨头",在学生怕写作文、老师怕教作文的日子里,我勇敢地上了一堂《织女塑像》的素描作文课。尽管出师不利，第一次就上砸了，鼻青脸肿，三天都没缓过神来。但是我坚信，写得好，一定能教得好；关键是怎么教，怎么将自己的写作知识装进学生的脑袋里。当时，《贾老师教作文》风靡一时，我一遍遍观看《贾老师教作文》的录像带，一次次模仿贾老师的作文课。终于，我的第一堂作文课《奇妙的魔术》成功了。我将这堂课写成一篇文章，参加了1991年江苏省"我最满意的一课"征文大赛，一举获得一等奖，被邀请参加颁奖典礼，并现场上这堂作文课。我至今还记得，课是在泰兴市襟江小学的会场上的，就连录像师都夸赞这是他听过的最好的语文课。

之后的三十多年里，写文章和教语文成为我最喜欢的两件事。其实，两件事是一回事，文章写得好，语文也就教得巧。会写文章，就会看文章，能从写作的视角破解文章的诸多奥秘，无论是遣词造句，还是谋篇布局，抑或是构思用意，都能帮助学生打开文章的读写"缺口"，从中汲取更多的语文营养。会写文章，就会教学生写作文。即使你不会教，只要念几篇自己的下水文，学生就会悄悄地模仿，无师自通。如果你的文章发表了，一定要和你的学生分享，因为榜样的力量是无穷的，不教胜于教。会写文章，是一个语文老师的必备能力，也是一个优秀教师的基本素养。

一堂好课三件作品

"问渠那得清如许，为有源头活水来"，老师写文章的源头活水，就是天天面对的课堂教学。课堂中发生的故事都是写文章的绝好素材。课上好了，可以总结经验，推敲背后的原理，写下来就是一篇好文章；课上砸了，可以总结教训，思考改进的策略，写下来也是一篇好文章。上课时有学生开小差，可以分析原因，寻找对策，写下来就是文章；

学生在课堂上提了一个有价值的问题，或者写了一段特别精彩的话，可以此为切入点，剖析学生是怎么学习的、怎么学得更好，于是就有了一篇含金量很高的文章。问题是，大多数老师，大部分时候，缺少留心观察的自觉，缺少深度思考的意识，缺少坚持记录的习惯。于是，课堂上的故事仅仅被当作茶余饭后的谈资，聊过了也就忘却了。一位老师一提写文章就发怵，但她却为自己的儿子写了整整六年的成长日志，以孩子的名字专门开了一个微博账号，每天记录孩子的表现，从出生时的第一声啼哭开始，一直写到上小学。博文图文并茂，或长或短，读来让人感动于一个母亲的爱心与坚持。她说要一直写下去，一直写到儿子离开自己独立生活。我对她说，如果你能像为儿子写成长日志一样，用微博记录每天的课堂，坚持写六年，你就会变得与众不同。要知道，教育贵在有心，写作贵在有恒。

  一位语文老师参加市里的优质课比赛，我们和她一起备课，反复修改教案，反复试教，反复斟酌每一个问题。功夫不负有心人，这位老师最终获得了一等奖的第一名。比赛结束后，我对她说，可以写篇文章了。她一脸茫然，除了满身的疲惫，似乎没啥好写的。我掰着手指头给她罗列：第一篇文章，可以写这篇课文的教学设计。经过反复打磨的教学活动，在教学时获得了意想不到的效果，足以证明这样的教学活动可以为一线教师所采纳。不写出来发表，实在对不起这么多人的付出。第二篇文章，可以将获奖的这堂课整理成教学实录，我来写点评，对教学中的精彩环节及应对机智作学理分析，揭示精彩背后的教学规律及方法策略。不写出来发表，实在是浪费了你创造的智慧课堂。第三篇文章，可以对这一类课文教学的深度思考，提炼这一类文体的教学价值及内容要义，实现从"这一篇"到"这一类"的教学跨越，既是对教学经验的提升，又是对类篇教学的一次研究。不写出来，实在是错失了一次最佳的反思机会。为了上好一节课，我们要付出许多心血；而写作，则是将这些心血及时记录下来，并呈现为三件作品：教学设计、课堂实录及教学反思。每一件作品都记录了一段真实的教学经历，也再现了一个老师的成长历程。

2014年，教育科学出版社出版了"薛法根教育文丛"：《为言语智能而教》《现在开始上语文课》《做一个大写的教师》……其中将近一半的文稿都和"课"有关。从《螳螂捕蝉》到《爱如茉莉》《我和祖父的园子》，再到《哪吒闹海》《猴子种果树》《匆匆》《真理诞生于一百个问号之后》……三十多个经典课例，阶梯式地呈现了我在组块教学研究过程中的阶段性成果。每一个课例都是我经过反复实践打磨出来的，既有精妙的活动设计，又有精彩的课堂对话，还有深刻的课后反思。《简约：课堂的别样美丽》是对《爱如茉莉》教学活动的反思；《幽默：教学的应有品质》是对《我和祖父的园子》教学风格的提炼；《清晰：聚焦于语言文字》是对《燕子》教学内容的甄别……《知其然，知其所以然》是古诗词教学例谈；《课堂教学的审美化改造》是散文教学例谈；《看别人如何"说理"》是议论文教学例谈；《语文知识的教学转化》则是说明文教学例谈。可以说，这些文章都源自我的组块教学课堂。这一篇篇教学设计、课堂实录及教学反思，清晰地呈现了组块教学的基本原理、教学方法与课堂模式。

对于教师来说，好文章不是凭空臆想出来的，而是在课堂教学中实实在在做出来的。"板凳要坐十年冷，文章不写半句空"，一线教师的文章，不在于高深的理论，而在于扎实的实践，要经得起别人的质疑，也要经得起应用的检验。乔布斯曾问可口可乐公司的总裁：你是想卖一辈子糖水，还是想和我一起改变世界。我们写文章的目的有很多，但根本的目的是解决问题，是帮助一线教师改进教学。因此，我要求自己发表的每一篇教学设计，都是在自己的课堂上实践过的，力求其中的每一个教学活动，一线教师都能用，都能取得相应的教学效果。我要求自己发表的课堂实录，尽可能地减少艺术加工，最大限度地突出教学的方法、实用的工具和便利的技术，为的就是更多的一线老师可以借鉴运用。

当然，教学设计、课堂实录和教学反思都是经验型文章，还缺少理论的深度。杨九俊先生不止一次对我说，不要一味追求"高产量"，而要追求"高质量"，一个阶段的实践研究，一定要有一篇"代表作"。不求数量求质量，这是一个教育学者的追求，也是我们一线老师应该具有的写作态度。

2019年，《人民教育》发表了我的《小学语文组块教学的实践研究》一文，这是组块教学的标志性论文。写成这篇文章我用了二十多个小时，但是研究这个课题，我用了二十多年的时间。这篇文章只有五千多个字，背后却有无数个课例来佐证。真正的原创性成果、标志性文章，都是这样长时间深"挖"出来的。只有像挖井一样，不断地往深处挖掘，才能挖出甘甜的井水来。这样的文章才具有深层的推动力量，才能在更大范围发挥作用。就如二十世纪九十年代，叶澜教授发表的《让课堂焕发出生命活力》一文，对课堂教学改革产生了深远的影响，影响了一个时代，直到今天仍然为我们所铭记。如果我们能写出几篇这样有影响力的文章，此生足矣。

按照自己的样子来写

写文章，我们都希望有一支"神笔"，想写什么就写什么，就像王勃写《滕王阁序》那样，文思泉涌，妙语连珠，下笔成文。殊不知，一挥而就的才气，并非一定是天赋使然，更可能是用心打磨的结果。

有人说，写文章有三个绝招：第一招叫"抄"，选择同主题的好文章，多读几篇，东抄一段，西抄一段，只要不抄原文，基本可以应付作业。念中学时，有一回写《春雨》，其中有一句"倏地一下，雨便钻进了脖子，不见了"，语文老师大加赞赏，却不知道我是将散文《瑞雪》中的句子照抄了一遍，将"雪"改成了"雨"字。学生时代的"抄"是最笨、最懒、最无奈的办法，做了老师再去"抄"，就是失德，就是违法；第二招叫"借"，借用名家的思想观点，借鉴名篇的谋篇布局，借来名言佳句增光添彩。但是，借来的毕竟是别人的，少了自己的见解和个性，难免写得不像自己，甚至不是自己；第三招叫"偷"，暗自揣摩名家名篇的绝妙构思与写作艺术。许荣哲先生写过一本书，书名叫《偷故事的人》，写的正是小说家如何从文学大师那里"偷"故事，"偷"得不露痕迹，"偷"得出神入化，"偷"得青出于蓝而胜于蓝。那已不是"偷"，而是"再造"，是在原来文章基础上的推陈出新，靠的是潜心揣摩、融会贯通。

同事常常问我：你怎么那么会写？其实，我一不"抄"，二不"借"，三不"偷"，只用了一个最笨的办法，那就是"记"。随时随地在笔记本上记下所读所见、所思所感。阅读《读者》杂志，摘记有意思的句子，比如"要和孩子一起打败问题，不要和问题一起打败孩子"，又如"爱不是相互凝望，而是一起凝望相同的方向"。记得多了，写文章时就能信手拈来。听课时，记录看到的现象和引发的思考，笔记本上大大小小的方框、圆圈，里面密密麻麻的文字，都是即兴的思维火花。很多有创意的教学设计都来自一刹那的念头，如果没有及时记下来，这些念头便会一闪而过。这样的火花记得多了，就能在写作构思时照亮你的心头。参加各种各样的会议，我也认真记录要点，将那些事关教育的方针、政策记得清清楚楚，写文章时可以参考或者参照。我的书橱里整整齐齐地码放着一百多本各色笔记本，这就是我的"写作智库"，需要的时候，就拿出来翻翻，每次都会找到新的灵感与新的话题。我习惯在笔记本上列提纲、写草稿，这种用笔思考、用笔构思的过程，可以让我看到思想的产生过程。我的教育思想就这样在涂涂改改中日渐成熟、日益丰满，想通了、想透了，确有一种豁然开朗的愉悦感和满足感。

我喜欢用自己的话语方式写文章，说自己的话，写自己的句子。想得通透之后写出来的文章，语言会特别简练干净；那些话语啰唆的文章，大多数是作者没有想明白。我的文章里很少有引用，用自己的课例，写自己的分析，尽可能不引用他人的文章，不用写那一长串的参考文献。记得有人说过，当自己说不清楚，或者自己无法自证的时候，才会引用别人的话。叶圣陶先生的语文教育文章里几乎看不到什么参考文献，他写的就是自己的思想，即使是阐述别人的观点，也经过了自己的深思熟虑，已经变成了自己的语言。如果写文章也是一件快乐的事，如果作者能顺着自己的思路来想，按照自己的样子来写。随心所欲不逾矩，这是一种写作的境界，也是一种思想的境界。

最后，我特别想说的是，作为老师，写文章不是最终目的，培养人才是我们的责任使命。袁隆平先生的伟大之处，不是写了多少关于杂交水稻的论文，而是培育出了高产的杂交水稻，他的论文写在了中国九百六十万平方千米的土地上。我们作为老师，也要把论文写在一代一代的学生身上，培养千千万万社会主义事业的建设者和接班人。文章是老师的作品，学生则是老师的"第一作品"。

| 编者说 |

用心写了这么多年，薛法根校长的文字早已具有了自己独特的风格，而且很"像"他自己。

和薛校长交往多年，我和很多老师一样，很喜欢他质朴、干净又真诚的语言风格。他的文字总是特别简练明白，因为他已经把所写的内容想得十分通透；他的文字总让人感觉特别真诚，因为他"一不'抄'，二不'借'，三不'偷'"，而是"顺着自己的思路来想，按照自己的样子来写"；他的文字又总是在质朴的表达中蕴含了很多"真意"，比如在这篇叙事中提到的：

——写文章的三招中，"抄"是最笨、最懒、最无奈的办法，是失德，是违法；"借"来的，毕竟是别人的，少有自己的见解和个性，难免写得不像自己，甚至不是自己；"偷"得不露痕迹，出神入化，青出于蓝而胜于蓝，那已不是"偷"，而是"再造"，是在原来文章基础上的推陈出新，靠的是潜心揣摩、融会贯通。

——为了上一节好课，我们都要付出许多心血，而写作，则是将这些心血记录下来，并呈现为三件作品：教学设计、课堂实录及教学反思。每一件作品都记录了一段真实的教学经历，也再现了一个老师的成长历程。

——用笔记录，用笔思考，用笔构思，建立自己的"写作智库"，是写作的有效方法；

——一挥而就的才气，并非一定是天赋所然，更可能是用心打磨的结果。

——真正的原创性成果、标志性文章，都是长时间深"挖"出来的。只有像挖井一样，不断地往深处挖掘，才能挖出甘甜的井水来。这样的文章才具有深层的推动力量，才能在更大范围发挥作用。

……

正如薛校长所说，文章就是一面镜子，可以映照一个人的精神面貌和思想底色。从这篇文章中，我们不仅可以悟得写作的真谛，也可以看见名师"成名"的许多真义。

> 写作让我的习惯、思维、意识不断提升,在"写并成长"的过程中,文字的意思不断明晰,文章的意义不断彰显,教育的可能不断成为现实,这些使写作成为一项特别有意思、有意义的活动。

王新刚 无锡市华夏天一双语学校小学部校长。参与并负责实施教育部重点课题"重构三年级:消缓学业成绩分化促进儿童健康发展的实证研究",获江苏省教学成果特等奖。先后荣获江苏省优秀青年教师、江苏省科研先进个人、无锡市优秀教育工作者、无锡市科研先进个人等称号。

衔美而生，向美而作

王新刚

我不为写作而写作，如果写作，必定是有了些许实证与心得；我不为职称评审而写作，如果写作，必定是存储精华、壮实筋骨；我更不为博人眼球而写作，如果写作，必定是表达教育、为儿童发声。对我个人而言，写作，不止于辞藻的推敲，更是阅读学习、学术研究、思想淬炼的方式。

教育写作，记录了一名教师科学精神、思想理论、教育情怀的发育史、成长史，是教师在创造教育生命的史诗。

教育写作在审美教育的浸润中初成长

我的教育写作是从写结题报告开始的。

1999年，我在江阴市实验小学任教，学校的总课题"面向21世纪小学审美教育模式的研究"即将结题，核心工作是结题报告的撰写。一万余字的结题报告，对于刚步入职业生涯第七个年头，担任教科室主任仅二年的我而言，是一次高起点的开局，更是一次高难度的历练。

写结题报告的过程，让我深深体验、领悟到了科研与写作的艰难、苦痛与孤独。要不要继续写下去？我质疑自己的能力，甚至产生了逃离的念头。正在此时，我代表学校参加了朱小蔓教授在南京师范大学举办的素质教育成果专著发布会，江阴实验小学的审美教育作为素质教育实践案例被收录其中。看到自己的写作成果能收录在这么重要的专著中,激动之余,原本的彷徨、动摇以及逃离之念,都化作"不轻言放弃,一定要好好书写一份高质量的结题报告"的坚定信念。回到学校后,我辗转多个夜晚,每当遇到无法下笔的"空白"时,脑海中都会浮现"审美教育"耕耘路上的历历情景,以及南京发布会上的难忘一刻。终于,一万多字的结题报告如期完成。

这份结题报告让我在经受历练的同时也获益良多,并开启了我的教育科研之旅。后来,我成了学校多个课题的重要参与者,撰写了多份结题报告和多篇论文,《儿童美学启蒙教育行动——蔡元培"以美立教"教育思想的当代实践》《生态之美:儿童美学启蒙——儿童美学启蒙教育的遐想》《小学数学教学变革的审美路径》等美育论文先后在《江苏教育研究》《未来教育家》等杂志发表,多次被转载。我走向了"美学的科研"。

基于这些研究经历和写作经历,我研究了众多结题报告,结合自身的实践与特色,总结提炼出了一整套撰写结题报告的规范与要求:包括题目的准确、规范、简洁、醒目,内容撰写上的主题性、可操作性、具体性、逻辑性及表达视角等。我把结题报告形象地比喻为"四个一":一个路径的导航、一个产品的说明、一个材料的仓库、一张施工的图纸。这些经验还在全市做了汇报交流。针对课题研究核心概念界定这一难点,我撰写了《例谈课题研究中"核心概念"的本质、价值及解读策略》,先是发在自己的公众号上分享,没想到这篇文章被颜莹主任"慧眼识珠",刊发于《江苏教育研究》。在这篇文章中,我提出要基于概念原理与文献,重新理解、解读、重构概念;将核心概念的原理性认知作为根本,对核心概念加以丰富、转化和创造性地解读。我还指出,核心概念不止于抽象的形式,也可以是生动的隐喻。

撰写结题报告的经历让我深刻认识到,缺乏真研究与真思考的教育写作，要么是本本主义，要么是形而上学。对功利的追逐，只会让日常教育教学陷入无意义的重复，以至于部分老师提前结束了专业发展的旅程。没有实践，没有研究，没有思考，就不会有真科研；没有内化，没有吸收，没有生成，就不会有真写作；没有研究，没有实践，写作就成了无源之水、无本之木。

我倡导一种"拉家常"式的研究与写作。我认为，对于普通老师而言，无论是写作还是研究，更多地需要从问题中悄然潜入，减少一些理性的植入；在记述中分享体验，柔化一些实验控制；在感悟中寻找真谛，摒弃一些主观的臆断。从"家常问题"的捕捉、分析中，触发研究，积累素材，引发写作。如此，才能真正触摸教育的脉搏、感受教育的心跳，才能使教育的"日常"不成为单调乏味的"走场"，研究与写作才能有自己的"脉搏"与"心跳"。多年的实践证明，这种以微型化、问题式、草根性和全程式为主要特点的研究与写作，是最贴近教师实际、易于操作应用的。

在谋篇布局中成就教育格局

教育写作为我打开了教育科研道路上的一扇窗，但是有情怀、掌握基本的规范是远远不够的，在具体实践中，还要学会谋篇布局、统筹材料。

2008年下半年，学校要承办一场省级会议，并以此活动迎接学校百年华诞，让我写一篇有关审美文化特色建构的介绍文章。当时，大多数老师（包括我在内）还固守着"虚拟情境开个头，内容策略拼又凑，练习评价收尾楼"的僵化写作方式。如何既能表现高远的立意、深邃的思想，又能阐述得通透、形象、接地气？这项任务对于我而言，又是一次不小的挑战。

为此，我们邀请到了国家督学、江苏省教科所原所长成尚荣先生来校指导。在他的悉心指导下，我们将校训"臻美"二字作为题眼，从文化的历史沿革、办学主张与理念、行动支柱三个层面展开阐述，以此聚焦审美文化的特色建构。后来，文章发表于《江苏教育》，被评价为"层次感强，布局大气"。这次的写作经历使我开始从一般的经验总结、教学论文的撰写，转向需要整体思维、全景视角、整体规划的思考与写作，教育写作的格局逐渐提升。

2014年，学校着手策划新一轮内涵发展三年规划，我有幸结识了教育部校长培训中心、华东师范大学王俭教授，熊万曦博士和上海控江中学原校长刘大连组成的专家团队。我跟随他们一起制订学校新一轮内涵发展三年规划，全方位参与研讨"以美立教、创美教育"的三年内涵发展愿景：从分析背景、现实意义，再到"美的教育"释义、精准定位培养目标和办学目标，以及建构课程、教学、德育、科研、队伍建设等方面的具体实施体系。我提升的不只是谋篇布局、抖字酌句的写作能力，还有纵观全局、抓住本质、见微知著的思维能力和透过现象看本质的洞察力，以及自己的教育智慧、视野格局、人格气质等。

在此过程中，围绕新一轮发展规划的核心概念"美的教育"，我先后研读了朱光潜先生的《谈美书简》、李泽厚先生的《美的历程》、叶朗先生的《美学原理》等美学专著，从中汲取营养，获得启迪：美学理应成为教育的哲学，通过运用美的法则和形式，为儿童创建愉悦、自由、和谐的育人生态；美的教育不仅把学生当作审美主体培养，使学生成为善于审美的人，而且把学生当作审美客体培养，使学生自身成为美的人……

正所谓"使用了一种文字，就习得了一种思维方式；使用了一种思维方式，也就涵养了一种教育智慧"，审美教育不仅让我具有了审美的思维方式，也让我不断趋近美育的最高境界。从2008年学校审美文化特色建构的论文撰写，到2011年团队的阶段性科研成果专著《改造三年级——小学三年级学生学习成绩分化成因及对策》出版，再到2014年参与制订学校三年发展规划，以及儿童美学启蒙课程、美育课程的开发与实施等项目方案的撰写……这些经历使我从学科论文、经验总结等"小文章"的撰写，转向了课程方案、发展规划等"大文章"的撰写，不断提升自己写作的格局与境界。

我办公室的一张三人沙发上，常年堆放着《人民教育》《教育理论与实践》《课程·教材·教法》《江苏教育研究》《教育研究与评论》等众多杂志的线装合订本。有人问我为什么读线装合订本，一是便于集中查阅、摘记、学习、比较、取舍，免去了一趟趟来往阅览室，或一页页浏览网页；二是可以直接从目录看起，有些杂志每年会有一个全年文章目录的分门别类，这样增强了阅读的针对性，便于快速查找，提高了效率。在围绕"三年级学生学习成绩分化的实证"展开研究与写作的过程中，这张沙发上的线装合订本，被我翻阅了无数遍，真有点"韦编三绝"的味道。

由于长期伏案工作和阅读，颈椎病、咽炎、干眼症不请自来，但我的教研成果先后被列入教育部重点课题、获得江苏省教学成果特等奖、在众多核心期刊发表。在这个过程中，无论是对审美教育、对课程与教学的认识，还是对办学与教改的理解，我都有了质的突破与飞跃，并初步确立了课程意识、系统思维、整体视域以及文化育人的理念，为我今后的专业成长和管理奠定了良好的基础。

把写作当成"教育的摆渡"，意义才能完满

写作总是要走"弯路"的。这就好比河流弯弯曲曲，是为了浇灌、滋养更广袤的土地，也是为了自我的丰富与充盈。写作也是如此，有

一气呵成的，但大多是需要反复推敲、逐步积累、不断完善的。写作就像是一次次摆渡，不仅要在理论与实践之间摆渡，也要在"渡人""渡己"中摆渡。

犹记得我第一次向《人民教育》投稿的经历：七易主题，九次修改，历时五个月，整理、学习了三十余万字的文献。

第一次投稿，编辑反馈：主题太宽泛、特色不鲜明——"太大"；第二次，我以数学与三力课堂为切入点写作，编辑反馈：究竟是写数学还是写三力课堂？——"太绕"；第三次，我以数学抽象度为主题写作，编辑反馈是本杂志一般不安排具体的学科论文——"太小"；第四次，我以教研的问题、命题、例题切入，反馈是文章在重复别人的话，没有谈自己的做法——"太没自我"……

根本问题在哪儿？一是因为没有研究透彻《人民教育》的投稿要求与文章特点，没有选准主题；二是因为没有深刻地认识到，真正的写作来源于儿童生活，来源于研究实践，没有研究与实践的土壤，写作就是无源之水、无本之木。这次写作的教训是深刻的，创下了我写作生涯诸多之最，但也是让我受益最多的。比如，其余六个主题经过精心修改和调整后，也写成了三五篇可用的高质量论文；再如，三十余万字的文献让我可以不断学习，从中汲取知识、技巧与智慧。此外，从此次写作经历中，我总结出了一篇高质量论文的三大支架——要素、路径、素材，五个特性——主题性、深刻性、通透性、实证性、新颖性；写作路径的七个方面——精准选题、文献学习、谋篇布局、实证调查、语言表达、案例呈现、效能比析；写作素材的准备——主料（事实现状、过程方法、评价诊断等）、辅料（概念、结构图、数据等）、调料（文件政策、引经据典、名家名言等）。

在长期的研究与写作中，我逐渐形成了自己的写作习惯与思维方式。一是将日常生活与教育关联，比如，从烹饪食材的多样搭配联想到教育的多元化选择。又如，观影《驴得水》，解读"无人"教育；从电视剧《流金岁月》中解读格局与审美；等等。二是利用讯飞语记写"微语记"，随时随地将感受、观点、创意记录下来。三是利用讲座、活动、公众号等平台推敲文字语言、锤炼表达能力，至今仍保持着脱稿讲座一小时的习惯与状态。四是不断提升表达的通透性，减少一些生涩表达，力求"丰富的简要、深刻的朴素"，正如林语堂先生所言，"来得轻松自然，发自天籁，宛如天地间本有此一句话"。五是增强了实证意识，让实证成为研究与写作的基础，通过检测评价，推断本质与事实，发现某种教学行为与学习结果及变化之间的因果必然、逻辑关系及发展趋势。随着这些习惯的逐步养成与意识的树立，我的教育视野不断拓宽，格局与格调也随之不断提升，我多了一些理想与憧憬，多了一份情怀与坚守，也多了一份生机与期待，这是写作给我最大的助益。

我一直在想：我写作的动力究竟来自哪里？大概是写作让我的习惯、思维、意识不断提升，在"写并成长"的过程中，文字的意思不断明晰，文章的意义不断彰显，教育的可能不断成为现实，这些使写作成为一项特别有意思、有意义的活动。

回顾我的写作历程，离不开《谈美书简》《美的历程》《自由在高处》这些关键读物，离不开"审美教育""改造三年级"这些关键事件，更离不开关键人物的点拨。无论是写作的初成长，从写作布局领悟教育格局，还是所走的"弯路"，都是伴随着美育研究的。可以说，"衔美而生，向美而作"既是我的写作史，也是我教育精神和教育思想的发育史。

| 编者说 |

新年的钟声刚过，就收到了王新刚校长的来稿，这也是本书收到

的第一篇稿件。用王校长自己的话"丰富的简要、深刻的朴素"来形容这篇文章，真是再恰当不过了。

王校长的教育写作是从一篇结题报告开始的，他的研究与写作也始终是伴随着美育研究展开的。在各个学校，教科室主任或者分管科研工作的副校长大多承担着伴随着课题研究的"艰难、痛苦与孤独"。但是，你会发现很多重要岗位的管理者和优秀教师都有过这样一段教育科研的工作经历。

因此，不要惧怕科研和写作，每一项任务都是一次挑战，每完成一次挑战都是一次超越。你从教育写作中获得的提升，不只是谋篇布局、斟字酌句的写作能力，还有纵观全局、抓住本质、见微知著的思维能力和透过现象看本质的洞察力，以及自身的教育智慧、视野格局、人格气质，它们能为你今后的专业成长和管理奠定良好的基础。这些内在的变化不是一朝一夕完成的，而是在文字与岁月的淬炼中悄然发生的。

看到王校长向《人民教育》投稿的经历，我不禁笑出声来，"太大""太绕""太小""太没自我"……作者真的好难。可回首这段历时五个月，七易主题，九次修改，整理、学习了三十余万字文献的投稿经历，谁又能说这不是他飞速上升和蜕变的150天呢？你看，除了发表的文章外，其余六个主题经过精心修改和调整，也成为可用的高质量论文；三十余万字的文献成为他汲取知识与智慧的宝库；此外，他还总结出了一篇高质量论文的三大支架、五大特性、写作的一般路径和准备写作素材的方法……也许此刻王校长会说，如果岁月可回头，他希望这样的投稿经历再多几次。的确，在这样的投稿与修改经历中，作者与编辑在交流中共同提升文章质量，双方一次次在理论与实践之间"摆渡"，也是彼此的一种丰富与充盈。不仅作者在修改中历练、提升了自己，编辑也会在渡人、渡己中成长。在我看来，好文章一定是经过多次修改的，修改的过程就是再创作的过程。只有作者和编辑彼此都"不厌其烦"，文章才能以最好的面貌发表出来。修改，不仅是编辑的工作，也是作者的责任。

教育写作，从个体层面说，是一名教师科学精神、思想理论、教育情怀的发育史、成长史，是在创作教师教育生命的史诗。教师在研究中，通过教育写作表达自己的体悟和经验，获得自身的专业自信。从更高的层面说，如果更多的教师锚定教育现场，用科研的精神去实践，深入研究与探寻教育的本质，就能真正实现中国教师"为国育才"的责任和担当，促进学校和社会的发展。这又何尝不是一种"衔美而生，向美而作"的高远境界呢？

最后，友情提醒：在长期的伏案写作和阅读中，你应该用运动、养花、看戏、做菜、喝茶等方式避免颈椎病、咽炎、眼干燥症、"鼠标手"、肩周炎……因为"衔美而生，向美而作"不仅是我们的写作追求，也应当是我们的人生追求啊！

> 每个初学写作者最好从自己最熟悉的领域开始，作一些记录，或作一些研究，这样就不愁没东西可写，写出来的文章也是自己喜欢的。原来写作的小径就在脚下呀，绿草掩映，蜿蜒向前，通往某些自己尚不知道的美好所在。

郭初阳 杭州语文教师，专注于中小学语文教学领域，著有《颠狂与谨守》《郭初阳的语文课》等。

一个教书匠的写作回顾

郭初阳

一、写自己熟悉的

回顾自己的写作,头脑中最先想到的并非纸与笔,而是电脑,赫然发现自己不是用纸笔,而是用键盘来写作的。二十多年来,我发在纸媒上的每一篇文章,自己存档的全为电子版。若要逃难,抱起笔记本电脑就走,倒也轻快,甚至电脑丢了也没关系,资料在云盘也有备份。想到这里,不觉吓了一跳,离开了纸笔的人,是否有资格谈写作?

查了查字典。作,人起身劳作也;这是容易理解的,写作也属人类工作的一种。那么到底什么是"写"呢?"写"是形声字,从宀,舄声,《说文》释道:写,置物也。换句话说,所谓写,就是令物归其位,杜甫有诗"数回细写愁仍破"(《野人送朱樱》),"细写"的意思就是轻拿轻放,因为樱桃皮薄,生怕不小心蹭破了。这样看来,文字经由墨水放到纸张上,与经由键盘放到电子文档里,搬运的过程与内容并无差别,只是介质与工具不同而已。

写作纯属个人的劳作,若有齐头并进的朋友,或有一群志气相投者,那就再好不过了。其间的道理,有点像吃饭只能自己吃,无人可以代劳,然而一群人一起吃,依然是各吃各的,气氛却变得热烈了,彼此的胃口都会更好一些。回想自己最有激情的写作时期,始于2001

年7月,当时在一位好朋友的带领下,我在新浪论坛的读书沙龙开始了读帖、写帖的生涯,阅读与创作的热情被空前地激发,每天一有空就上论坛看新文章与文章后面的跟帖,也使出浑身解数来写文章,期待着自己的作品能被版主加为精品,就这样,大致是一周写一篇,写着写着就顺手了,积累了一些作品,试着给本地报纸投稿,竟然有刊载的!至今还记得,在《杭州日报·西湖副刊》发表的第一篇文章是《神秘的阿左林》:

> 有的作家与你擦肩而过,却让你从此牵肠挂肚。对他最初的了解,也许是在报章的不起眼的一角,也许是图书馆书目里一个倾斜的名字,也许只是上铺偶尔的一次提起。于是开始期待,于是开始寻找,然而,你却永远找不到他……

读着报纸上自己的文章,忽而有感,原来写作的小径就在脚下呀,绿草掩映,蜿蜒向前,通往某些自己尚不知道的美好所在。于是一发不可收,渐渐有更多的文章发表了,家人与朋友们也屡屡读到,《湖边的三联》《弄堂里的书库》《他的书架》《教师的自我坎陷》等等,这些文章大多与书有关,是自己的兴趣所在,所以有内容可写,亦有写作的激情。我想,每个初学写作者最好从自己最熟悉的领域开始,作一些记录,或作一些研究,这样就不愁没东西可写,写出来的文章也是自己喜欢的。

二、写教案

当然,有些写作内容具有鲜明的职业特征,医生要写很多处方,教师要写很多教案——这是教师写得最多却鲜为外人所知的一种写作。

教师很少有机会能与人交流教案，也少有地方去发表教案，然而它是如此重要，几乎就是一个教师的立身之本。那么，教案该怎么写呢？

从教伊始，我有一位指导老师，当时就亦步亦趋地跟着导师学，同一篇课文，先听他的课，把课堂步骤、教学内容记下来，回到自己班里，依样画葫芦地执教一遍，就是这样开始了自己的课堂教学，我所记录、所依据的，就是自己的教案了。有几节课的效果居然还不错，一段时间之后总结经验，明白了一份好用的教案，有点像女孩儿的麻花辫，由几股交织而成，分别是文本内容、学生活动、每一段流程所需的时间。

日常自用的教案，每位老师依照习惯，自己看得明白就行，写法不求统一。新教师可以写得具体一些，但也不宜超过两千字；老教师可以写得简要一些，三五百字就够用了，要是对这节课烂熟于胸，没有教案反而更好。总之，一节酣畅淋漓的语文课，定然含有以下几项内容：第一，让全体激动；第二，让每一位都参与；第三，不被察觉的自自然然的听说读写。这些都有赖于在课前精心构想的文本路径、学生活动设计、合理的时间安排。

公开课则需要公开的教学简案，提供给听课者。仿佛一只手表，日常自用的教案是内里的运行机械，公开的教学简案则是随时被看的表盘。对于评委和听众来说，后者更重要。简案宜短不宜长，五六百字即可，常分为三个板块：教学设想，教学目的，教学过程。

教学设想，顾名思义，就是设计与构想。当以精当的语句，呈现教师自己对文本的解读、课堂环节的设计、推陈出新的构想。课堂现场必须呈现的重点，在教学设想中也当将其深深刺透；那些现场难以呈现的重要事物，某种不可见的要素，几处背景式的存在，等等，都适合放在教学设想中，开宗明义，交代得明明白白。此板块很适宜展现教师的学术素养与能力。

教学目的，要写出存在于同一节课里不同层面的指向，有点像射箭的三连发，上中下三箭，箭箭中靶。新手须留意，每一行的教学目的最好由两个分句构成，每个分句都隐含着动宾短语（因为教学意味着行动），前一个分句是手段，后一个分句是目的。

教学过程，简要写出预设的环节流程即可，此处越简越好，给自己留出余地。不可将设想中的全部内容一股脑儿都搬上去，白纸黑字印在那里，万一某个环节在现场操作时遗漏了或来不及执行，那简直就是给自己掘坑了。

简案的三板块就像一日三餐：早餐吃饱，中餐吃好，晚餐吃少。教学设想要饱满，教学目的要精当，教学过程要节制。

说理不如提供例子，以下是《项链》一课的简案，曾在中央教科所课程教育研究部举办的首届全国中小学"个性杯"语文课堂教学大赛中获得中学组特等奖。

《项链》教学简案

一、教学设想

都道《项链》说不尽，但作为一篇从不落选的常青教材，其情节、人物、象征物（道具）、题旨，空白、伏笔、草蛇灰线……在从不间断的开掘与几无止境的冶炼下，似无剩义。正如鲁迅所言：老调子已经唱完。

如何翻唱杨柳枝？本课时由人物论、主题辩、原型溯源三板块构成。

（一）人物论——将单一作品置于作家著作的整体背景，引入莫泊桑本人的创作谈、十八世纪的妇女观，作为越时代的新鲜刺激，激发学生对于玛蒂尔德"变"之意义的探讨，思考文学作为人学的恒久意义。

（二）主题辩——将学生主张的小说主题（第一时间阅读所得），与名家经典的论断一起呈现，在多元、平等的语境里，众声喧哗，形成交叉共识。

（三）原型溯源——将《项链》故事叠影于"灰姑娘"模式，以情节中相似与不同的比照，通过更深的层面，再次回归到人物与主题。

三个不同层面的解读，贯穿文学史中历时性的女主人公——以玛蒂尔德始，以玛蒂尔德终。以期打开学生的视野，于山穷水尽处，别开生面。

二、教学目的

1. 比较"两个玛蒂尔德"，体味人物形象不同的面相、丰富的内心。
2. 通过不同主题的抉择、探究，懂得小说解读的多重性。
3. 以《项链》的个案分析，初步了解"原型批评"的基本方法。

三、教学过程

[一] 情节梳理（围绕"项链"的四部分，简要概括）

[二] 人物分析

1. 玛蒂尔德的外貌发生了怎样的变化？
2. 玛蒂尔德的性格是否发生了变化？（阅读、思考、小组讨论）

[三] 主题探究

争鸣：根据我的阅读，这是一部关于　　　　的小说。

[四] 原型批评

1. 灰姑娘模式　　　　（表格比较）
2. 莫泊桑的创造性转化（班级交流）

三、写评语

我一直以为，写评语也是教师重要的写作方式之一。

教师与孩子打交道，起初是耳提面命，日常是苦口婆心，最后是目送背影。似无甚风波，也没有什么大起大落，但是，中小学教师真不能轻看自己的工作，因为这份工作是指向未来的，现在所陪伴的儿童与少年，他日后会有怎样的出落，是我们做梦都梦不见的。在这个过程中，特别要紧的一点，就是教师可以在陪伴中给予积极的影响，有时候不过是只言片语，因为发生在一个可教的时刻，也许就成了决定性瞬间，从而改变了一个孩子的成长路径。

约翰·洛克《教育漫话》里有一段经验之谈，在我看来，简直可以作为新教师的入职誓言："我敢说我们日常所见的人中，他们之所以或好或坏，或有用或无用，十分之九都是他们的教育所决定的。人类之所以千差万别，便是教育之故。我们幼小时所得的印象，哪怕极微极小，小到几乎觉察不出，都有极重大极长久的影响。正如江河的源泉一样，水性很柔，一点点人力便可以把它导入他途，使河流的方向发生根本的改变；从根源上这么引导一下，河流就有不同的趋向，最后就流到十分遥远的地方去了。"

细想一下，在三年乃至更长的时间里，让一些句子产生长久的影响，有几种形式。其一是班训，悬挂在教室里，天天看到，会有潜移默化的效用。我当班主任的时候，班训为："认识你自己，爱你的邻居。"前几日和我的学生丁汀（杭外、浙大优秀毕业生）聊天时提到班训，她说："这句话一直记在心里，影响一生。"其二是教师的口头表达，课堂对话或日常对话，有时候言者无心，听者有意，岂能不慎哉。其三是给学生的个人评语。

每次读《红楼梦》第五回金陵十二钗的卷册，读到"可叹停机德，堪怜咏絮才。玉带林中挂，金簪雪里埋"，"欲洁何曾洁，云空未必空。可怜金玉质，终陷淖泥中"等句，只觉大有深意，慨叹之际，也在心里默默感谢曹雪芹，在一部伟大的人生之书里，开篇不久就提前展望人物的一生，让读者在无力自达的高度一览远景，于不自觉中获得了一种全局观，借着书中人物的际遇，对自己的人生也有电光石火般的瞬间领悟。

做教书匠久了，渐渐发现，写给学生的评语，正与《红楼梦》的人物判词相似。一则深入人心的评语，一定包含时间要素（过去、现在、未来）。要深入了解这个学生的过去，要在爱里说诚实话，亦褒亦贬他的现在，也要鼓励他的未来，给予信心与盼望。当年我写给班里学生的评语，至今还保存着，选录几则如下：

肖杭：一年以来，你每天成熟一点点，从最初因不适应而沉默，到现在开朗、自信与宽容，你成了班级中最受欢迎的人。二班积极上进的精神在你身上有着集中的体现：参加文学社、投身共青团、组织灯谜会……然而你从未忘记学习。所有学科的老师都对你很满意，语文老师尤其欣赏你，因为你的每一次写作，总是别出心裁，摇曳多姿。不过，你恐怕不是班里掰手腕的顶级高手吧。渴望着你掰赢我的那一天。

马率程：也许是沉迷与思索，也许是成长的烦恼，也许是沟通的缺乏，所以你常常显得沉默。然而你多么富有内在的激情！瞧瞧你的朋友，瞧瞧你的足球！正因为无话不可说，所以我们无话不说——你也有过严格的自律，可有时还是显得用力不够。你的数学令人欢喜，你的英语让人悲伤（下学期，你一定要主动去英语老师那里背诵每一篇课文！）；你的父亲重视你的学习，而你的班主任则更重视开朗性格的养成。赵翼《论诗》里的句子，在接下来的日子,也许可以成为你前进的动力:江山代有才人出,各领风骚数百年。

甘夏梦:那么爱开玩笑!那么有正义感!那么有力的跆拳道!那么精彩的《失空斩》!最初看到你的姓名,我立刻想到莎士比亚《仲夏夜之梦》,后来才发现,你也正像这名剧里的人物迫克:"我就是那个快活的夜游者。我在奥布朗跟前想出种种笑话来逗他发笑……"你试图给生活的一切抹上欢乐的色彩,试图在任何地方提出与别人不同的观点,试图穷尽生物学的任何一个问题……这就是你,极受欢迎的"甘老师"!你真的愿意以后做一个老师吗?那至少你要先学好数学,还要把自己的汉字练得漂亮些呀。你说对吗?

柯晓宇:最近还做那几个梦吗,考试近了,也许无心做梦了吧,然而你是多么沉醉于梦想的一个人啊。正因为如此,你会如此投入地为《千与千寻》配音;正因为如此,你会以极大的耐心练琴;也正因为如此,你追求书法的完美。看来,你很好地继承了医生双亲的仔细与耐心。什么时候你的数学如同你的英语一般好,你将会看到我的笑。至于语文——难忘你文章的结尾:"一片树叶静静落下,窗外下着淅淅沥沥的小雨,我趴在窗口看着这太阳雨。"这静谧的意象只属于你,那已经是永久的了。

孙岳:你有属于自己的幽默,有时也渴望崭露头角,在教师的尾音之后,同学尚沉默之时,忽然就有了你的声音,可见你反应之敏捷与思路之活泼。一年来,你活跃了一些,然而对无兴趣的事情依旧不屑一顾,哪怕它也许真的是有价值的。做一个永远的反对派可不是一件容易的事——尽管我们都知道,站在与现存秩序相对立的位置上施与批评,这其实正是人文知识分子的基本姿态。有时你只是出于善意的好玩,而别人却以为你是有意过不去，会影响交往的，不是吗？如果言谈与举止上略加重视，在各个学科上都能努力，相信一定会更受到同学的好评。

文浩然：很多时候，你草率马虎、作业粗心，显得随随便便，甚至还有些霸道……然而樊哙在鸿门宴上的那句话，也许可以替你作出解释——大行不顾细谨，大礼不辞小让——先立其大，这也许是你明了并且追求的。《孟子·公孙丑》中，"我善养吾浩然之气"之前有三个字，"我知言"。一点不错，独立思考之后，你总有惊人之论，五月二十日《张良奇遇记》的课堂上，你关于君臣关系三个层面的分析，让特级教师都惊叹不已。阅读，阅读，阅读……你在书本中发现了迥然不同的世界，相信那将会影响你一生的轨迹。有空时，还是要诵读以下词句：年少万兜鍪，坐断东南战未休，天下英雄谁敌手……

记得有一本名为《点》（彼德·雷诺兹）的绘本，小朋友瓦士缇不会画画，一堂美术课下来，她的画纸上一片空白，美术老师请她"随便画一笔"，她不耐烦地随便在纸上戳了一个点，老师拿起画纸，仔细研究了好一会儿，将画纸放到她面前，请她签上名字。一周后，她看到自己的画被金色画框装裱着，挂在美术教室的墙上，这是前所未有的激励！她想："我只是随便画了一个点，就被老师裱起来挂在墙上，如果我认真画，一定比这个更好！"她一下子有了自信，敢于尝试了，灵感越来越多，也找到了画画的乐趣。后来，她在学校举办了画展……

这个简单质朴的故事，提醒为人师者要懂得孩子的心，常常呵护，多多鼓励，适时而教。我们还可以从写作的角度来看这个故事，它在提醒我们，大大小小的"点"只要积累到一定的量，就足以办一个以"点"为主题的画展。同样地，教育写作的类型有很多，教学设计、教学案例、教学反思、教学札记，课堂观察、课堂回顾，教育叙事、成长故事，教育类书评影评，等等，围绕某一个主题或类型，花三五年的工夫，写一系列文章，就会略有小成。

关于指导写作的书，对我帮助挺大的有以下三本，有兴趣的朋友不妨找来读一读：

《成为作家》，多萝西娅·布兰德著，刁克利译，中国人民大学出版社，2011年1月。

《我是一支爱写作的铅笔》，山姆·史沃普著，廖建容译，五洲传播出版社，2012年2月。

《小说面面观》，E. M. 福斯特著，冯涛译，上海译文出版社，2016年7月。

编者说

郭初阳这个名字，似乎总是和"特立独行"联系在一起。不得不说，郭老师的写作思路和文风也是非常独特的。

提起教育写作，大家的第一反应一定是论文、案例或专著这类的"正经写作"，可看到郭老师"非常正经"地介绍着他写教案和学生评语的心得，很多老师估计和我一样，是有点惊讶的。

可转念一想，写教案和写评语是教师职业独有的写作方式，也是对教师写作的要求。如果一个老师不会写教案，他就几乎失去了立身之本；如果一个老师写不好评语，可能就失去了用只言片语去影响和改变一个孩子的独特路径。

那么，教案与评语该怎么写呢？郭老师说：一份好用的教案，有点像女孩儿的麻花辫，由几股交织而成，分别是文本内容、学生活动、每一段流程所需的时间。一则深入人心的学生评语，正与《红楼梦》

的人物判词相似，秘诀在于包含时间要素（过去、现在、未来）。要深入了解这个学生的过去，要在爱里说诚实话，亦褒亦贬他的现在，也要鼓励他的未来，给予信心与盼望。

郭老师的比喻太精妙了，可经验介绍得又那么实在，就像郭家庄的老面馒头。实在不会，揣摩揣摩他提供的成功案例，你也一定会收获不少。也正因为如此，郭老师的文章使本书涵盖的教育写作类型更为广泛，值得一读。

郭老师还建议，写作可以从自己的兴趣出发，因为有兴趣就有研究，有研究就有内容可写，这样写出来的文章自己看着就喜欢，也就能坚持下去，慢慢打开局面。

或许，写着写着，你就会发现：原来写作的小径就在脚下呀，绿草掩映，蜿蜒向前，通往某些自己尚不知道的美好所在……

> 作为教师,教育写作不可不为。只要是为了教育而写作,为了专业素养的不断提升而写作,为了学生的成长而写作——不为功利而写作,教育写作的确就是一件快乐而美好的事情。

王士军 徐州市第三十八中学语文教师,任教以来,多次参加市、区级观摩和赛课活动,并获得优异名次,工作中注重对教学方法的探索,对教育方式的研究,以爱心感染学生,以真诚感动家长,受到学生和家长的好评。

"走心写作"是正道

王士军

工作三十多年了,真正喜欢上教育写作还是从 2000 年开始的。二十多年来,教育写作充盈、贯穿了我的工作与生活,让我深刻体会到作为一名教师存在的意义与价值:有忧伤,有快乐,有幸福,有收获。身为一名教育工作者,我的专业成长也得益于坚持教育写作二十余年。写了这么多,我想弄明白不少人都在讨论的问题:教师为什么要进行教育写作?教师该如何进行教育写作?

失而复得的文稿

我的第一篇教育文章发表在《语文周报》上。对于当时的我来说,能在语文类权威报刊上发表文章,真是一件可遇而不可求的事。更令我惊喜的是,这篇文章不仅发表了,还刊登在头版的显著位置。文章的题目是《诗中听"雨"》,这篇"大作"将近 4000 字,能发表可真是一波三折。

从事语文教学多年,我对描绘"雨"的唐宋诗词产生了深厚的兴趣,进而萌发了一个想法:可不可以写一篇论文,解读一下诗词中"雨"的不同含义呢?于是,我利用休息的时间,搜集了大量关于雨的诗词,我发现:打开唐宋诗词作品,到处听得到沙沙雨声。杜甫诗中"雨"的意象出现了 256 次;李商隐也是写雨的高手,诗中与"雨"有关的意象出现了 73 次；柳永对雨也非常偏爱，作品中通过对"雨"的意象的运用，营造出万千情愁的手法不下 15 种。这些诗词，真是让人产生无穷的遐思。

这篇论文经过半个多月的构思才开始动笔。从开始构思到成文，我可以说是食不甘味，满脑子都是"雨"。我一遍一遍地梳理文章的层次结构，反复推敲各个部分的具体策略和遣词造句。文章差不多耗时一周才完稿，中间几易其稿，增删多次。文中，我将唐宋诗词中"雨"的意象分为喜悦之雨、愁苦之雨、清雅之雨、哲理之雨，并对各自含义进行了深入的分析探讨。

文章完稿了，洋洋洒洒写了足足十张稿纸，我长长地伸了个懒腰，兴奋地唱起了京剧小段，感觉有一种大病新愈的舒畅。我小心翼翼地将稿子整理好，放进抽屉里，准备晚上去赴一个小酒局，放松一下多日以来紧绷的神经。哪知好事多磨，家中小女少不更事，竟然跑到我的书房里，拿起案上的笔，在我刚写好的文稿上一通天马行空地乱画，然后，又将稿纸扯了个稀碎。我的母亲不通文墨，以为只是一些无用的碎纸，一笤帚扫了，倒进垃圾桶了事。

第二天，我找不到文稿，急得心里冒火，问明了原委，急忙跑去垃圾箱寻找，可连垃圾箱也被勤快的保洁工拉走了。我感觉小女扯碎了我的心，母亲又在我破碎的心上撒了一把盐。恨不得拉过小女打一顿，最后也只能懊恼地一屁股坐到沙发上……

傍晚，妻子下班回来，见我闷闷不乐，问我发生了什么事。听说我为失了稿子而沮丧不已，轻描淡写地对我说："事已如此，不必难过，既然文章内容来自你自己的积累和反思，趁热打铁，回想一下再写出来就是了。"妻子的话让我如梦初醒：是呀，纠结是没有用的，大不了从头再来。我抛开沮丧的情绪，振奋精神，重新提起笔……不出三天时间，文章重新写了出来。稿子投出去两个月后，我收到了用稿通知，不久，样报寄到了学校……

为什么一篇近4000字的稿子，失落之后我能很快重新写出来呢？因为这篇论文的材料是我用心积累、搜集来的，观点都是自己经过深思熟虑提炼的，字字句句都来自自己的用心斟酌和推敲。

后来，我又陆陆续续写出了多篇论文，有的还在国家级和省级专业刊物上发表，在别人的眼中，我成了一个文笔还不错的人。总结自己的写作经验，我觉得是因为我撰写和发表的每一篇论文、案例，都是来自自身的教育实践、观察和反思。有了实践的勇气和反思的习惯，教育写作也就有了不竭的源头，厚积而薄发，自然不愁写不出有价值的文章了。

我写作，我成长，我快乐

写出的文章能发表，自然再开心不过了。不过，有的文章写出来，却发表不了，这样的教育写作还有意义吗？教育写作的目的到底是什么？

我坚持教育写作二十多年了，除了写一些和语文教学相关的专业论文之外，兴之所至，还会随性写一些散文和小小说。记得几年前，我的第一篇小说《二子新传》在《小小说月刊》上发表，这篇小说写的是我的一个发小在改革开放政策的引领下勤劳致富的故事。这篇小说的发表，不只换来了一笔稿酬，还提高了我在女儿心目中的地位，让我沾沾自喜了好一阵子。现在反思：这篇拙作前后修改了五次，在人物和情节色彩的处理上，基本做到了该重的重，该轻的轻，让读者读起来韵味绵长。我以为这一切和自己平时注意观察、善于积累和提炼多少有些关系。在此类作品的写作中，我真正感受到写作的美好、生活的美好、人生的美好。

还记得新一轮课改刚刚展开时,我处在语文教学的前沿岗位,必须在自己的课堂上落实新课改理念并通过实践提升自己的专业素养,以起到示范带头作用。这一年,我任教七年级语文,每天上完课后,我都会回顾课堂教学的点点滴滴,反思教学中的得失,并一字一句地写下来。一本备课本还没写完,教学反思却写完了一个本子。每次提起笔来,回顾课堂,反思自己在课堂上的表现,往往成功远远少于不足和教训。在这之后的几年里,我先后参加了区级、市级评优课,三次获得区级评优课一等奖,一次获得市级评优课一等奖,还被评为九里区青年骨干教师、优秀学科带头人,市级优秀教育工作者。这些经历让我深切地感受到,没有了这最朴素的教育写作,我就发现不了自己的不足,当然也就不会与"反思性实践"和"实践性反思"邂逅,不会在专业上收获成长。教育写作不只是帮助我总结了经验教训,与大家分享了自己的思考和研究成果,给自己带来了稿费和荣誉,还促使我在写作过程中不断发现专业上的不足,从而找到专业发展的新方向,确保自己不断取得新的进步。

写然后知不足,知不足而后学焉,有了新的成长和收获,再写,再知不足……如此,不断攀上新的台阶,攀到新的高度,自然就乐在其中了。

写出一个学生喜爱的班主任

20世纪90年代,我初涉教坛,学校领导就安排我担任班主任,那时我尚不明白班主任的教育职责是什么,以为就是做更多的杂事。随着工作年限的增加,我对班主任工作有了新的认识,开始懂得关注班上每一个学生的成长。但是,因为以前没有学习和思考过怎样才能成为一名"专业"的班主任,遇到很多班级管理、学生成长的具体情况，我只能见招拆招、笨手笨脚地应付。幸好有语文教学的成长经验作为参考，我又开始了新领域的教育写作——"班级记事"。

孩子成长中的问题总是层出不穷，每天都有新的班级故事发生。我观察、参与、分析、研究、反思、总结……最后再形成文字，慢慢地，我发现自己开始成为懂学生的"专家"，成为能处理各种成长问题的"好手"！

刚接手新班级的时候，就听说班上的一个男孩是原学校的"超级名人"——校长都拿他没办法。开学第一周，这个男孩就让我长了见识：上课不是睡觉，就是招惹其他同学，作业从来不做，甚至因为一点鸡毛蒜皮的小事和别的同学大打出手，一周内接到十多次对他的投诉。每次把他找过来，他要么一声不吭，要么嬉皮笑脸地辩解，反正就是软硬不吃，着实让我头大。

这孩子怎么会这样？冷静下来后，我觉得必须找到他行为背后的原因，这样才能"对症下药，药到病除"。第二天上完课，我就请了假，骑上自行车，来到十多里外他的家里家访。远离村子的三间平顶小屋是他和爷爷奶奶的住所，屋里农具和杂物占据了大部分空间，很难找到一个适宜的地方安坐，院子里几只鸡跑来跑去，多少给这个小小的院落增加了几分生气。听他爷爷说：这孩子命苦，三岁时，爸爸在工地出了意外，死了；两年后，当娘的忍受不了生活的清苦，也离家出走了，多年来音信全无。上小学时，他常受别的孩子欺辱和嘲笑，还常常被大点的孩子打得伤痕累累。自己和老伴年老多病，能给孩子弄点吃的就不错了，无力对孩子进行管教，也不知怎么管教。听了这些，我的心里五味杂陈，说不出地难受！

当天晚上回到家里，我就拿起笔，开始将他的故事写下来，我认真分析了这个孩子的心理：长时间爱的缺失，他的内心极度渴求关爱，所有不可理喻的行为背后，折射出他非常需要别人的关注。接下来，我想切实地帮助他，使他能有比较好的改变：先协调教务处为他办理了贫困生救助，首先解决他的生活问题；经常从自己家里给他带来可口的饭菜，并把他带到自己的办公室一起用餐，这样边吃边聊，我们的心也越来越近；他的鞋子破了，我让别的同学问了他的脚码，给他买来运动鞋，借口给自己侄子买的，没想到买小了，正好送给他穿了，他腼腆地接受了；他生日那天，我为他买来蛋糕，悄悄地在教室里为他筹办了一个小小的生日派对，当蜡烛燃起，全班同学唱起"祝你生日快乐"的时候，这个别人眼中顽劣的小伙子第一次流下了泪水，他激动地说：这是十多年来自己的第一次生日派对，也是十多年来第一次吃上自己的生日蛋糕，非常感谢老师和同学们对他的真诚关爱，同时也为自己过去的错误而深表歉意。

接下来的很长时间，这孩子好像换了一个人，上课不睡觉了，也不招惹其他同学了，更不和其他同学打架了。我惊讶于他的变化，同时为他写下了两万多字的叙事和反思。这些文字里有故事，有行动，有反思，有无奈，也有惊喜，而最宝贵的是，这两万多字真实地呈现了一个"问题儿童"的可喜变化，我和同学们共同见证了他的可喜变化。半学期后，男孩已经发生了令熟悉他的老师惊讶的转变，他虽然偶尔还会惹出点事来，但再也不是那个叫人头痛的"坏小子"了！

我无法预知男孩后面会走出一条怎样的路，只能将祝福送给他；但我要感激他，因为正是从关注他的成长开始，我开启了教育写作的新领域，开始了从"经师"向"人师"的转变。在担任班主任的四年中，我不仅认真研读了有关班级管理的报刊和《爱的教育》《爱弥儿》等书籍，还研读了《走进灵魂深处》《教育心理学》《认知心理学》等著作，写下了十多万字的教育随笔、案例、论文。在不断的教育写作中，作为班主任的专业素养得到了提升，实践经验得到了丰富。如果没有关于学生成长的教育写作，这些成绩的取得当然是不可能的。

写到这，我想，关于教师为什么要进行教育写作和怎样进行教育写作，答案已经非常清楚了。作为教师，教育写作不可不为；真正行动并坚持下来后，你就会进一步发现：教育写作大有可为。只要是为了教育而写作，为了专业素养的不断提升而写作，为了学生的成长而写作——不为功利而写作，教育写作的确就是一件快乐而美好的事情。

| 编者说 |

人的任何行为都是由他的价值观决定的。教育写作也是如此。

如果你是为了完成任务而写作，交差式的写作不会走心，当然也不会促进你的成长；如果你是为了功利目的而写作，目的达到，写作就会终止，你的发展也就止步不前了。因此，对于每一个想要开始教育写作的人来说，"教师为什么要进行教育写作？教师又该如何进行教育写作？"是绕不开的根本性问题。

在很多老师还在苦苦寻找着"写作秘籍"的时候，发生在王老师身上的三个故事，让我们明白"走心写作"方是正道。走心，意味着长期的积淀和思考，让写作有感而发；走心，意味着在写作中真诚付出，让成功的体验成为自己坚持写作的原动力；走心，也意味着我们抛弃功利，怀揣着对教育和学生真挚的情感，用"写"这种独特的方式促进自己的专业成长，成为更好的老师。

用这样的心去写作，你又何愁不会成为更好的自己呢？

> 教育写作究竟是难还是易，只有亲自去尝试才能知道。不动笔就不能发现其中的乐趣，不动笔就找不到适合自己的写作方法。

张晓花 江苏省平潮高级中学高级教师。工作20余年来，一直奋战在教育一线，以一颗真心对待每一个学生。曾被评为通州区高三优秀教师、优秀共产党员、优秀辅导员，获得过区政府嘉奖、记三等功等殊荣。

攀上"核心"之峰

——记我的第一篇核心期刊论文的诞生

张晓花

身为一个理科教师,我曾被同事赞扬是被化学耽误了的语文老师。因为我喜欢看课外书,喜欢写散文、小故事,偶尔发在朋友圈的原创段子幽默又有文采,获赞无数。

但是,写教育教学论文却是我的短板,写出来的文字被先生评价像散文,像小说,就是不像论文。工作的前17个年头因为工作需要发表的论文,可以说是硬着头皮"榨"出来的,不想再读第二遍,当然也就从未感受过教育写作的快乐与成就感。

直到2018年,我人生中第一篇真正高质量的文章《高一新生化学反思日记的应用研究》发表于《化学教学》2018年第12期,它像高压钠灯发出的一束温暖的黄光,穿破了我教育写作生涯的暗夜雾霾。

一、源起

2016年3月,我到苏州大学材料与化学化工学部攻读教育硕士。寒假中得知毕业时需要写几万字的硕士论文,我非常惶恐,不知道该写什么主题,脑子里一团糨糊。

这时,我的导师王伟群老师了解到我平时有写个人日记、教学反思的习惯,因此推荐我关注朱永新教授的新教育实验。新教育实验倡导师生共写随笔,王老师建议我将反思、日记、师生共写结合起来,以"师生共写化学反思日记"为主题进行写作。

就这样，在同班同学对论文主题还没有任何想法的时候，我当机立断，于2017年3月在自己任教的高三班级进行了问卷调查和以习题反思日记为主的实践活动。同年，我利用暑期在苏大学习的机会，在苏大图书馆陆续搜集了相关文献资料，闲下来或者有灵感时就写上一部分，完成了硕士论文的初稿。

2017年下半年，我在新接手的班级进行了更专业的问卷调查和优化后的第二轮实践活动，通过批阅日记、整理数据、质性分析，对硕士论文的初稿进行了调整，并提前将论文初稿发给王老师看。王老师很欣赏我的认真，在鼓励和肯定的同时又给出了新的建议，建议我将高一新生反思日记的实践研究写成高质量的论文，投稿到核心期刊。

2018年1月底，刚放寒假，我坚守在电脑前四个晚上，论文《高一新生化学反思日记的个案研究》初稿就新鲜出炉了。是的，四个晚上，加起来大约15个小时。看上去很快，以至于我的先生质疑：就这么几天，写出来的是散文还是小说？

但实际上，从准备工作算起，我的写作时间已有十个月之久。这期间我看了不少相关的书籍、论文。比如王云生的《课堂转型与学科核心素养培养——中学化学课堂教学改革探索》，熊川武的《反思性教学》，朱永新的《我的教育理想》《新教育》，姜英杰的《元认知的理论与实证研究》，陈向明的《质的研究方法与社会科学研究》，苏霍姆林斯基的《给教师的建议》，以及多篇关于元认知、教学反思日记的论文。近一年的"阅读＋笔记＋反思＋写作"，才让我在15小时内写出了7300字左右的初稿。

论文初稿分为引言、教学实践简介、个案简介、个案解读与分析、案例启示、小结六个部分，其中第四部分包括化学实验反思、解题思路反思、知识小结、试卷分析、化学史分类分析。初稿完成后，我感觉自己已经用尽全力，无法再继续改进了。

二、打磨

我将初稿发给导师并指出自己对部分内容的不满意之处。王老师认为论文框架略显散乱，理论部分欠缺，及时给出了修改建议。对照她的修改建议，我进行了调整。二稿从 7300 字缩减为 4300 字，分为整体设计和实施、个案分析与研究、结论与反思三个部分。其中第二部分包括反思日记的内容、变化分析、研究结果。

在与王老师通过电话、邮件、QQ 等多种形式"往来"四次后，论文的第五稿成型了。第五稿大约 5700 字，分为对象与方法、统计结果与分析、结论三部分。其中第二部分包括反思日记的内容分布、变化分析、学习过程中的作用。

三、一修

2018 年 5 月初，我将历经四个月打磨的《高一新生化学反思日记的个案研究》通过《化学教学》官网投稿，然后怀着忐忑的心情等待。我每天都去看一遍邮件，期待编辑部的回复。可看了一次、两次、三次……都没有消息，我渐渐地失去了信心，想着没戏了，就不再天天上网看了。

可就在 6 月 29 日，去苏大进行论文中期汇报的前夜，我不经意间查看邮件，发现了《化学教学》杂志编辑部发来的邮件：

请修改！
切入点很好，成效也比较明显。不过，整个表述更像讲故事，描述居多，分析还较为缺乏。从个案定位来说，这个个案不宜仅用于说明学生的成长，最好能用于说明您要求学生写化学反思日记的必要性，以及措施的有效性。至于成效，不宜用成绩来表述，因为其他学生也写反思日记了，这位同学成绩提高了，自然也意味着也有没有提高的，甚至是下降的。

建议从以下几个方面表述：

1. 研究背景：您为何决定要使用反思日记？出于怎样的考虑？（学生视角，教师视角）

2. 研究设计：班级选择，反思日记数量的设计，反思日记要求的设计，批改的设计。

3. 个案分析：起始阶段特征，分析切入点，分析结果；中间阶段，分析切入点，分析结果；结束阶段，分析切入点，分析结果。（不宜仅仅描述教师反馈了什么，建议描述从哪些角度进行分析，发现什么结果，又从哪些视角提出针对性的建议。最后可呈现您提出的具体建议）

4. 应用建议：对其他教师使用反思日记提出建议。

看完邮件，我吓出了一身冷汗！邮件的落款时间是6月25日，而我看到邮件的时间是29日，编辑部要求我一周内将修改稿发回，留给我的只有三天时间！第二天我就要去苏州作中期汇报，7月1日返回，真正留给我的修改时间只有一天！

怎么办？！

不怕，时间挤挤总会有的，在路途中也可以构思论文。于是，我先自行体会编辑部的修改意见，揣摩修改方案，然后将稿件、修改意见、自己的想法打印出来，揣在兜里带去了苏州。中期汇报之后，我争分夺秒面见王老师，提出自己的困惑，听取王老师的建议并及时记录。

回家途中,我坐在大巴车上,在脑海中捋思路,到家后立刻写下关键词。那个夜深人静的夜晚,我端坐于电脑前敲打键盘,熬夜改到凌晨1点。7月2日,也是截止日期,我终于如期将修改稿上传到了杂志社的官网。

和第五稿相比,第六稿的字数基本没有变化,内容改成四部分。原第一部分的"对象与方法"改为"研究意义",从学生的化学学习过程需要反思、因材施教的实施需要教师充分了解学生两个方面加以说明。原第二部分的"统计结果与分析"改为"研究设计""个案分析"两部分;"研究设计"包括对象与方法、反思日记的变化分析、反思日记在X同学学习过程中的作用。原第三部分的"结论"改为"应用建议"。

同时,我将修改说明也随论文修改稿一起发给了《化学教学》杂志编辑部。

1. 论文框架调整为研究意义、研究设计、个案分析、应用建议四部分。

2. ① 研究意义,是原稿中最后两段内容。

② 研究设计,将"化学反思日记"整体实践进行了浓缩说明,并整体对比了实验班和对照班的反思能力和化学成绩的前测后测,说明了化学反思日记的确发挥了作用。

③ 个案分析,去掉了日记内容分布图的部分,重点放在变化的质性分析。并且按照初期、中期、后期对比分析,更容易发现学生的变化和进步。在总结提炼反思日记的作用前,加入了另外两类学生(尖子生Y和后进生Z)的日记分析结果(但并未详细说明),与中等生X同学的个案一起,使得论据更为全面。

④ 应用建议,主要是两点:一是对教师的要求高,二是日记主题的设置。

3. X同学反思能力和成绩的数据、单样本检验数据等删去了，只用语言描述。其反思能力的变化应该是从日记的书写中更直接地发现。

四、二修

第二次投稿后，我的警惕性提高了，坚持每天登录《化学教学》杂志网站查看稿件状态变化，同时看一下有无新的邮件。大约半个月后，我收到了编辑部的第二次退修意见。

请修改！

此文逻辑不够清晰，建议从以下方面加以修改：

第一，标题建议改为《高一新生化学反思日记的应用研究》。

第二，研究意义需强化。凸显反思日记对学生知识理解、能力发展、习惯养成的作用。

第三，研究设计需要说清楚。选择实验班、对照班，进行前测（前测问卷需要附在后面）；实验班进行实验，进行后测。（此处不需要具体的结果，只需要说明方法）

第四，将个案研究改为实施过程。整体不必变化很大，仍然可以分为前、中、后三个阶段。只是在每个阶段先描述整体特征，再以X为例加以说明。

第五，3.3单独作为一个部分，用以说明应用效果。先进行前后测比较，再说明具体变化。

第六，应用建议可保留，最好能够以条目形式呈现。

其余疑惑，在文中以批注形式表示。

我感觉此次修改意见与第一次修改意见风格不同，推断审稿专家不是同一个。我按照要求进行了修改，完成第七稿。然后将编辑部退修意见、修改稿、修改说明一并发给了王老师。王老师从专业角度给了我进一步的修改建议。经过几个夜晚的"煎熬"，最新修改稿《高一新生化学反思日记的应用研究》出炉了，我于7月下旬第三次上传稿件。

与第二次投稿的第六稿相比，论文的第八稿字数由5700字左右增至6800字左右。标题中"个案研究"改为"应用研究"。原第一部分的"研究意义"改为"问题的提出"，从学生改善学习的需要、因材施教的需要、终身发展的需要三个方面加以说明；原第二部分的"研究设计"变化不大，进行了精简；原第三部分"个案分析"改为实施过程与日记对比、结果与分析两部分；从量化和质化两个角度进行了更为专业和全面的分析；原第四部分的"应用建议"，即现在的第五部分，小标题未变，但内容有较大变化，原先的"教师理论水平"和"反思主题设计"改为"努力提高教育理论水平、一定的奉献精神和时间管理策略、持之以恒的教学实践"。

修改说明也随论文修改稿一起发到《化学教学》杂志编辑部：

1. 标题、摘要、框架、英文摘要与关键词等均有所变化。

2. 研究意义的学生角度，增加了中间一段；1.3为新增内容。

3. 研究设计部分，简要说明了做法，前后测，以及化学日记的主题设计在初期、中期、后期有所侧重。

4. 第三部分改为实施过程与日记对比，增加了X同学日记字数的折线图。三个阶段中，整体说明印象后再以X同学为例进行详尽分析。

5. 第四部分为结果与分析，由量化分析和质化分析两部分组成：前后测数据变化和日记的三点影响。

6. 第五部分为应用建议，小结为三点。

7. 参考文献的格式参照《化学教学》杂志的"投稿须知"进行了改动，改了标点符号。同时，依文中的顺序进行了序号调整。

8. 最后附了调查问卷。

五、录用

7月下旬第三次投稿后，我怀着忐忑的心情继续等待消息，天天登录查看稿件状态。终于，在9月下旬等来了期盼已久的消息：论文被录用了！

录用邮件很短，但我看了无数遍：

> 您的论文《高一新生化学反思日记的应用研究》，稿件编号：20180439，经审阅，符合《化学教学》用稿要求，拟近期刊登。

看到录用通知的那一刻，我的眼眶湿润了，当时的心情无法用语言描述，一种从未体会过的成就感充盈在我身体的每一个细胞里。

我第一时间与最敬爱的导师王老师分享了这个好消息，并表达了发自肺腑的感激之情。没有王老师的指导，我不可能完成这一篇论文，不可能有在核心期刊发表论文的"高光时刻"。王老师向我表示了祝贺，告诉我最该感谢的是我自己，没有自己认真和虚心接纳的态度，没有坚持写作不放弃的精神，也就没有这一篇论文的诞生。

10月份编辑部发来了校样，让我修改错别字、标点符号等细节问题。论文最终于12月发表，当我收到带着墨香的《化学教学》杂志，看到墨绿色封面上就有我的这一篇论文标题；然后翻到第13至17页，我细细读着这些熟悉的文字，内心再一次涌出无以名状的充实感，那应该是我当教师以来多巴胺分泌最多的一刻。

六、收录

没想到的是，更加幸运的事悄悄来临了。

2019年3月，我的同事拿着从图书馆借来的杂志对我说：你的文章被人大复印报刊资料《中学化学教与学》收录了。

我自费购买了两本2019年第3期的人大复印报刊资料《中学化学教与学》杂志，白底红字的封面透露着低调的高贵，我对人大复印报刊资料的敬意油然而生。同时因为自己的文章被收录其中，自豪感也一并产生。

那段时间，相熟的同事看到我就说我厉害。其实，并不是我多厉害，回想那敲击键盘、翻阅资料的一个个夜晚，关键词只有"坚持"。

坚持阅读，坚持学习，坚持写作。

回首望去，《高一新生化学反思日记的应用研究》的诞生经历了如下的历程：

2018年1月底，完成初稿；

历经四个月打磨至第五稿后定稿；

5月初，第一次投稿《化学教学》；

6月底，编辑部第一次提出修改意见；

7月初，修改后第二次投稿（第六稿）；

7月下旬，编辑部第二次提出修改意见；

7月底，修改后第三次投稿（第八稿）；

9月底，收到录用通知；

10月中旬，收到稿件校样，修改错别字、标点符号等；

12月，出版；

2019年3月，被人大复印报刊资料转载。

我的电脑文件夹中保存着每一稿的电子版，它们让我看到一篇文章从稚嫩慢慢走向成熟的过程，这个过程也是我不断蜕变，全方位成长的过程。

七、再出发

在收获成功的喜悦后，我的导师睿智地将我从成就感爆棚的状态拉出来，鼓励我继续撰写论文，从自己几年来书写教学反思日记的实践及感受出发，分析自己的专业成长。于是，《基于教学反思日记的教师专业发展——以一位高中化学教师的反思日记个案研究为例》诞生了。2018年12月，第一稿完成了，历经几次打磨，3月底，我将第五稿投到《化学教学》杂志。收到编辑部的修改建议后修改，于4月下旬第二次投稿，6月收到稿件录用通知，最终发表于2019年第9期。

第一篇论文从投稿到录用历经五个月，退修两次；第二篇论文从投稿到录用不到三个月，退修一次。第二次投稿，时间、退修次数都有所减少，修改过程中，我感觉比第一次轻松一些。两篇论文成文的共同之处是，都有前期长时间的准备，都将初稿打磨四个月左右，内容相对成熟后才投稿。

有了这两次论文写作的经历，我不再害怕教育写作，甚至还觉得挺有意思的；也不再觉得教育书籍和教研论文艰涩枯燥，甚至能从某些论文中汲取精华优化我的教学。撰写论文的经历和取得的成果进一步增强了我的反思意识和能力，每一节课后，我都会在备课笔记上写下课堂上的精彩与遗憾。

如果你要问我，教育写作难还是易，还真不好说。

小时候学过一个故事叫作"小马过河"。小马要过河，不知道河的深浅，不敢过去。老牛说水很浅，才到小腿；松鼠说水很深，会被淹死。小马自己下了河，发现河水不像老牛说的那样浅，也不像松鼠说的那样深。

教育写作也是如此，有的老师说很容易，选个合适的主题就行；有的老师说很难，理论深奥无从下笔。究竟是难还是易，只有亲自去尝试才能知道。不动笔就不能发现其中的乐趣，不动笔就找不到适合自己的写作方法。希望包括我在内的每个教师，都能结合自己丰富鲜活的教育教学实践，循着"实践—总结—再实践—再总结"的路径，通过教育写作获得专业成长，让课堂更加高效、学生更有收获，为基础教育的发展贡献我们的绵薄之力。

编者说

在大多数老师眼里，发表论文就是一件很难的事情了，更何况是在核心期刊发表论文，论文被人大复印报刊资料全文转载，甚至两次在核心期刊发表论文。

张老师非常详尽地用自己真实的写作经历为我们展现了这个"难于上青天"的过程。在这个故事中，你可以看到文章首先是做出来的，然后是读出来的，再然后是写出来的，最后是改出来的。实践—阅读—写作—修改—发表，不走过这条设置了九九八十一难的路，就取不到写作的真经，也无法实现在核心期刊发表论文的梦想。

当然，一篇好文章的诞生，除了作者自己要有决心、能静心、有恒心外，也离不开高人的指点。身边有经验的写作者、教育科研专家，甚至期刊编辑，都是你可以请教、学习的好老师。

努力尝试，勤于动笔，虚心求教，持之以恒，或许你也可以攀上核心期刊的高峰呢！不尝试怎么知道行不行，行动起来总没错。

> 教育写作不同于文学创作，它不能单纯依赖一腔热情，更不能空等灵感从天而降。教育写作不只是一种创作行为，更是一种践行职业理解的方式。它杂糅着理论和实践，穿梭于理想和现实之中，既根植教学生活，也引领着教育生活。

陈惟萌 徐州市民主路小学语文教师，先后获得徐州市"彭城恩师"、鼓楼区"教坛新秀"称号。多次在省、市论文比赛中获奖，主持多个市级个人课题，并在《西藏教育》《徐州教科研》等杂志发表文章。

只要功夫深

陈惟萌

苏霍姆林斯基主张，教师要把自己在教室里的经验教训，创造生成为对这个职业的思考，通过写作教育笔记的形式留下来。写作是教师留给教育的宝贵财富，是值得珍惜的东西。可惜，大部分教师着实不知教育写作为何物。我也一度质疑：为什么要记录？写这些有用吗？每每坐下来动笔，都像是热锅上的蚂蚁，打着一场"无准备之仗"，苦思冥想，却不知从何处下笔。

走近它——从只言片语的记录开始

犹记得当老师的第一年，自己对教学教研一头雾水，班级管理也是一地鸡毛，所以当第一次面对学校布置的写作任务时，我一脸错愕：当老师还得写文章？于是，百般不情愿中，冥思苦想，生搬硬套，勉强凑了一篇交上去。"敬而生畏，畏而生难"，就这样，教育写作成了我的一块"心病"。

我想：教育写作为什么难？因为字数？主题？时间？……其实所有文章都是累积起来的。如果教育写作可以先积跬步，起垒木，是不是就没有这么难了？

于是，我准备了一个小本子，上课揣着它，教研带着它，既写自己的教学心得，也记录别人的优秀语录和想法。慢慢地，一个小本子不够用了，我有了更多的小本子，一个学期下来竟然攒了一抽屉。更让我感到惊喜的是，那一本本的只言片语让我看到了教育的真实模样。

后来，我发现手机上有个"备忘录"的功能，记起来又方便又及时，于是，我的"秘密武器"成功升级。我在手机上建了主题各异的文件夹：根据不同主体来源，分为教师类、学生类、同事类、书籍类和家长类；根据不同题材，分为理论类、随感类、故事类和名言类；根据语文不同研究领域，分为识字类、阅读类、写作类和口语交际类……一共有十多个不同维度的主题分类。记录的文字中，有时是几个关键词，有时是两句话、一段感悟，看似很杂，但包罗万象，信息量巨大。

经年累月，这样的记录已成为我的工作习惯，甚至被我迁移到其他的领域中，比如诗词、育儿、厨艺等等。一天晚上，我发现自己轻轻松松地敲完了5000多字，转头一看，手机屏幕还定格在"备忘录"的界面。我的心里充满感激，感激这些只言片语，让我学会主动成长，让我懂得如何写作，甚至是如何生活。

认识它——从模仿优秀的作品开始

我的教育写作生活虽然开始了，可是从专业的角度来说，自己仍然是个毫无技巧的门外汉。每每看着自己高不成、低不就的论文比赛名次，细数着失败的投稿经历，我开始反思：怎么能进一步提高自己的写作水平呢？在一次"向于永正老师学习"的活动中，于老师的一句话启发了我：教师写下水文是最好的作文备课。如果说教育写作是老师的作文，那我们的下水文导师是谁呢？不就是那些已经发表文章的作者吗？

带着这种顿悟带来的"惊喜",我迅速回办公室整理出了堆放在角落的教学杂志:《人民教育》《小学语文教学》《小学语文教学论》《小学教学研究》……我还跑到学校档案室,把最近三年的教育期刊都借了过来,分门别类地整理、复印,并找了一个文件袋专门存放。自此之后,我有了第二个"秘密武器"。

后来,因为资料太多,无处安放,我又到知网搜索相关文章,下载保存,也按照写"备忘录"的方法,新建了不同维度的主题文件夹。我如饥似渴地从众多优秀的论文中,寻找适合自己的范文:于永正老师的文笔接地气、重实践;何捷老师的文章简练幽默,透露着强烈的个人风格;成尚荣所长的语言有学者之派,大家风范;杨向东教授的理论紧密观照着一线实情……起初,我的模仿只是词句或片段式的,后来,我开始琢磨这些论文的结构层次、语气口吻,文章的立意、逻辑、与当下教情学情的勾连,并做出自己的价值判断:这样的文章是否符合实践需要,具有教育前瞻性。

一路模仿,不知不觉中,我对教育写作的认识加深了,也提升了自己品评教育论文的水平。我逐渐认识到,大多数人总将写好论文的希望寄托在提升教育写作的技巧上,其实更应该深思的是,我们应该如何对待教育写作,如何开启我们的写作生涯。教育写作不同于文学创作,它不能单纯依赖一腔热情,更不能空等灵感从天而降。教育写作不只是一种创作行为,更是一种践行职业理解的方式。它来源于教育生活,是在一定学科规范和教育理念的基础上,通过大量真实的教育实践,总结心得体会,升华教学感悟,指导教学未来的活动。它杂糅着理论和实践,穿梭于理想和现实之中,既根植教学生活,也引领着教育生活。

在模仿范文写作的过程中,我感受着同行、前辈的敬业、严谨、细致,也在不自觉中加深了自身对职业的要求。我暗下决心,要用文字拾起教育生活的一地鸡毛，用写作亮出自己的教育态度。当我的第一篇文章发表的时候，我知道，我已经开始像个真正的教育写作者了。

享受它——从悦纳它走进我的生活开始

教育写作给我的第一份回报，就是让我不再在那些晦涩深奥的大部头前表现出怯懦。

阅读一直是我生活中重要的组成部分，我阅读的范围很广，唯独害怕阅读高深的学术理论书籍：《什么是教育》《民主主义与教育》《教育认知心理学》《学习究竟是什么》……开始教育写作后，我不得不硬着头皮去"啃"这些让令我望而生畏的大部头。看着这些语言晦涩、理论深奥的书籍，有一个问题冒了出来：这些书是怎么写出来的呢？

刚开始，我因为读不懂，只能反复阅读，勾画批注。后来，我偶然翻到自己在某本书上的笔记时，突然有了想把它们整理出来的冲动。当粗粗整理了之后，我发现这些书籍的写作脉络有很多值得借鉴的地方：大部分学科类书籍，前言或第一章所指出的研究基础和当前发展现状，就像我们论文第一段的背景陈述和研究理由；紧跟着，作者一定会就本书所阐述的主要专业名词，在学术界争议的基础上，表达出作者本人的态度和倾向，也就是"这个东西是什么"，这就很像我们对论文核心词汇的解释，也会利用各种理论来支撑他的陈述；而接下来的章节安排，总会呈现出一个由理论走向实践的过程，就像我们逐层推进的逻辑框架，最终归入指导性和实践性……

除此之外，我还跟这些"专业老师"学到了很多写作技巧，比如定义和陈述的相辅相成，课例和教案的区别，理论引用的细节和考究，等等。慢慢地，对于这种理论书籍，我阅读的速度变快了，还懂得了怎么去看、要看什么。我发现，书不仅要会看，还要会品；不仅要品它写得好不好，还要品它好在哪里，我能不能用得上。

同时，我开始直面自己教育生活中那些令人感到挫败的"教学事故"。教学中，那些偶然发生的意外、挫败、不顺会引发我们的反思，而反思是教育写作的强大动力。相比空洞的理论构想，反思往往伴随着丰富而有说服力的教学实例，只要加以整理、沉淀，都是绝好的论文素材：班级管理中的儿童心理探究，课堂里的教学设计分析，教学风格下的育人思考，与家长沟通时的家校沟通技巧……每个教育领域都深藏学问，都容易发生新的问题。问题总会解决，事情也会过去，可是我们为什么不深挖一下事情背后的价值呢？"塞翁失马，焉知非福。"每一次"事故"都是写作的契机，每一个问题都蕴含探讨的价值，只要我们转变思想，错误也会变成一次"美丽的邂逅"。

经过几年的摸索，我似乎摸到教育写作的门道了：确定主题、搜集资料、借鉴整理、反思回想、罗列提纲、下笔开写……在这个过程中，我的生活方式和习惯也在悄然改变着：购物车里的书籍，豆瓣的教育讨论推送，每周一次的"备忘录"整理，每月准时到达的教育期刊，每学期自定的写作主题，每年的投稿计划……我的生活和教育写作紧密交织在一起，教育写作成为我生活的一部分，并成就了我的生活。

阅读着颜莹老师的《教育写作：教师教育生活的专业表达》一书，我记起自己初敲键盘的生涩，开始回顾自己爱上教育写作的心路历程。或许，不是教育写作离我们太远，而是我们一直将其拒之门外。"为难"我们，其实一直都不是教育写作的"本意"。当我们用心去认识它，学习它，理解它，自然会走近它，了解它，驾驭它。

| 编者说 |

　　我惊讶于陈老师对教育写作"门道"的研究，备忘录、文件夹、档案袋；揣摩例文、模仿范文、研究体例……真是十八般武艺都用上了。毫无疑问，这些方法非常有效，您不妨一试。

　　更让我惊讶的是陈老师研究出来的"门道"：

　　大多数人总将写好论文的希望寄托在提升教育写作的技巧上，其实更应该深思的是，我们应该如何对待教育写作，如何开启我们的写作生涯。

　　教育写作不同于文学创作，它不能单纯依赖一腔热情，更不能空等灵感从天而降。教育写作不只是一种创作行为，更是一种践行职业理解的方式。

　　书不仅要会看，还要会品；不仅要品它写得好不好，还要品它好在哪里，我能不能用得上。

　　反思是教育写作的强大动力，相比空洞的理论构想，反思往往伴随着丰富而有说服力的教学实例，只要加以整理、沉淀，都是绝好的论文素材。

　　每一次"事故"都是写作的契机，每一个问题都蕴含探讨的价值，只要我们转变思想，错误也会变成一次"美丽的邂逅"。

　　……

　　陈老师用她的教育写作经历告诉我们：只要功夫深，铁杵磨成针！

> 细细回味自己的成长之路,我深感每一篇文章都是"做"出来的。"做"意味着阅读、实践、反思、写作的螺旋式循环,意味着每一篇文章都要经历无数次打磨,从文章题目到小标题,每一字、每一句都得细细斟酌。

周惠英 苏州市吴江区实验幼儿园城中园区原执行园长,江苏省学前教育特级教师,苏州市名教师,苏州市中小学学科带头人,苏州市教育科研先进个人。研究成果获江苏省教学成果二等奖,参与编写、出版了两部专著,发表省级以上论文20篇。

写作苦行旅，成长自然路

周惠英

每每说到写作，同事们常常会向我投以羡慕的眼神，在她们心中，我似乎是个写作的行家里手。殊不知，我其实是一个惧怕写文章、阅读能力差、又不爱读书的人。都说写作是苦行，对于既无功底，又无天赋的我来说，要写出高质量的文章必定更艰难、更辛苦。但我始终坚信：勤能补拙，水到渠成。坚持写作三十余载，痛并快乐着。我所收获的不单单是几篇文章，还积淀了专业力和研究力，享受到了专业成长的充实与快乐，这让我对教育写作充满了感激之情。

书中自有好文章

1984年8月，18岁的我从苏州幼师毕业，分配到吴江县机关托儿所工作。当时，写作远没有现如今那么被重视。教师每天组织一日活动、布置环境、制作教玩具，基本没有写作的任务。印象最深的莫过于，和孩子们一起到一墙之隔的松陵公园，在大树下玩娃娃家。我们把碎瓦片当锅碗，把小树枝当筷子，又摘来一些不知名的野花野草，盘膝而坐，品尝着自己亲手做的"美味"……现在回想起来，这情境倒是最纯真、最自然的生活化、游戏化的探索足迹。可惜的是，当时没有留下只言片语，更别说有什么专业成长了。

1988年，托儿所改制为幼儿园，各项工作逐渐走向正轨，撰写随笔也成了年轻老师的必修课。每次我都是仅凭初中毕业那点微薄的写作基础勉强完成任务,写的随笔和我的才女闺蜜相比,真是相形见绌,唯有对她"羡慕嫉妒恨"。

1998年,幼儿园计划开展有关幼儿园晨锻活动的课题研究,申报工作自然而然就落在担任科研组长的我肩上。我虽然心中完全没底,但唯有欣然接受挑战。在教科室余主任的指导下,我开始从幼儿园订阅的《早期教育》《幼儿教育》等杂志上查阅相关资料。只要多阅读、多积累,写作时自会思如泉涌。从那以后,不爱阅读的我开始走上一条"读好书"之路。

一直以来,我所在的幼儿园都非常注重教师阅读,一些经典的书籍,如苏霍姆林斯基的《给教师的一百条建议》《把整个心灵献给孩子》;皮亚杰的《发生认识论原理》《儿童智慧的起源》;杜威的《学校与社会:明日之学校》;陶行知的《陶行知全集》;陈鹤琴的《活教育》;教育部基础教育司组织编写的《〈幼儿园教育指导纲要(试行)〉解读》;李季湄,冯晓霞主编的《〈3—6岁儿童学习与发展指南〉解读》;等等,每个园区图书室都有珍藏,有的甚至作为礼物发放到老师手中。这些经典的书籍为教师阅读学习提供了极大的方便,也成为我读书的首选。

我园有个不成文的规定:教师凡是看到好的书籍或需要买一些书籍,均可以自行购买并报销。这大大激发了教师购书、读书的热情。每次外出培训、参观学习,我都特别关注培训现场提供的学习材料和推荐的各种书籍。其中,学习材料是每次培训学习的精要,我总是如获至宝似的保存好,细细品读学习。另外,主办方、协办方推荐的各种书籍,也常常会让我眼前一亮。一些经典的著作,参观园所主编出版的课程设计、课题成果汇编、活动设计方案等书籍,我都会去翻一翻,看一看,再结合幼儿园和自己的研究实际,选择一些相关的书籍买下来,自己阅读并推荐给同事。每次培训,返程时的行李箱总是装满了学习材料。虽然"负重"而行会带来很多不便,但我心里总是乐滋滋的。因为,那里藏着宝贵的精神食粮。

作为集团幼儿园科研工作的负责人,撰写课题申报书、研究方案、开题报告、中期成果汇报、结题研究论文等成了我的必修课。而要写好这类大文章,必须进行文献研究。在文献研究中,我结合课题研究重点和同事一起搜索相关的书籍进行阅读。在申报"十三五"课题的过程中,我们就围绕玩中学、项目活动、科学探究等关键词,从新华书店、当当网等不同渠道购买书籍数十册。

每学期,幼儿园都会开展"推荐书目大家读"活动。所推荐的书目大都针对当下教育研究的热点或难点,满足不同层次教师的成长需求:推荐园长阅读《游戏是孩子的功课》《卓越园长21条幼儿园管理策略》《最具教育力的22种幼儿教育思想》等;推荐新教师阅读《新手老师上路啰!》等;推荐全体教师阅读《教育写作:教师教育生活的专业表达》《在探究中成长》《0—8岁儿童学习环境创设》等。每次开展读书活动,我都以执行园长、科研负责人、名师工作室领衔人等多种身份,带头参与集体共读、个体自读、园长(领衔人)领读、公众号引导阅读等活动,通过QQ工作群、幼儿园网站上的"求真论坛"等途径,和老师们交流阅读体会,用阅读指导实践,解决研究中面临的具体问题。

长期以来,我园每年必订一些全国高水平的学术期刊。其中,幼教类的期刊主要有《学前教育研究》《早期教育》《幼儿教育》《学前教育》等,综合性期刊主要有《人民教育》《上海教育科研》《江苏教育研究》《江苏教育》等,期刊如有教科研版、教师教学版和家教版等多个版本,我园也尽数订阅。另外,我园要求教师个人每年订阅1—2本教育类期刊,我也带头订阅。

在这些书籍、杂志中，我记忆最深、获益最多的要数《江苏教育研究》编辑部主任颜莹关于写作的两篇文章和一部专著，我认为，它们堪称教师专业写作和表达的指南，我把它们当成写作宝典一样保存着，常阅、常思、常悟。

我清楚地记得，在一次暑期培训时，颜主任受邀来我校做了关于教育叙事的专题讲座，她提到的"留存精彩的瞬间""生长'草根理论'"等写作论断；"寻找熟悉中的'陌生'与'冲突'""学会深描——让故事引人入胜"等写作方法，让我们幼儿教师豁然开朗。2012年1月，她撰写的论文《教育叙事：讲述与发现》在《江苏教育研究》（实践版）"教育写作"专栏一经刊出，我就组织全体教师学习。该文从什么是教育叙事、教师写作教育叙事的意义、教育叙事的文体特点等方面阐述了教育叙事的内涵和本质特征，让大家对教育叙事有了更深刻的理解，至今记忆犹新。

2020年6月，我在《人民教育》上读到了颜主任撰写的《教育写作：教师专业表达和专业发展的必由之路》一文，该文从"教育写作可以促使教师反思现状，改进实践，成为理性的实践者""教育写作是教师专业发展中的重要手段""教育写作是创造性教育生活的敲门砖"三个视角阐述了"教育写作是一条蕴含多重价值的教育反思路径，是教师从教育实践走向专业表达、从专业表达走向专业发展的必由之路"的重要观点，再一次引发了我对教师教育写作的思考。

2020年3月，颜主任出版了专著《教育写作：教师教育生活的专业表达》，我也成为忠实的读者。拜读了书中成尚荣先生的《专业表达的快乐旅行》、薛法根校长的《遇见更好的自己》两篇序言后，我开始细细品读书中的每一个章节。颜主任从"重拾教育写作"切入，一连用了六个章节，详尽介绍了教育叙事、教学案例、教育论文、文献综述及调查报告五种文体的写作方法与学术规范，用通俗易懂的语言，解开了每一种文体的"写作密码"。其中,曾经阅读过的两篇大作也在书中相关章节有所阐述,有调整、有变化,恰到好处。

此外,中国知网、学习强国、微信公众号等平台也是阅读乐土,只要做个有心人,就会搜索到大量自己需要的好文章。

读书要讲究方法。只有科学有效地去读,才能积累更多的写作素材,在写作的时候真实、准确地表达出自己的所思所想。就读书方法而言,我清晰地意识到:自己没有一目十行的阅读能力,唯有逐字逐句地研读。因此,每每阅读,我喜欢选择精彩内容仔细品读。

阅读专业书籍,我首先品读的往往是书的前言。在我看来,前言往往是书的灵魂所在,是对全书内容的概括和提炼,引导着读者了解作者的写作意图、写作心得以及所要阐述的核心理念等,让读者对整本书有概括性的了解,为后续的阅读提供帮助。其次,我选择与研究实际关联度较高的章节精读。一本书,总有几个章节与自己当下研究的内容联系紧密,其中不乏解决教育教学实际问题的小技巧、小窍门,可以用来"小试牛刀",这对自己的研究与写作都极具指导作用。

阅读杂志,我一般首先快速浏览目录,看看文章标题,再选择一些对当下研究有启迪、有借鉴的文章细细品读,从中体会选题命题、谋篇布局、风格文采等写作诀窍。其中,很多杂志的"卷首语"短小精悍,以小见大,言简意赅,是我每期必读的内容。

铅笔是我阅读时的必备工具。每每读到精彩之处,我喜欢圈圈画画,留下淡淡的铅笔痕,并折个小角,方便以后阅读或摘录。一般来说,如是简短的内容,我会及时摘录下来,并以正规杂志参考文献的要求注明作者、文献名、出版社等,体现规范性,尊重学术权威,为论文参赛、投稿做好准备;如是整篇文章,我就复印下来,并在精彩内容处做上标记;如是电子类文献,我就直接保存,并用红色标注精彩内容,筛选、整理后汇编成册,并做好"资料索引",方便自己和老师们查找学习、借鉴运用。

读书和写读后感是我的弱项，但我始终坚持写。在多次的写作实践后，我发现，写读后感绝不是简单地复制粘贴，而是一定要有自己的思考，要立足自己的实际。写读后感不在于思考感悟有多深刻，也不讲究面面俱到，关键是结合精彩章节，链接自己的教育教学经验或者教学问题进行思考与阐述。

就这样，在不断的阅读中，我开阔了视野，增长了见识，拓宽了思路。1998年，我的处女作《优化一日活动的环节过渡》获吴江市"教海探航"征文三等奖，还在期初教科培训会得到了教科室徐主任的肯定和赞赏。从此，写作不再让我望而生畏，一份又一份意外的惊喜也不期而遇。

实践自有"大智慧"

教育是实践的，教育的最高智慧是实践的智慧。曾经聆听过多位专家学者关于写作的专题讲座，他们都不约而同地提到了写作与实践密不可分。工作岗位、工作角色不同，做的事不尽相同，写的也自然各有侧重。

23年的一线带班经历，我深深地感受到：一线教师要获得专业成长，观察是基础，反思是关键，写作是应然。为此，带班期间，我始终把观察研究作为日常工作的一部分，持之以恒，努力在观察、记录、分析、梳理等方面下功夫，让自己真正成为专业型的成熟教师。

教师要细致观察幼儿在某一自然场景中表现出的有趣的、有意义的行为和语言，对幼儿传递的信息要具有强烈的敏感性，从观察中获取有价值的信息。工作中，我常常会以小便条、手机备忘录或视频等多种方式如实记录观察到的点点滴滴，突出重点，有效整合。我尝试把对幼儿进行的个性化细节观察与"幼儿成长档案"中"特别的我"栏目相结合,针对不同幼儿的特点,寻找切实有效的教育策略;尝试把有意识地观察与幼儿园"科学启蒙"主课题研究相结合,记录幼儿在科学探究活动中的行为,为案例开发、论文撰写积累素材。

教师观察到的点滴往往是幼儿个性发展、兴趣爱好等的真实写照,对这些有价值的信息进行理性的分析、解释和评价,分析幼儿的活动情况,分析幼儿的关键经验,明晰幼儿的最近发展区,以小见大,找出症结所在,反思自己的行为,不仅可以有的放矢地调整教育行为,做出相应的跟进方案,还积淀了最好的写作素材。

多年的观察研究让我慢慢找到了写作的小窍门,写出了专业力。由"道歉风波""我在放鞭炮"引发思考,撰文《宽容与接纳——善待幼儿"过错"》《让创造与规则同存》;围绕小班幼儿一日活动常规管理的三大妙招,撰文《巧管理——让幼儿快乐地度过每一天》;针对中班幼儿自主游戏时常常会出现拥挤、打闹、乱扔游戏材料等问题,撰文《标记在幼儿自主游戏中的有效运用》;针对大班幼儿角色游戏中出现的区角设置、材料投放、游戏重点等方面的偏差,撰文《全方位参与,让幼儿做角游的主人》……就这样,我撰写的20多篇案例或论文先后在各级各类评比中获奖或发表,其中,《巧管理——让幼儿快乐地度过每一天》一文还被人大复印报刊资料《幼儿教育导读》2011年第1期全文转载。《巧管理——让幼儿快乐地度过每一天》之所以能被全文转载,还要感恩时任苏州市教科院教研员的潘老师。潘老师曾受邀亲临我园指导教科研工作,他开设的讲座"如何撰写好教育教学论文"提出写好论文三要点,即"选题新颖,命题准确,凸现价值;提炼论点,寻找论据,把握要素;区别文体,把握风格,讲究文采",给了我极大的启示。《巧管理——让幼儿快乐地度过每一天》一文就是我依着"葫芦"画出的不一样的"瓢"。

这些写作的成果让我信心倍增，更让我尝到了专业成长的甜头，我更加笔耕不辍，先后被评为吴江市教坛新秀、教学能手和幼教学科教改带头人。

2019年3月，伴随着幼儿园教育集团的成立，年过53周岁的我卸下了执行园长和幼儿园科研条线负责人的重任，闲下心来细细梳理从教35载的点点滴滴。我将自己已发表或获奖的文章一一搜罗，汇编为《成长之路》，意指写作与成长如影随形，密不可分。《成长之路》分随感篇、活动设计篇、论文篇、课堂观察篇、沙龙纪实篇五个板块，汇编文章90余篇，共计25万字左右。这本书是一份献给自己从教生涯的最珍贵的礼物，也是一份献给广大幼儿教师最贴心的礼物。

细细回味自己的成长之路，我深感每一篇文章都是"做"出来的。"做"意味着阅读、实践、反思、写作的螺旋式循环，意味着每一篇文章都要经历无数次打磨，从文章题目到小标题，每一字、每一句都得细细斟酌。还记得《走进自然，玩出灵性》一文在《江苏教育研究》杂志刊发前，《江苏教育研究》的编辑给我发来了修改意见。整篇文章用蓝色清晰地标注着修改意见，如摘要和关键词的格式要求与注意点、参考文献格式、小标题之间含义有交叉、口语改书面语等，非常具体明了，让我不得不佩服他们的细致和严谨。我对照要求逐字逐句推敲琢磨，论文质量有了质的飞跃。

研究写出"真成果"

1999年的一次分流，我从机关幼儿园调入吴江实验小学幼儿园。实幼浓郁的科研氛围，时时感染着我；园领导姐妹般的关心和信任，处处激励着我。从此，我与科研、课题结下了不解之缘。先后担任科研组长、科研助理、副园长、执行园长等。无论工作岗位发生什么变化,我坚持做科研、做课题的初心始终不变,"做"与"写"成了我自觉的行动。我以科研兴园为导向,以课题为载体,在肖园长的前瞻引领下,全身心地投入"真研究",一系列课题管理论文也应运而生。

2009年,我从农民种庄稼得到启发,撰文《像种庄稼一样搞课题研究》,阐述教师搞课题研究,就如同农民种庄稼要把好"选种关""照料关"和"收获关"一样,需要根据课题研究重点,有所选择地获取有价值的信息;需要付出辛勤的劳动,讲究科学的方法,以获取真实有效的研究成果;还需要对已获取的研究成果反复地加以提炼……这样,循环往复,不断积累,才能收获累累硕果。该文一经投稿,成功发表于《早期教育》,文中所提炼的课题管理方法也成为我的科研特色。

该文的发表还得益于《早期教育》姚主编受邀来园做的一场专题报告,他谈到选题的诀窍之一就是借鉴其他领域的方法和经验。我听后心中暗喜,手头正好有一篇这个类型的文章。于是,我根据姚主编提出的写作要求再次修改提炼,鼓起勇气投了稿。暑假加班时收到杂志社寄来的样刊时,我真是欣喜无比。这份意外的惊喜,使我悟得一个道理:机会总是留给有准备的人。

"十一五"期间,我围绕省规划课题"幼儿探究式科学启蒙教育的设计与实践的研究"撰写了中期工作报告《研到"实"处方是"真"》,从"有效性"是课题研究所直面的关键问题入手,提出课题研究只有落在"实"处,扎扎实实地开展才是真研究,必须落在"根"处、研在"点"处、研在"合"处。该文获2008年江苏省"师陶杯"教育科研论文评选二等奖,文中的观点也成为我的科研主张。

"十二五"期间,我结合省规划课题"'去结果'式科学启蒙教育的实践研究"相关研究撰文《做真研究,走向高品质》,从精品课题建设强调的五项要求出发,阐述了真研究是基于幼儿园内涵发展的真研真思，真抓实干，需要立足真管理，投入真思考，践行真行动，切实丰富课题研究内涵，提升课题研究质量，走向高品质。该文获江苏省第九届新世纪园丁杯论文大赛二等奖。

"十三五"期间，我立足实幼人20多年"科学启蒙"的研究之路，以《坚持、创新、务实，谱写"科学启蒙"新篇章》为题撰文，阐述了实幼人20多年如一日，在坚持中累积经验，在创新中锐意进取，在务实中厚积薄发，前行在"科学启蒙"道路上的心路历程。该文获2018年江苏省优秀教育管理论文评选二等奖，发表于《好家长》2019年第53期。

经历了"九五""十五"的蹒跚学步，"十一五""十二五"的历练成长，步入"十三五"的成熟发展期，我作为课题主持人或具体负责人一路走来，潜心研究，孜孜追寻，赋予幼儿科学启蒙教育更丰厚的教育理念和更开阔的研究视角。我通过撰写课题申报书、研究方案、研究报告、成果奖申报等，形成了《"荒草地"种出"满园春"——幼儿种植活动存在问题及解决策略探析》等论文，多次在江苏省"师陶杯"、园丁杯论文比赛中获奖，20篇文章发表于《上海教育科研》《早期教育》等期刊。

美国心理学家波斯纳曾经提出一个教师专业成长公式：经验＋反思＝成长。颜莹主任在《教育写作：教师教育生活的专业表达》一书中，又赋予教师专业成长新的内涵，她在美国学者波斯纳"经验＋反思"的基础上，加上了"写作"，即教师专业成长＝经验＋反思＋写作，真是说到了我的心坎上。回顾江苏省学前教育特级教师这份殊荣的获得，并不是因为自己有多聪慧，而是因为从教三十多年来始终不忘把自己的所思、所想、所作、所为写下来的那份坚持，只有坚持教育写作，才能总结教育经验，分享教育智慧，去启迪更多的同行，获得更好的成长。

伴随着"读好书""写好文"的那份坚持，我不断磨砺自己，实现着自我价值。写作成果也在各级各类评比中频频亮相，不仅自己成长了，还走出一条带领幼儿、教师和幼儿园共同成长的新路。个人先后获苏州市教育科研先进个人、苏州市中小学学科带头人（教育科研类）、苏州市名教师、江苏省特级教师等光荣称号；我所在的幼儿园先后被评为苏州市教育科研先进团队、苏州市教育科研基地幼儿园、江苏省教科研先进幼儿园、江苏省省级教师发展示范基地校等。

三十余载写作之旅，记载着我坚守幼教一线的初心，记录着我迎接每一次挑战，丰富每一段经历，在沉淀中厚积薄发，在历练中成长的路径。如今的我，虽已年过55周岁，但我将重新回到原点，以一种更年轻、更富有活力的姿态，继续投身幼教科研园地，挥洒汗水，收获满园春色。

| 编者说 |

一线老师都说怕写论文，幼儿园老师可能是最怕的。他们常常觉得，自己的思维和语言在和儿童长期生活中变得"矮化""稚化""童化"了，很难有理性的思考与表达。

55岁的周园长是本书唯一一位来自学前教育学段的作者。如果说"既无功底，又无天赋"是她的谦辞，那么"勤能补拙，水到渠成"确是她成长的真实写照。

这篇文章与其说是她在介绍自己的写作成长经验，不如说她是在手把手地教幼儿老师怎么阅读、怎么听讲座、怎么做课题、怎么写观察记录……在编辑的过程中，我尽可能完整地保留了她列举的阅读书目、订阅刊名、课题名称甚至发表的文章名称，因为对幼教老师来说，这些细节都是很好的学习途径。

随着近几年与幼教工作者接触的增多，我越发清楚、深入地了解了他们的一日教育生活和专业发展困境。"童花头"和"背带裤"的"青春外表"下，除了活力与爱心，他们也一样有坚守与追求。我常常建议他们构建"双系统"的思维方式与语言表达方式：一方面，要以幼教工作者的身份贴近儿童，用儿童的思维去理解儿童，用儿童的话语方式与儿童对话；另一方面，要用专业工作者的身份去做理性思考和专业表达，要灵活地进行思维与语言的"双系统"切换。这样的要求颇有点"入戏"与"出戏"的味道，实属不易，但在我看来，这是幼教老师建立专业自信，获得专业发展，走向专业表达的基本功。

如果您就是一位幼教老师，不妨一试！

> 教育写作就是对教育教学中的所见、所闻、所感进行切中时宜的论说，即始于感觉，持于思考，成于提炼。它既是理性之路，也是率性之旅。

姜树华 南通市紫琅第一小学书记、校长，正高级教师，江苏省特级教师，江苏省有突出贡献中青年专家，江苏省"人民教育家培养工程"培养对象，江苏省"333高层次人才培养工程"培养对象。"言意共生教语文"项目获江苏省基础教育教学成果特等奖、国家级教学成果二等奖。发表论文360余篇，出版专著2部，编著图书12部，最新出版"姜老师陪你读课文"丛书（共8册）。

教育写作，不全是理性

姜树华

教育写作即从教育表层到教育内里，从教育现象求教育本质，是总结教育经验、梳理教育规律的过程。其间，理性无疑成了教育写作的根基。但我的教育写作经历中，似乎不全是理性，写作生活充满了有趣的机缘、淡淡的诙谐、无心的偶得……

急中生智的"第一篇"

在我的教育写作词典里，似乎没有"写作习惯""喜好写作""热衷写作"等词语。工作伊始，我就职于一所边远乡村小学。虽然学校地处偏僻的小村子，但校内几位老先生却经常因为发表在报刊上的"豆腐块"欢呼。那时，我常常跟着这个群体激动，并向他们投去无比羡慕的眼神。1999年2月，县教育学会要求各单位上交一篇教育论文参加评审，是思想品德学科论文。谁写？十七名老教师不约而同把目光朝向了我，我的第一篇论文就是在这样的"目光"中生发的。那时的村小，对这门学科的认识还是较为肤浅与简单的，教学方式基本是画重点—记规则—谈感受—辨行动。对于缺乏思想品德学科研究与实践的我，要写出一篇包含个人探索经验且有一定理论深度的文章着实为难。

怎么写呢？阅读。我努力回想那几本因夜晚孤独而不得不翻阅的杂志，记得上面有一篇写语文课怎么上的文章。当翻到第七本杂志时，我终于找到了——《语文课得从生活中来到生活中去》。我如获至宝，奋笔疾书，论文初稿落下最后一个字的时候已近凌晨三点。哇，我丝毫不觉得困倦，兴奋至极。因那篇文章的观点我极为认同，且感觉思想品德课也应该那样教学，于是我借鉴了几乎所有观点，来表达我对思想品德学科教学的理解。当然没有照搬原文，我用的是自己的话语体系，还加上了自己的一些观点和课堂实例。我也不知道那篇文章有没有"学术造假"之嫌，写到此处，真冒出了一身冷汗，理应对原文作者致以真诚的歉意加上深深的谢意。我的第一篇论文就这样虽不算"敞亮"但很真实地诞生了。后来，这篇文章获得了如皋市论文比赛二等奖，不久，又获得了南通市论文比赛一等奖。这一惊艳的亮相，让周围人都向我投来了惊羡的目光，"这一篇"从此不断推动着我，开启了第二篇、第三篇、第三十篇、第三百篇……

率性即笔的"随感文"

事实上，不是所有文章的诞生都像第一篇那样艰难，有几篇文章是我在热血沸腾间一挥而就的。

《教学语言：语文教师不该怠慢的"看家活儿"》这篇文章就缘起于我的两次磨课经历。一次是执教《安塞腰鼓》，省、市、县教研室专家参加了我的几轮磨课。磨课期间，有专家对我的课堂语言质量提出了更高要求："从某种意义上讲，安塞腰鼓是陕北后生们的'生命符号'。你的教学语言要随文、随鼓行进，应该疏密分明，舒缓有致；你的语言表达要像陕北后生一样，迸发出生命的能量，让学生有言语沐浴之感，潜移默化地提升学生的语言水平……"说实在的，当时的我没有过多在意，更没有仔细推敲这番话。无独有偶，我在执教《六月二十七日望湖楼醉书》一课时，又有评课专家提出提高教师课堂语言表现力的建议："这是一节古诗教学课，教师的语言应和现代文教学有所区别，教师的教学用语如何与教学问题相匹配，非常值得研究。"两次提醒、两次唤起，激起了我对语文教师如何掌握并娴熟运用高质量教学语言的浓厚兴趣。于是，我立马行动，对当时语文课堂教学语言的通病进行了剖析，指出了当时语文课堂存在的教师教学语言无奈隐退的集体意识，分析了语文教师教学语言存在的合理性，憧憬了语文教师教学语言的多重境界。因为"切口"小，观点集中，所论所述均能针砭时弊，读起来自然一气呵成，酣畅淋漓。

2006年，第22个教师节前夕，温家宝总理来到北京市西城区黄城根小学亲切看望师生，并和五年级学生一起上了一节语文课——《新型玻璃》。语文课结束，温家宝总理与部分教师展开了座谈。对语文课堂进行了一番肯定，也提出了一些期望。温总理亲切地说："这堂语文课也有值得改进的地方。比如，表达、用词、口语、习作的训练还可以加强一点。要告诉学生，一个事物，为什么这么表达？用你自己的话怎么表达？还有些词语的应用，可以讲得更宽一些，就像'藕断丝连'这个词，是一种形象的比喻，可以用在这里，也可以用在其他的地方。"一位总理专门发表对语文教学的观点实属罕见，当咀嚼。当我看到这篇报道时，顿感语文的教学方向变得更为清晰，于是立马写出了文章《小学语文教学的又一次回归》。文中提出三个需变革的语文教学现象：一是要摆脱"哑巴语文"的尴尬，二是要弥补"断肢语文"的缺失，三是要走出"浮萍语文"的误区。文中写道："叩击当今语文教学争论的脉弦，聆听温总理关切小语教学的声音，我理解这是语文教学的又一次回归：让小语教学行走在'地面上'。但我确信，这绝不是倒退到片面进行语言文字训练的老路上去，应该是围绕小学语文教学价值中轴的又一次'螺旋上升'。"文章发出三天后，《小学教学参考》的主编打来电话，告诉我文章被采用。

没有睡意，只有快意，有不少文章真是这么生长出来的。此时，我不由得想起柳宗元《渔翁》中的"烟销日出不见人，欸乃一声山水绿"，写作有时就恍若走进神秘境界，悦耳怡情，赶着性子，趁着情致，滔滔成文。

坦诚分享，这样的文章占比虽不是很高，但有那么几篇。心心念，颇珍惜。

躬身入局的"主张文"

自2009年起，我的个人教学主题日渐明晰——"言意共生"教语文。那个阶段，我痴迷了一般，深陷"言意共生"教语文的主题科研，写出了六十多篇文章；两部专著，分别是2014年出版的《"言意共生"教语文》和2016年出版的《言意共生——指向人的语文教学》。

《"言意共生"教语文》这本书是"言意共生"主张确立后我的语文教学思考与实践的文章汇集，主要内容是"言意共生"语文教学的缘起、特质、价值等方面的思索，加上"言意共生"的操作策略与课例枚举。整本书内在的逻辑跳跃，思路架构尚欠严谨，课堂实践随意性强，尚欠周全。书虽然出版了，内心还是诸多遗憾。带着内心的这份"不安"，我走上了第二本书《言意共生——指向人的语文教学》的创作路，对"言意共生"教语文展开了更有深度、更为立体的研究，整个研究阶段是在不断自我提问与问题解决中实现的。

——"言意共生"语文教学的传承与创新在哪里？我扎进了"言意论"的各类典籍文献中，从语言学溯源，从哲学角度梳理，定位"言意共生"语文教学的意义担当。基于汉语言特点，在传承中发展，在实践中创新，打造语文教学"言意共生"的双向通途，在语言和精神同构生长的动态过程中提升个体生命质量。由此，理论研究变得更为丰厚。

——"言意共生"语文教学有实现的支点吗？如果有，那该是什么？"语文思维"这个概念走进了我的语文日常研究与教学实践，在我的脑海中日渐清晰。我渐渐地明晰了语文教育对提升思维力的重要性，明晰了言意双向通途中共生的语文思维点，探索出生长语文思维力的教学策略。

——"言意共生"语文教学的内容选择有其独特之处吗？如果有，那该是怎样的？我基于"言意共生"教学内容选择的现状分析，新构了教学内容优化的言语形式核心与人文价值，整体构架了十种文体教学（泛分类）的教学探索、案例回放、专家评点。

——"言意共生"语文教学的推广辐射有路径吗？如何让更多语文教师受益？我从语文教学的角度立体架构了"言意共生"的教学理念，教材解读、课堂实施策略，学生素养生长模式推进路径，形成了"言意共生"语文教学推广的全景式建构。

……

两年多的时间里，我就这样一直沉浸其中，不断地追问，不断地否定，不断地刷新。确切地说，第二本书的撰写不完全是新创，它是在第一本书的基础上，对原有内容进行的大幅度修订、增添与完善。虽然甚是辛苦，但毕竟消弭了自己因第一本书的遗憾。

在这样躬身入局的教育写作阶段，一定要处于"科学家一般"的沉潜研发状态。

记得有段时间，我一直为参赛的说课稿犯愁，那是"活动单导学"模式课堂（2012年教育部课程改革八大成果之一）初创阶段，我准备参加中央电化教育馆、中国教育电视台举办的"全国现场说课决赛"环节，由于说课时间限制，我必须要用最简洁的语言说明白"活动单导学"这一教学模式。前后构想了一个半月，朝思暮想，寝食不安。某一天灵感突现，紧扣"活动单导学"教学所追求的"学为本质"课堂状态，用"三wù"（"晤""焐""悟"）加以概括，并提升为"活动单导学"语文课堂的"三重境界"，较新颖地阐释了"活动单导学"课堂，是一个师、生、文本之间的会"晤"场合；恰如一炉微火，追求慢焐境界，演绎着"焐"的学程；给予学生自身明了、领会与觉醒的"悟"的经历。于是，论文《晤·焐·悟——例谈"活动单导学"语文课堂的三重境界》诞生，概念之新，阐释之新，使这篇文章很快被刊发并被人大复印报刊资料《小学语文教与学》转载，发表于2011年第4期。

"躬身入局，挺膺负责，乃有成事之可冀。"教育写作中的躬身入局状态，是一种沉浸其中，由混沌到清晰的过程。这条辛苦路，只因躬身入局，自己才更愿意沉浸其中，才会遇见更好的风景，由此乐此不疲。

无心插柳的"大工程"

2021年2月，"姜老师陪你读课文"丛书（共8册）由南京师范大学出版社出版，这项"大工程"其实纯属无心插柳。

2018年6月，我的身体需要短暂的休息，一直习惯忙碌的我，突然放松下来，如何是好？恰好手边有一套统编版教材的送审稿，我顺手翻阅起新教材，走进了一篇篇课文。我发现，这些课文有陌生的，也有熟悉的，但熟悉中增添了一些陌生，只因它们有了新的教学承载。

静心阅读，我发现统编版语文教材中的课文编排与以往的教材有很大不同，每一篇课文都带着清晰的编写意图和重要的语文学习任务而来。因此，"读课文"就不同于读一般文章了。既是"课文"，就应有言语知识的有序呈现、言语方式的规范引领、言语思维的有机训练……预读"课文"当有语文学习的视角。于是，我萌生了写一套"姜老师陪你读课文"的"宏大计划"，尽管我知道这会耗费太多时间与精力。

整整两年半时间，二百多篇课文，每篇课文我都会驻足大半天时间，反复读它，品它，打量它，琢磨它……很多时候，书桌前的窗户玻璃上竟演绎起一场场巨幕电影，很多课文竟跑到了眼前的"玻璃屏幕"上，不仅是文字，还有很多画面，它们向我招手，呼喊着我，于是，我们便成了一起嬉戏的伙伴，有了很多交往，获得了很多乐趣。有些课文我反复读，竟有了不同于原先的阅读收获，于是又反复修改书稿。我在丛书的《自序》中写道："任何时候我都愿意说，你读到的只是那一刻的姜老师在陪你读课文。若是——你读，他读，或是姜老师再读，又会读出新的理解了。永远为新的解读点赞。"

如实说，到了这套书撰写的后期，我尤感辛苦，但我很清楚已无退路。记得最后十几篇文本解读，我花了接近三个月的时间才完成，绝不是别人所想象的那般"越写越有劲头"的状态。每当这种心态出现时，我的内心便出现"另一个我"开始教导：开弓便没回头箭，与其"草草收兵"，不如当初不开局。唯有艰辛，方显不易；唯有不易，方显价值……心情趋稳，笔耕接续。"姜老师陪你读课文"丛书就是这样在千般磨砺中完成的。

如果要我试着概括我的教育写作之诀窍，我觉得用上文曾提及的一篇文题中的三个字——"晤""焐""悟"来概括倒是颇为合适。论文的撰写不也要经历这样的过程吗？作者先与教育教学中的现状"会晤"，然后运用教育理念进行理性地"慢焐"，最终对教育教学现象得以"领悟"。又说"文章合为时而著，歌诗合为事而作"，这是一般文学创作的原则，其实教育文章的写作又何尝不是？任何一篇文章的形成,大都会经历"所见、所闻、所感"到"所悟"的创作过程,也就是对教育教学的"那时、那地、那情、那景"之下的思索与提升。一句话,教育写作就是对教育教学中的所见、所闻、所感进行切中时宜的论说,即始于感觉,持于思考,成于提炼。

教育写作不单单是靠狠劲儿就能成功的。它既是劳力活儿,也是劳心活儿;它既是内容活儿,也是技术活儿;它既是理性之路,也是率性之旅。

编者说

教育写作不全是理性,那还有什么呢?从姜校长的故事中,你可以看出,有时是"逼上梁山",有时是率性即笔,有时是"无心插柳",有时需"躬身入局"……

与其他人的写作故事相比,姜校长的故事可以更多地说明"后写作时代"的一些酸甜苦辣。

作为一个悟性很高的作者,从"第一篇"的"急中生智"后,姜校长就走上了获奖、惊艳、产三百六十多篇论文的"写作坦途"。可是当站到一定的高度,要深度建构和表达自己的教学主张时,即使是他这样的写作高手,也并不轻松。不经历"科学家一般"的沉潜研发状态,躬身入局,沉浸其中,又怎能实现由混沌到清晰的升华,写出六十多篇专题文章、两部专著。用姜校长的话说,这是一条辛苦路,唯有沉浸其中,方才乐此不疲。

而完成"姜老师陪你读课文"丛书这样一项"大工程",更不是一件轻松的事,用"呕心沥血""千般磨砺"来形容也不为过。可"唯有艰辛,方显不易;唯有不易,方显价值",勤奋与毅力也正是卓越教师与普通教师最重要的分水岭。每当我们去仰望名师时,我们没有看见的，是他们每一次都竭尽全力。

写到这里的时候，恰逢 14 岁的跳水运动员全红婵以历史最高分在奥运会上"碾压式夺冠"。她的教练说："不管是天才还是黑马，都要经过刻苦训练才能得到成绩，全红婵非常能吃苦，她一天练习 400 次，她值得这样的成绩。"是啊，唯有千锤百炼，方能有天才般的收放自如，也才能有理性之上的"率性而为"。

尽管姜校长说，教育写作不单单是靠狠劲儿就能成功的，但教育写作也同样适用于"一分耕耘，一分收获"的道理。

> 任何专业高度的教师，只要主动抬腿，踏上"够得到"的台阶，并保持持续的向上姿态，沿着"叙—论—编—著"的路线集结前行，叙中悟、论中研、编中学、著中长，必将成为卓越的专业教师。

唐琴 江苏省历史特级教师，江苏省正高级教师，曾任苏州市吴江高级中学副校长、苏州市吴江区教育科学研究室主任。江苏省首届领航名师培养工程首席专家，江苏省高中历史名师工作室主持人，扬州大学兼职教授，苏州大学硕士生导师，南京师范大学史政复合专业导师。近十年主持江苏省基础教育前瞻性教改实验项目、江苏省教育科学规划课题、江苏省教学研究课题4项，多次获江苏省教育科学优秀成果奖和基础教育优秀教学成果奖。

叙·论·编·著：教师专业进阶的多样表达

唐 琴

33岁时，我被评为苏州市学科带头人，当时人人都说我走上了快车道。不知不觉中，快车道上的我"迷路"了：连续任教高三毕业班，教学得心应手，高考成绩骄人；所撰写的教材分析、高考评论文章"百发百中"——我以为找到了适合自己的科研之路，可我却不知道，自以为是的适合只是在舒适区徘徊罢了。

2008年年初，我被推荐申报江苏省特级教师。对照评审条件，我的教学论文在数量上没有优势，虽然申报了，但是对结果并没抱希望。两个月后，《江苏教育研究》杂志社杨孝如老师来吴江指导论文。杨老师看了我的论文，认为在理念、结构和推广上有价值，但在实践操作上有些落伍，需作修改。得知这篇论文完稿于2001年时，他惊讶地说："你7年前就有这样的观点和实践，真是不得了，你不是落伍，是超前了啊！"联想到自己申报特级时论文的局促短缺，我不免深深自责：7年前可以写出让专家认可的文章，那这几年自己都在做什么?!

2008年教师节前，特级教师评审结果揭晓，我忝列其中。在别人看来，我已功成名就。然而，正是这次论文指导，让我看到了自己迷茫而慵懒的内心，也让我重拾了信心和力量！我告诉自己，特级教师不是终点，而是新的起点。我必须再启程，再出发，不仅要丰富内涵、提升质感，还要把自己在"困顿"中所积攒的教训贡献出来，使之成为青年教师的成长经验，那"困顿"也便具有了另一种价值。

2009年，我领衔组建了名师工作室，由于学科缘故，工作室取名"唐秦"，大伙喜欢自称"唐秦人"。名师工作室是集教育、教学、科研、培训等职能于一体的教师合作共同体，与其他学科团队相比，名师工作室以教师专业成长为建设目标。有些教师即便加入工作室，但不久还是对专业成长失去了信心，重要原因就是在写作上未能突破。专业写作要有问题导向、理论指向、实践走向、价值指向，需要理性思考、实践改进。

于学科教师而言，教研无时无刻、随时随地。写什么？会议培训、学术活动、课堂教学、课题研究、读书交流都可以成为写作素材。以什么形式写？随笔、叙事、论文、编著等，都可以促进专业思考与专业表达。在唐秦工作室，这样写作的不是一个个"我"，而是在写作中抱成一团的"我们"。12年来，我以工作室为载体，带领团队集结进阶，叙中悟、论中研、编中学、著中长，在不断进阶的专业表达中推动了团队的成长进阶。

"叙"中悟：让过程走心

教师的成长进阶，往往由许多关键事件、重要他人和标志成果所决定。

2014年，作为学校分管教育科研和师资培养的校长，我组织骨干教师撰写教育叙事。老师们说不会叙，我便邀请了《江苏教育研究》编辑部主任颜莹来校与每位教师"对话"。在她云淡风轻的点拨、追问中，一则则生动的教育故事跃然而出，一个个富有哲理的教育启示浮现水面。原来教育叙事应该这样写！我带着学习感悟撰写了自己的教育叙事《领跑，彰显特级教师的质感》，并开始带领工作室成员读自己、写自己。

教育叙事看上去容易，老师们一提笔却都写成了流水账。我学着颜主编的样子，与大家面对面交流，引导大家讲述与学生互勉、与名师互动、与同人互助、与家人互契、与自我对话的一个个故事。渐渐地，大家在我的追问中发现了自己故事的价值、升华了实践的意义。工作室成员陆续撰写了《在阅读的麦田中守望人的价值》《沿着教育"慢"行》《专注，成就一树花开》等20多篇教育叙事，展现了多彩共舞历程中那个独辟蹊径、与众不同的自己，铺展了一条条独特的教师成长路径。后来，这组教育叙事不仅在工作室微信公众号陆续推出，还发表在《江苏教育》等期刊上，并辑集为《问史·索迹——唐秦人的别样风采》一书出版。

除了写作教育叙事，我们还通过沙龙对自己的思考和实践进行"倾诉式表达"。

团队中各成员的科研实力不是整齐划一的。沙龙议题简要、参与面小、非正式、气氛活跃，适合不同梯队的教师参与。教研沙龙要求组织者要有敏锐前瞻的选题眼光，有协调统筹的管理能力，有提携教师的奉献精神，有统稿策划的逻辑思维，有活跃开放的文笔风采。沙龙议题可以从教育科学、学科特点和学生立场生成，要具有导向性；组织形式可以先备再谈，可以现场生成，可以预约笔谈；交流上要有交互性，多角度且有逻辑，让不同层次的教师有话可说；成果呈现上，要努力统整，完善表达，形成文字。

唐秦工作室最早发表沙龙文章《问史，指向学生的发展》是在2013年，全文共1.7万字，13位老师署名，其中10人是第一次在《中学历史教学参考》发表文章。2017年，一家期刊社约稿名师工作室建设文章，于是我组织了一场沙龙研讨，在轻松的氛围中，大家讲述了自己突破成长困境的关键事件，分享了在团队帮助下走出迷津、实现转型的心路历程，形成了一篇题为《抵达，摆渡人的使命——唐琴和"唐秦人"关于成长的对话》的沙龙稿，最终以12个页面发表，图文并茂，可读性强。

就连参加学术会议，"唐秦人"也是"三备而写"：会前备主题、会中备发言、会后备感悟。会前，选择各分会场小主题，进行一定量的文献研读和实践梳理，有"备"而去；会上，呼应主题，对接认知，积极交流发言；会后，每人制作推文，展现所见、所闻、所悟，因为"不同的人说出来是不一样的"。"三备"后，老师们各自选题写稿。组稿须经"3关+3改"协同研磨。"3关"，即完稿后自己朗读确认无误，同伴修改审校通过，查重率低于20%。"3改"，即我与作者面对面交换意见后作者修改，我修改第二稿并红笔标注，作者再次修改，最后我在电脑上修改第三稿交作者审校。2015年，7位老师在全国历史名师工作室年会后发表7篇综述和感悟，2016年，工作室4位老师在学术年会后发表4篇论文。随后的几年，哪怕路程遥远，哪怕费用自理，大家也都积极参会，因为参会获得的不仅是发言、获奖，还有会后的组稿写作。每年的参会写稿发表率保持在90%以上，走向成果表达的参会性价比大大提升。

"论"中研：在教研中成长

扎根基础教育的优势在于我们真实行走在教学实践中，遇见教育故事，产生教育困惑。基于实践，拾掇故事背后的启示，暴露困惑深处的病症，并转化为教研主题，是我们"教研写"路线的起点。没有问题导向的教研和写作往往无病呻吟，不能走心。问题导向的教学研讨，其本身就是基于问题解决的任务驱动，同时，通过研讨，更为全面认识问题的根源、表现，找到解决方法，尤其是研讨中的碰撞和生成，往往会产生超出预期的价值。

长期的历史教学经验让我思考：谁是教育评价的主体？我一直相信，"学生评教"不仅是学校对教师教学绩效的调研方式之一，更应该是教师改进教学的镜子。我一直质疑公开课后让学生离开、听课教师、专家一言堂的评课方式：上课，是教师上还是学生上？教学进度，是教的进度还是学的进度？"基于学情"，真的基于学情了吗？评课最有发言权的人到底是谁？学生会认同评课教师所判断的学生的获得感吗？2015年12月，在历史学科期刊"评课的几个怕不怕"的选题启发下，我组织了"历史教育，人不能缺席"的活动。这次活动议程大胆设置了"学生现场评课"环节。公开课后，开课教师被安排在学生视野外，两家期刊主编主持了学生评课。学生的评课话语从"给老师面子"到"我不同意老师的观点"……听课教师的表情从好奇、凝重到欣慰，苏州一位特级教师说："从教30年，从来没有想过学生还可以评课。"开课教师听到学生评课意见后百感交集，听课的一线教师纷纷自由发言，就连专家也忍不住抢过话筒发表观点……作为主持人的我，则从大家的即兴表达中搜索着组稿的对象和视角。

活动后，我用了一周时间整理材料、架构稿件，并用一个月时间完成了分配写稿、收集初稿、修改统稿、审校投稿的工作。根据现场讨论，我邀请了教师和学生共21位笔谈，开课教师谈"学生在评我的课"；学生谈"我有评课的资格"；听课教师谈"谁是课堂教学的当事人""学生评课何以助力教学相长""学生评课如何成为新常态"等，最后形成了2.6万字的沙龙稿《评课，学生不能缺席》，《中学历史教学参考》不惜篇幅全部刊登。"学生评教"本属于教育常识，只是一般情况之下，教师究竟有多少诚意让学生成为评价主体？而我们把这个问题呈现了出来，进行了实践研究。

一个研究主题的价值首先孕育在活动策划方案中，其次生长在活动现场。作为主持人必须在活动中把控走向、发现生成，并能在活动后整合逻辑、策划组稿，使活动从现场研讨走向书面表达，使具有研究价值的生长点继续生长，形成多维度的系统表达。会后，很多历史教师听说我在组稿，纷纷写稿表达观点，最后活动参会者写成11篇论文发表在历史学科的3本期刊上。2015年后，《中学历史教学参考》主办的历届全国历史学术研讨会上，公开课评课不再是专家教师一言堂，而是首先由学生现场表达听课感想。

在我们工作室，人人争上公开课，因为公开课不只是一节课，开课证书也不是我们追求的目标。我要求每位成员每年拿出一节课，这节课应该是自己的看家课、代表作。课前打磨、课上审视、课后反思，形成多样化的教研成果：成熟的教学设计、完美的教学课件、系统的课程资源以及以该课为案例的教学论文。我强调，没有构思、没有反思，上再多的课也只是在低空盘旋，达不到一定的高度。上课教师说，磨课、说课、演课、研课，都是写作素材。于是，暴露问题、聚焦研讨、集中"火力"写作，"实践—问题—研讨—写作"成为"唐秦人"教研写的常态路线。每次研讨都形成数篇文章集中发表。不少主题精准指向现实问题：2016年，我们聚焦学科与素养的关系，形成了"核心素养的学科建构"专题系列文章；2017年，针对历史教学"偏学术化"的倾向，完成了"史料的教学转化"系列文章；2018年，我们正视初高中教学脱节、教师"失联"现象，围绕"学生，教学的原点"主题撰写系列文章。相较于单篇文章，一组有明确问题导向，有实践路径的文章，能将问题充分呈现，周全分析，说透彻，说到位，能多方位展现实践经验，多角度阐述教学改进，应用性更强，辐射面更广，效应更立体、更务实。这样"做"课，教师如何不成长？

除了结合教研活动写作，我还带领老师们通过课题研究开展写作，将内容成果坐实。还记得我组织老师们围绕省级课题撰写课题研究论文的过程。由于课题是基于高考命题的实证研究，我们首先开始了评题评卷的文献研究；高考结束后立即下水做题，搜索写作视角；随后召开了4次写稿会议，层层推进研究成果的提炼：6月协调写稿方向，8月完稿后交换修改意见，9月审稿后二次修改，10月统稿提交。当年12月，"高考命题的学术视野、价值立意及对历史教学的影响"系列6篇论文全部发表，写稿老师获得了满满的成就感。

我坚信，"一个好课题会带出一个好团队"，好课题不仅要重视立项和结题，还要坐实研究的过程节点，否则，课题应有的价值就会流失，还会误导老师产生"假课题""虚研究""伪科研"的认识。立项通知书就是一份主持人和科研部门签署的"合同"，主持人要带领团队成员履行契约精神，逐项落实，以科研论文的形式总结关于课题的认识性成果和实践性成果。这是教育科研的必由之路。

"编"中学：与期刊同行

"输出"必然要先"输入"，写作输出必然要有习以为常的阅读输入供给。历史学科尤其要求教师有丰厚自身学术素养，并将学术成果转化为教学资源。我们以"共读—研课—写作"的方式，推动教师把读书、写作与实践相结合。除此之外，"读刊悦悟"也是我们常态化的成长方式。

在碎片化、娱乐化的信息时代，纸媒阅读显得尤为可贵。教师的专业阅读不能局限于学科类、教育类书籍，学科期刊浓缩了教育的最新动态和成果，展现了实践中的先进经验，引领着教育的发展趋势。借助学科期刊之识、之慧、之导向，及时把握学科研究动态和价值导向，保持学术专业的新鲜度和时代感，是教师专业阅读的重要途径。我要求老师定期阅读教育期刊，他们从期刊中获得的不仅是选题方向、写作灵感，还有成长紧迫感——成员说，"我就是这样做的，被别人写了""这个老师是我校友,竟然发了好几篇文章了"。这种紧迫感,会让老师们无法安于舒适区,"读刊悦悟"便有了内驱力。

我组织老师们研读期刊征稿选题,组织大家精读专题文章并交流感悟。有一次,当我们一起共读"学科素养与高考教学胜任力"专题文章时,我要求大家"找出一句打动自己的话,撰写400字感悟"。这组笔谈后来以"读刊悦悟共同成长"为题刊发,让老师们喜出望外。首都师范大学赵亚夫教授的一组重量级文章《历史教学设计的流程、诊断与策略》九讲十篇被期刊连载,我们利用寒假研读,抛出困惑,并邀请赵教授现场释疑解惑。随后,发表了一组2万字的研讨对话。

在长期读刊、用刊的基础上,我们在思考:除了在项目和课题的统领下开展研究、发表文章外,教师的专业表达是否还有其他方式? 2010年开始,我们编印工作室系列室刊,包括《问史·简讯》月刊、《问史·成果》半年刊、《问史·文献》年刊,及时汇集、梳理大量原生态的研究。在学做编辑的过程中,大家有了编辑立场、读者意识。我们草根性的编刊行动得到了同行高度认可,也打动了学科名刊。《中学历史教学》为我们开辟了"唐秦名师工作室巡礼"专栏;《中学历史教学参考》更是为我们出版了专刊——这是机遇更是挑战:首先,一期72个页面,每篇文章都必须"现写""原创"且要达到发表水平;其次,团队当时仅15人,需要扩大征稿范围;最后,期刊上各类栏目各种要求,选题、体裁都要更加丰富多元。大家在挑战中锤炼自我,2017年3月,《中学历史教学参考》(唐秦工作室专刊)由陕西师范大学出版总社出版——这是该刊创刊40年来出过的两本专刊之一。

"学做编辑"让工作室成员有了切身的体验,为他们编著项目丛书奠定了基础。2017年,我围绕所主持的江苏省教育科学"十三五"规划重点资助课题"基于学科素养的普通高中学术型教师培养的行动研究",从"成长叙事""学术教研""课堂实践"三个维度,策划了系列丛书——《问史·索迹——"唐秦人"的别样风采》《问史·论谈——"唐秦人"的学术追求》《问史·转化——"唐秦人"的课堂教学》，这3本书的主编分别由工作室4位成员担任。

2019年，我们团队又围绕江苏省基础教育前瞻性教改实验项目"时代性价值指向的高中历史教学"，从"学习设计""理论建构""学段贯通""实践探究"层面开展系统研究，顶层设计成果表达。"小众化"的研究得到了江苏教育凤凰教育出版社的支持，《问史·立意》《问史·建构》《问史·贯通》《问史·探究》陆续出版。编著的驱动让我们心无旁骛，聚精会神开展伙伴共研、小组合作、交叉审改、团队研讨……老师们从写文、编刊走向了编书，不仅获得了专业成绩单的"附加分"，更实现了专业进阶的飞跃。

"著"中长：实现专业跃升

专著是个人研究的代表性成果，是名师的专业发展能否持续进阶的关键。对于"出书"，我一直是没有信心的。虽然自己"探究—建构"型课堂教学的实践研究有了一定的积累，但研究多在实践层面，少有理论建树。我认为，没有一定的学术积累和教育成就，不敢轻谈著书立说。但在领导的督促下，在专家、同行的鼓励下，我终于咬咬牙，对自己20多年历史教学的思与行，以建构、去模、转型三个篇章铺陈了研究履迹，出版了自己的第一本教育专著《问史·践履——让历史进驻"人"》，获得了吴江哲学社会科学优秀成果奖著作类一等奖。2020年疫情期间，我与时间赛跑，整理了自己从教后的教育随笔，以"成人"为价值取向，出版了《问史·成人——遇见更好的你》，呈现了我成长学生、成就教师、成全自我的教育主张。

领衔区域名师工作室12年，作为江苏省首批领航名师培养工程项目首席专家、江苏省名师工作室主持人，我一直带领团队在摸索中前行，在践履中维新，工作室成员成长的经验被《中国教育报》多次报道，一路行来，自己也感受颇丰。在专家的鼓励下，我将推出我的第三本专著——《问史·领跑——我这样带工作室》，这是对自己乐此不疲领跑团队的一份回报。

如果说我的专著是散漫后的归拢，那么是否可以提前规划图书内容，使教师的研究更有序而系统？我对工作室成员提出一个"过分"的要求——为自己写书！当策划书目时，大家说太难了，难在没有主张，未成体系；难在理论不深，实践单一；他们意识到，要成就自己的书，还得从理论和实践双向建构，让思想看得见，让行动接地气。分享交流中，还有人说，自己离研究越来越远，唯恐有心无力。但是，图书规划让大家在回顾自我、发现自我中建构研究框架，完善后续研究，使教研写成为常态。

囿于研究实力和出版经费，我无法帮助老师解决出版问题。但是，正是这次规划，点燃了团队成员的研究热情，助推了他们的专业提升。近两年，工作室5位老师获评市、区级教育人才，获得了研究经费支持的可能，相信他们的书也终究会有破茧成蝶的高光时刻。

如何赋能教师成长？"叙—论—编—著"是教师进阶式专业表达的可行方式——"唐秦人"可以证明：2020年12月，唐秦历史名师工作室拿了两个大奖，一是苏州市教育教学成果特等奖，一是江苏省教育科学优秀成果二等奖。学术教研和专业写作使成员逐步成长为研究型教师。他们整合教育视角、学生立场和学科特质来审视教学，改进教学；吸纳新的理念观点、价值倡导并转化为实践行为，工作室成员中有14人获得教育行政部门组织的省、市级评优课、基本功大赛一等奖。2018年，唐秦工作室4位教师获评姑苏教育人才。2019年区域教育人才评选中，吴江高级中学共有3位教师获评，均为工作室的历史教师。之所以如此，是因为"唐秦人"除具有突出的教学业绩、骄人的业务奖项外，都有较为可观的包括论文、课题、成果奖在内的科研成果，这使他们突破了专业发展的桎梏，实现了专业进阶的飞跃。

唐秦工作室的老师特别会写文章？不！大家只见结果未见过程。每年暑假，于唐秦人而言，是"烧脑月"，也是"修炼期"。每次组稿，每个人必经几番脱胎换骨。高强度的头脑风暴让每一位参与者"痛苦"且"欣然"。把好投稿关，既是对团队声誉的维护，也是团队学术风貌的呈现。这样的持续修炼，让《中学历史教学参考》冯丽珍副主编说，"你的小伙伴像坐了风火轮"。文章发表并不意味万事大吉，我要求作者将自己的终稿与发表文章逐字比对，大家"汗颜"地发现了自己不以为然的一些写作"痼疾"，如"把"字句、"被"字句的运用，如"的""了"增删等。

苏霍姆林斯基说，"应当引导每一位教师走上从事研究的幸福道路上来"。专业荣誉的获得只是阶段性标志，而教研写能让教师们的成长动力不竭。尤其当我们的写作被高校教授的重量级文章点名时，专业自信几何级倍增。历史教育权威专家赵亚夫教授在文章中说，"如今，还真不是'专家'在引领一线教师，而是一线教师率先实践，这是不同以往的新现象"；成都冯一下教授经常从我们发表的文章中关注我们的教研动态，并多次撰文呼应我们的选题，他在《对初高中历史教学衔接问题的再认识》一文中引用了我们的实践案例和教学主张；扬州大学朱煜教授发表的《名师工作室：引领教学研究的新模式——以唐秦历史名师工作室为例》被《全球历史教育挑战与展望》一书收录。这些都是对我们工作室教育、科研、写作的肯定。

拾级而上的专业成长，对专业表达同样提出了进阶式的多样化要求。任何专业高度的教师，只要主动抬腿，踏上"够得到"的台阶，并保持持续的向上姿态，沿着"叙—论—编—著"的路线集结前行，叙中悟、论中研、编中学、著中长，必将成为卓越的专业教师。

| 编者说 |

　　唐琴老师真的是一个特别优秀的教育写作导师，她用"叙—论—编—著"的有效方式，让教师叙中悟、论中研、编中学、著中长，在专业写作的进阶中突破专业发展的桎梏，从而使人人都获得高效、快速、长效的发展。这样的做法值得我们竖起大拇指，为她点赞。

　　近年来，各地都非常注重发挥名师工作室的专业辐射功能，成立了各级各类名师工作室，每个名师工作室的运作方式和工作重心不一样，但目标都是为了培养更多的优秀教师。唐秦工作室是一个以教研写为主要行走方式的工作室，工作室的老师参会后写心得，读完论文写体会，上完公开课写思考，围绕课题写研究，反思自我写叙事……她们写沙龙，写叙事，写论文，写案例，写书，编杂志，把"写"变成了促进专业成长的有效工具，并循着专业写作前进的步伐实现了自身专业的进阶。

　　仅从本书的三个故事中，我们就可以看出，华应龙工作室只做一件事——专业写作；庄惠芬工作室将写作作为成员发展的基本任务；唐秦工作室更是用"叙中悟、论中研、编中学、著中长"的方式实现了从"一个人优秀"到"一群人优秀"的跨越。教育写作作为新时代教师专业发展的必由之路，理应也已经受到越来越多人的认同与重视。

　　当写作动力没有产生的时候，任何写作技巧都是苍白的。

　　无论是本书的作者还是编者，我们只希望您读到此处时，能真心地、开心地、无怨无悔地走上专业写作的道路，去收获属于自己的那份精彩。

图书在版编目（CIP）数据

我与教育写作/颜莹主编. — 南京：江苏凤凰教育出版社，2021.11
ISBN 978-7-5499-9419-9

Ⅰ. ①我… Ⅱ. ①颜… Ⅲ. ①教育研究-论文-写作 Ⅳ. ①G40-03

中国版本图书馆 CIP 数据核字（2021）第 133736 号

书　　名	我与教育写作
主　　编	颜　莹
责任编辑	李晓玉
封面设计	夏晓烨
出版发行	江苏凤凰教育出版社（南京市湖南路1号A楼　邮编210009）
苏教网址	http://www.1088.com.cn
照　　排	江苏凤凰制版有限公司
印　　刷	江苏凤凰通达印刷有限公司
厂　　址	南京市六合区冶山镇牡丹村6号（邮编211523）
开　　本	787毫米×1092毫米　1/16
印　　张	19.25
插　　页	1
版　　次	2021年11月第1版
印　　次	2021年11月第1次印刷
书　　号	ISBN 978-7-5499-9419-9
定　　价	58.00元
网店地址	http://jsfhjycbs.tmall.com
公 众 号	苏教服务（微信号:jsfhjyfw）
邮购电话	025-85406265,025-85400774,短信02585420909
盗版举报	025-83658579

苏教版图书若有印装错误可向承印厂调换
提供盗版线索者给予重奖